Temas de Direito do Trabalho e Seguridade Social

Domingos Sávio Zainaghi
Lucas Gonçalves da Silva
Luciana Aboim Machado Gonçalves da Silva
Organizadores

Temas de Direito do Trabalho e Seguridade Social

Homenagem ao Prof. Cássio Mesquita Barros

EDITORA LTDA.

© Todos os direitos reservados

Rua Jaguaribe, 571
CEP 01224-001
São Paulo, SP – Brasil
Fone: (11) 2167-1101
www.ltr.com.br

Produção Gráfica e Editoração Eletrônica: Peter Fritz Strotbek
Projeto de Capa: Fabio Giglio
Impressão: Cometa Gráfica e Editora

LTr 4375.7
Março, 2013

Dados Internacionais de Catalogação na Publicação (CIP)
(Câmara Brasileira do Livro, SP, Brasil)

Temas de direito do trabalho e seguridade social : homenagem ao Prof. Cássio Mesquita Barros / Domingos Sávio Zainaghi, Lucas Gonçalves da Silva, Luciana Aboim Machado Gonçalves da Silva, organizadores. — São Paulo : LTr, 2013.

Bibliografia.
ISBN 978-85-361-2471-1

1. Barros, Cássio Mesquita 2. Direito do trabalho 3. Seguridade social I. Zainaghi, Domingos Sávio. II. Silva, Lucas Gonçalves da. III. Silva, Luciana Aboim Machado Gonçalves da.

12-14917   CDU-34:331

Índice para catálogo sistemático:

1. Direito do trabalho   34:331

Prof. Dr. Cássio Mesquita Barros

Um dos mais eminentes mestres da ciência do Direito que, a par de enaltecer o pensamento jurídico brasileiro, ocupa posição de destaque no direito estrangeiro por sua sabedoria e personalidade notável, conquistando uma legião de admiradores em todos os segmentos jurídicos.

Nasceu em São Paulo em 1930, mas residiu em Assis onde seu pai era tabelião de notas, tendo com seu irmão vindo estudar em São Paulo a partir do curso colegial, pois só posteriormente essa cidade do interior paulista pôde ter os cursos aludidos e até Faculdades. Constituiu uma bela família em São Paulo com a senhora Maria Lúcia Paiva, sendo filhos Dra. Ana Paula, hoje doutora em Direito pela USP, e Cassio Neto, falecido.

Ostenta magnífica formação acadêmica, experiência profissional com enorme produção bibliográfica, que encanta a toda comunidade jurídica. Diante da sua vasta dimensão curricular, com mais de 200 (duzentos) trabalhos publicados no Brasil e no exterior, sem se falar nos 9 (nove) livros no Brasil e também no exterior. Em 1990, foi convidado a integrar a Comissão de Expertos da OIT, em Genebra, onde trabalhou 16 (dezesseis) anos até 2006. Trata-se de Comissão constituída pelo Tratado de Versalhes de 1919, que selou o fim da grande guerra. A missão dessa Comissão é interpretar as Convenções internacionais para indicar o sentido exato de suas determinações, preparar livros e relatórios anuais sobre o cumprimento das convenções pelos países-membros apresentados todos os anos à Comissão da conferência da OIT. Tem, tradicionalmente, 20 (vinte) membros escolhidos entre os vários continentes. A Comissão se desdobra em subcomissões de 2 a 5 membros para escrever o livro com o tema/assunto relevante escolhido pela conferência anual. A preciosa coleção desses livros editados, por exemplo, sobre o trabalhador imigrante, sobre o trabalho nos portos, salário mínimo e tantos outros de grande interesse para a vida trabalhista compõe precioso acervo. Foi Presidente de Comissão denominada de Contatos Diretos, formada pela direção da OIT para viajar à Colômbia e conhecer a queixa recebida dos Sindicatos locais sobre assassinatos de líderes sindicais. Em 12 dias de trabalhos, a Comissão ouviu 203 pessoas entre autoridades locais e membros das organizações de empregados e empregadores. O relatório dessa Comissão, com 403 páginas, relatou sobre o conflito entre os grupos armados do país e permitiu a avaliação da situação histórica colombiana, especialmente no meio sindical. Limitamo-nos, porém, a sublinhar apenas alguns pontos dessa afanosa trajetória. Acrescentamos mais os seguintes dados:

• Bacharel pela Faculdade de Direito da Universidade de São Paulo

• Doutor em Direito do Trabalho pela Universidade de São Paulo

• Professor Titular de Direito do Trabalho da Universidade de São Paulo

• Professor de Direito do Trabalho da Pontifícia Universidade Católica de São Paulo

• Vice-Diretor da Faculdade de Direito da USP, no período de 1998 a 2000

• Presidente honorário da Academia Nacional de Direito do Trabalho

• Presidente honorário da Academia Nacional de Direito

• Membro da Comissão de Peritos na Interpretação e Aplicação de Normas Internacionais do Trabalho da Organização Internacional do Trabalho (OIT)

• Membro honorário da Associação dos Advogados Trabalhistas de São Paulo

• Membro de número da Academia Iberoamericana de Derecho del Trabajo y de la Seguridad Social com sede em Madrid

• Titular do escritório Mesquita Barros — Advogados, especializado em questões trabalhistas e previdenciárias

• Presidente do Instituto de Direito do Trabalho do Mercosul

• Presidente do CENOIT — Centro de Estudos de Normas Internacionais do Trabalho

• Presidente Honorário da Associação Iberoamerica Del Derecho Del Trabajo, com sede em Buenos Aires

• Presidente da Fundação Arcadas, órgão de apoio a Universidade, criado pela congregação dos professores da Faculdade de Direito do Largo São Francisco

Sumário

Apresentação 9

Parte I

As Novas Regras Trabalhistas da Legislação Desportiva 13
    Domingos Sávio Zainaghi

A Greve: Direito, Princípios e Reflexões 21
    Gézio Duarte Medrado

Direito Social do Trabalhador ao Salário Justo 33
    Luciana Aboim Machado Gonçalves da Silva

O Novo Conceito de Proteção no Direito do Trabalho 57
    Luiz Carlos Amorim Robortella

Direito ao Trabalho: Um Direito Fundamental no Ordenamento Jurídico Brasileiro   73
    Maria Hemília Fonseca

Assédio Moral e a Dignidade da Pessoa Humana do Trabalhador 112
    Nordson Gonçalves de Carvalho

O Tribunal Superior do Trabalho e a Unifomização da Jurisprudência 124
    Pedro Paulo Teixeira Manus

Trabalho e Lazer 133
    Roberto Norris

Trabalho Decente e a Proteção contra a Discriminação de Gênero 136
    Vilma Leite Machado Amorim

Seguridade Social e Previdência Privada 149
    Wagner Balera

O Exercício do Direito de Greve nas Atividades Essenciais 163
    Yone Frediani

Parte II

Conflictos Colectivos y Protección de la Libertad Sindical en America Latina 171
    Francisco Javier Marín Boscán

La Organización Sindical del Siglo XXI 184
    Hugo Roberto Mansueti

Necesidad de Tutela a las Nuevas Formas de Trabajo en Bolivia 198
   Iván Campero Villalba

Principios del Derecho del Trabajo en la Actualidad 209
   Jaime César Lipovetzky

Función Política de los Sindicalistas 214
   Jorge Darío Cristaldo M.

La Seguridad Social de Ayer y Hoy 224
   Martha Elisa Monsalve Cuellar

Pasado, Presente y Futuro del Sindicalismo 232
   Teodosio A. Palomino

Apresentação

Sentimo-nos muito felizes por organizar esse livro em preito ao Prof. Dr. Cássio Mesquita Barros, que reúne temas atuais de Direito do Trabalho e da Seguridade Social, desenvolvidos por seus discípulos, convidando o leitor a partilhar de teses clássicas e outras mais ousadas, bem como a refletir sobre as mudanças que o contexto social reclama destes ramos do Direito.

Esse prestigiado professor do Largo do São Francisco (Faculdade de Direito da Universidade de São Paulo) é um ícone do Direito Laboral, ocupando um posto de notório destaque na doutrina nacional e estrangeira. A sua personalidade de destaque, com eco no continente europeu e latino americano, ensejou a realização do I Congresso Sul Americano de Direito do Trabalho e da Seguridade Social (2010), em sua homenagem, que coincidiu com a comemoração do seu natalício (80 anos) e culminou na concretização dessa obra jurídica.

Aproveitamos o ensejo para registrar os nossos agradecimentos às entidades que apoiaram, dos mais variados modos, a realização do citado evento. Seja-nos, no entanto, permitido salientar a contribuição da Associação Iberoamericana de Direito do Trabalho e da Seguridade Social — AIDTSS, da Fundação de Apoio à Pesquisa e à Inovação Tecnológica do Estado de Sergipe — FAPITEC/SE e da LTr Editora, que sempre concorrem para a evolução da ciência do Direito.

Os artigos científicos, estampados nas próximas páginas, revelam, sem dúvida, as mais seletas e confiáveis lições jurídicas de âmbito transnacional que permitirão aos operadores do Direito contar com instrumento para implementar a tão desejada justiça social nas relações de trabalho.

Receba, dileto homenageado, os nossos vibrantes sentimentos de admiração (que nos fazem tê-lo como exemplo) e gratidão pelos eternos ensinamentos.

Domingos Sávio Zainaghi

Lucas Gonçalves da Silva

Luciana Aboim Machado Gonçalves da Silva

Parte I

As Novas Regras Trabalhistas da Legislação Desportiva

Domingos Sávio Zainaghi (*)

Introdução

A Lei n. 12.395, de 16 de março de 2011, trouxe profundas alterações à Lei n. 9.615/98, conhecida como Lei Pelé.

Pretendemos neste trabalho trazer, ainda que de forma resumida, as alterações no campo laboral das relações desportivas.

Desde 1998, com a edição da Lei Pelé, que tinha como principal missão a extinção do sistema do "passe", as relações de trabalho no desporto ganharam destaque tanto na doutrina jurídica, quanto nos noticiários esportivos e, particularmente, nas lides trabalhistas.

Depois de muitas alterações ao longo desses 13 anos, um período de calmaria legislativa pairou desde 2003, sendo que doutrinadores e o Poder Judiciário procuraram trazer entendimentos no sentido de se buscar a correta interpretação e aplicação dos institutos previstos na Lei n. 9.615/98.

O mais discutido instituto previsto na Lei Pelé foi o da cláusula penal. Para uns, sua aplicação seria bilateral, ou seja, tanto atletas quanto clubes teriam de pagar dita cláusula no caso de rescisão, descumprimento ou rompimento unilateral do contrato!

Outros, dentre os quais nos incluímos, entendiam que a aplicação seria unilateral, quer dizer, somente os atletas pagariam o valor da cláusula penal, quando tomassem a iniciativa de rescindir o contrato antes de seu término. Sendo do clube, este pagaria a indenização prevista na CLT, em seu art. 479:

> Art. 479. Nos contratos que tenham termo estipulado, o empregador que, sem justa causa, despedir o empregado será obrigado a pagar-lhe, a titulo de indenização, e por metade, a remuneração a que teria direito até o termo do contrato.

A Justiça do Trabalho abraçou inicialmente a primeira corrente, condenando os clubes em valores milionários; decisões que praticamente destruíram alguns clubes menores do futebol brasileiro.

Depois de muita discussão, o Tribunal Superior do Trabalho deu guarida à tese da unilateralidade, entendimento jurisprudencial adotado pela Sessão de Dissídios Individuais

---

(*) Doutor e mestre em Direito do Trabalho pela PUC-SP. Pós-doutorado em Direito do Trabalho pela Universidad Castilla-La Mancha, Espanha. Presidente honorário do Instituto Iberoamericano de Derecho Deportivo e da Asociación Iberoamericana de Derecho del Trabajo y de la Seguridad Social. Diretor da Comissão de Direito do Trabalho Desportivo da Associação dos Advogados Trabalhistas de São Paulo. Advogado.

daquela Corte, que veio servir de norte para os demais Tribunais Regionais do Trabalho e Varas do Trabalho em todo o país.

As alterações

A Lei n. 12.395, de 16 de março de 2011, trouxe, como afirmado acima, profundas alterações no aspecto trabalhista das relações desportivas.

A primeira novidade é a denominação dada ao pacto que une as partes. O legislador chama o contrato de trabalho de "Contrato especial de trabalho desportivo" (art. 28, nova redação).

Desnecessária e elitista nomenclatura que em nada altera a natureza jurídica do contrato, que simplesmente é a de um contrato de trabalho.

A cláusula penal desaparece do ordenamento jurídico, ao menos com essa nomenclatura, e dá lugar a duas outras cláusulas com denominações, no mínimo, discutíveis:

— cláusula indenizatória desportiva; e

— cláusula compensatória desportiva.

A primeira é devida quando a iniciativa da rescisão é do atleta, e até o limite máximo de 2.000 (duas mil) vezes o valor médio do salário contratual, para as transferências nacionais; e sem qualquer limitação, para as transferências internacionais.

Já, a segunda, devida pelos clubes nos casos de rescisão, será livremente pactuada entre as partes e formalizado no contrato especial de trabalho desportivo, observando-se, como limite máximo, 400 (quatrocentas) vezes o valor do salário mensal no momento da rescisão e, como limite mínimo, o valor total de salários mensais a que teria direito o atleta até o término do referido contrato.

Aqui o legislador resolveu criar essa dualidade de cláusulas para regulamentar uma situação que já se encontrava pacificada, como vimos, na jurisprudência.

Entendemos que foi uma infeliz alteração, pois, além de criar um valor que será maior do que o previsto anteriormente (cem vezes a remuneração anual), e que é devido apenas pelos atletas, estes, quando despedidos, terão uma cláusula de valor menor.

Ainda, no caso da cláusula compensatória, o valor só será conhecido no momento da dispensa do atleta.

Outra novidade é que a responsabilidade pelo pagamento da cláusula indenizatória agora é solidária, ou seja, tanto o atleta quanto o novo clube empregador são passíveis de cobrança do valor da referida indenização.

A lei ainda afirma, como já o fazia antes, que as normas gerais da legislação trabalhista e previdenciária são subsidiariamente aplicáveis, mas faz algumas ressalvas.

Vejam os termos da lei:

Art. 28. (...)

§ 4º Aplicam-se ao atleta profissional as normas gerais da legislação trabalhista e da Seguridade Social, ressalvadas as peculiaridades constantes desta Lei, especialmente as seguintes:

I – se conveniente à entidade de prática desportiva, a concentração não poderá ser superior a 3 (três) dias consecutivos por semana, desde que esteja programada qualquer partida, prova ou equivalente, amistosa ou oficial, devendo o atleta ficar à disposição do empregador por ocasião da realização de competição fora da localidade onde tenha sua sede;

II – o prazo de concentração poderá ser ampliado, independentemente de qualquer pagamento adicional, quando o atleta estiver à disposição da entidade de administração do desporto;

III – acréscimos remuneratórios em razão de períodos de concentração, viagens, pré-temporada e participação do atleta em partida, prova ou equivalente, conforme previsão contratual;

IV – repouso semanal remunerado de 24 (vinte e quatro) horas ininterruptas, preferentemente em dia subsequente à participação do atleta na partida, prova ou equivalente, quando realizada no final de semana;

V – férias anuais remuneradas de 30 (trinta) dias, acrescidas do abono de férias, coincidentes com o recesso das atividades desportivas;

VI – jornada de trabalho desportiva normal de 44 (quarenta e quatro) horas semanais.

A concentração agora é prevista na Lei Pelé, pois antes estava subentendida na Lei n. 6.354/76; lei esta que tratava somente do atleta profissional de futebol, e que agora foi definitivamente revogada.

Logo, agora, a concentração poderá ser adotada até para outras modalidades, não só o futebol.

O legislador pecou ao dispor que quando se tratar de convocação do atleta por parte de entidades de administração do desporto, o período de concentração poderá ser ampliado.

Ora, nos casos em tela, não seria necessário se legislar, pois não há vínculo de emprego entre os atletas e as entidades de administração das modalidades (federações e confederações). Reputamos totalmente desnecessária tal menção.

O inciso III tenta dar a eventuais pagamentos em virtude de concentração uma natureza jurídica "não salarial".

Esqueceu-se, ou não sabe o legislador, de que as normas trabalhistas são aplicáveis independentemente do que afirma a lei, pois vige na seara laboral o princípio da primazia da realidade.

Um exemplo disso é que a própria CLT que afirma no parágrafo único do art. 442 que não existe vínculo de emprego entre cooperados e cooperativas nem entre aqueles e os tomadores de serviços destas.

Nesses casos, a Justiça do Trabalho, encontrando fraude em relações de trabalho celebradas como cooperativas, despreza o previsto na própria CLT e reconhece o vínculo de emprego.

O mesmo poderá vir a ocorrer com pagamentos efetuados em períodos de concentração, ou seja, a Justiça do Trabalho ser acionada e declarar como salarial a natureza jurídica de tais pagamentos.

O repouso semanal remunerado já estava previsto na Constituição, e o entendimento doutrinário sempre foi o de que não precisava coincidir com o domingo, nem se aplicando o previsto na Lei n. 10.101/2000, que prevê que a cada quatro semanas a folga semanal coincida com o domingo.

Aliás, o disposto na nova lei cria uma situação preocupante para os atletas, pois o clube pode determinar que seus atletas se reapresentem no dia seguinte à realização de uma partida.

Quanto às férias, com a revogação da Lei n. 6.354/76, que previa um lapso de tempo de trinta dias mais um período de preparação de dez dias, antes de disputar partidas oficiais, a Lei Pelé resolveu introduzir em seu bojo a previsão de férias de 30 dias coincidindo com o recesso da modalidade, mas não trouxe previsão de um período mínimo de preparação obrigatória, o que demonstra um retrocesso, pois, particularmente no futebol, os campeonatos têm começado cada ano mais cedo. Portanto, uma alteração muito perigosa.

Quanto à jornada, neste ponto, o erro terminológico é impressionante. Qualquer estudioso do Direito do Trabalho sabe que jornada é sinônimo de dia, pois se origina de *giorno*, do italiano dia e de *jour*, do francês igualmente dia.

Ademais, não se fazia necessário se afirmar que há limitação no horário de trabalho, pois a Constituição da República afirma em seu art. 7º, XIII, que nenhum laborista no Brasil pode trabalhar mais do que oito horas diárias ou quarenta e quatro semanais.

E sem contar que denominou de jornada de trabalho desportiva. Perguntamos: para que serve tal distinção?

Uma novidade é a prevista no § 5º, do art. 28, que assim determina:

> § 5º O vínculo desportivo do atleta com a entidade de prática desportiva contratante constitui-se com o registro do contrato especial de trabalho desportivo na entidade de administração do desporto, tendo natureza acessória ao respectivo vínculo empregatício, dissolvendo-se, para todos os efeitos legais:
>
> I – com o término da vigência do contrato ou o seu distrato;
>
> II – com o pagamento da cláusula indenizatória desportiva ou da cláusula compensatória desportiva;
>
> III – com a rescisão decorrente do inadimplemento salarial, de responsabilidade da entidade de prática desportiva empregadora, nos termos desta Lei;

IV – com a rescisão indireta, nas demais hipóteses previstas na legislação trabalhista; e

V – com a dispensa imotivada do atleta.

O vínculo desportivo somente nasce com o registro do contrato de trabalho na federação da modalidade.

Poderemos ter um atleta empregado de um clube, cujo contrato foi assinado pelas partes e só será levado a registro digamos, seis meses depois.

O legislador quis distinguir que o contrato de trabalho difere do vínculo desportivo.

Em seguida, a lei traz motivos ensejadores da rescisão contratual.

Nesse ponto, nossa crítica é quanto à previsão do inciso IV, ou seja, com a rescisão indireta, nas demais hipóteses previstas na legislação trabalhista.

A lei fala em rescisão indireta prevista na CLT (art. 483), e após a vírgula afirma que também são motivos de rescisão as demais hipóteses previstas na legislação trabalhista.

Logo, o que está claro é a péssima redação da lei, mas compete ao interprete tentar decifrar o que a *mens legis* quer.

Nossa opinião é de que além da rescisão indireta os demais motivos previstos na CLT, como a justa causa do empregado (CLT, art. 482), também constituem motivos para rescindir o contrato.

Agora, no item V parece que a lei traz uma redundância, isto é, com a dispensa imotivada do atleta, o clube terá de pagar a cláusula compensatória.

Ora, a lei afirma que no contrato **deverá** constar a cláusula compensatória.

Enfim, se ocorrer a dispensa imotivada, o clube terá de pagar a cláusula compensatória, tornando sem efeitos práticos o previsto na lei.

Interessante novidade trazida pela lei, é a previsão do § 7º, do art. 28:

> Art. 28. (...)
>
> § 7º A entidade de prática desportiva poderá suspender o contrato especial de trabalho desportivo do atleta profissional, ficando dispensada do pagamento da remuneração nesse período, quando o atleta for impedido de atuar, por prazo ininterrupto superior a 90 (noventa) dias, em decorrência de ato ou evento de sua exclusiva responsabilidade, desvinculado da atividade profissional, conforme previsto no referido contrato.

Caso um atleta cometa um crime e seja preso, o empregador poderá suspender o contrato de trabalho. A bem da verdade, a legislação geral já traz essa previsão, ou seja, talvez em razão de algum caso particular ou contemporâneo, criou-se essa figura.

Uma dúvida surgirá em casos concretos: o empregador deixará de pagar após os 90 dias, ou só o fato de estar o atleta impossibilitado de trabalhar o clube não tem de pagar salários?

E quando o atleta estiver impossibilitado de atuar por período inferior a 90 dias, o clube terá de pagar os salários?

Enfim, interessante novidade, mas causadora de problemas na prática.

Como na suspensão do contrato de trabalho o tempo de paralisação não é acrescido ao final, a lei especial seguiu o previsto no art. 472, § 2º da CLT, quando assim prevê no § 8º, do art. 28:

> § 8º O contrato especial de trabalho desportivo deverá conter cláusula expressa reguladora de sua prorrogação automática na ocorrência da hipótese prevista no § 7º deste artigo.

Logo, as partes podem estipular que, no caso de suspensão pelos motivos do § 7º, o prazo de paralisação será acrescido ao final do pacto laboral.

Agora, uma grande inutilidade é o previsto no § 9º, do art. 28:

> Art. 28. (...)
>
> § 9º Quando o contrato especial de trabalho desportivo for por prazo inferior a 12 (doze) meses, o atleta profissional terá direito, por ocasião da rescisão contratual por culpa da entidade de prática desportiva empregadora, a tantos doze avos da remuneração mensal quantos forem os meses da vigência do contrato, referentes a férias, abono de férias e 13º (décimo terceiro) salário.

Ora, nas relações comuns de trabalho isso já é pacífico, sendo que dúvida havia quanto às férias proporcionais, mas o Tribunal Superior do Trabalho já pacificou a discussão, com a edição da Súmula n. 171 que assim dispõe:

> **FÉRIAS PROPORCIONAIS. CONTRATO DE TRABALHO. EXTINÇÃO – Republicado em razão de erro material no registro da referência legislativa – DJ 5.5.2004.**
>
> Salvo na hipótese de dispensa do empregado por justa causa, a extinção do contrato de trabalho sujeita o empregador ao pagamento da remuneração das férias proporcionais, ainda que incompleto o período aquisitivo de 12 (doze) meses (art. 147 da CLT).

Por fim, quanto ao contrato de trabalho, a lei exclui a aplicação dos arts. 479 e 480 da CLT.

Vejamos o que reza os artigos *supra*:

> Art. 479. Nos contratos que tenham termo estipulado, o empregador que, sem justa causa, despedir o empregado será obrigado a pagar-lhe, a titulo de indenização, e por metade, a remuneração a que teria direito até o termo do contrato.
>
> Parágrafo único. Para a execução do que dispõe o presente artigo, o cálculo da parte variável ou incerta dos salários será feito de acordo com o prescrito para o cálculo da indenização referente à rescisão dos contratos por prazo indeterminado.
>
> Art. 480. Havendo termo estipulado, o empregado não se poderá desligar do contrato, sem justa causa, sob pena de ser obrigado a indenizar o empregador dos prejuízos que desse fato lhe resultarem.

A lei especial traz normas específicas, excluindo a aplicação dos artigos celetizados.

No tocante ao clube formador, a legislação mantém as previsões anteriores, só que agora no art. 29:

> "Art. 29. A entidade de prática desportiva formadora do atleta terá o direito de assinar com ele, a partir de 16 (dezesseis) anos de idade, o primeiro contrato especial de trabalho desportivo, cujo prazo não poderá ser superior a 5 (cinco) anos.

E, ainda, determina, como já acontecia também, que esse clube formador terá direito da primeira renovação do contrato de trabalho, cujo prazo não poderá ser superior a 3 (três) anos.

O legislador insistiu em não observar as normativas da FIFA, no caso do futebol, que permitem contratos com menores de dezoito anos por prazo máximo de três anos.

Enfim, os problemas continuarão.

A legislação especial também excluiu a aplicação dos arts. 445 e 451 da CLT, que rezam:

> Art. 445. O contrato de trabalho por prazo determinado não poderá ser estipulado por mais de 2 (dois) anos, observada a regra do art. 451
>
> Parágrafo único. O contrato de experiência não poderá exceder de 90 (noventa) dias.
>
> Art. 451. O contrato de trabalho por prazo determinado que, tácita ou expressamente, for prorrogado mais de uma vez passará a vigorar sem determinação de prazo.

A consequência aqui é de que a cada final de contrato de trabalho, as partes podem firmar outro contrato com prazo determinado, não ocorrendo, como nas relações comuns, a convolação em contrato por prazo indeterminado.

A rescisão por inadimplemento das obrigações trabalhistas continua, sendo ajustada a redação com as novas cláusulas indenizatória e compensatória:

> Art. 31. A entidade de prática desportiva empregadora que estiver com pagamento de salário de atleta profissional em atraso, no todo ou em parte, por período igual ou superior a 3 (três) meses, terá o contrato especial de trabalho desportivo daquele atleta rescindido, ficando o atleta livre para se transferir para qualquer outra entidade de prática desportiva de mesma modalidade, nacional ou internacional, e exigir a cláusula compensatória desportiva e os haveres devidos.

Mantiveram-se os §§ 1º e 2º do artigo *supra*, ou seja:

> § 1º São entendidos como salário, para efeitos do previsto no *caput*, o abono de férias, o décimo terceiro salário, as gratificações, os prêmios e demais verbas inclusas no contrato de trabalho.
>
> § 2º A mora contumaz será considerada também pelo não recolhimento do FGTS e das contribuições previdenciárias.

Foi criada mais uma obrigação para os clubes que é a de registrar o contrato especial de trabalho desportivo do atleta profissional na entidade de administração da respectiva modalidade desportiva.

A lei prevê que o atleta cedido temporariamente a outra entidade de prática desportiva que tiver os salários em atraso, no todo ou em parte, por mais de 2 (dois) meses, notificará a entidade de prática desportiva cedente para, querendo, purgar a mora, no prazo de 15 (quinze) dias, não se aplicando, nesse caso, o disposto no *caput* do art. 31 da mesma.

Alteração substancial ocorreu com relação ao denominado Direito de Arena.

A Lei Pelé, antes da novel alteração, previa que 20%, no mínimo, dos valores recebidos pelos clubes pela exibição das partidas seriam divididos entre os atletas.

A jurisprudência firmou-se no sentido de que a parcela destinada aos atletas tinha natureza jurídica de remuneração, tese pioneira por nós defendida em nosso doutoramento em 1997, na Pontifícia Universidade Católica de São Paulo.

Agora, o legislador alterou o *quantum* devido aos atletas, que será de 5%, que serão repassados ao sindicato dos atletas, afirmando, ainda, a lei que tal parcela tem natureza civil.

Aqui nosso entendimento é o de que, mesmo a lei afirmando que tal parcela tem natureza civil, a Justiça do Trabalho, se instada a se pronunciar sobre o tema, poderá, com base no princípio da aplicação da norma mais favorável, declarar que a natureza jurídica do pagamento é remuneratória.

Os clubes também são obrigados a contratar seguro de vida e de acidentes pessoais, vinculado à atividade desportiva, para os atletas profissionais, com o objetivo de cobrir os riscos a que eles estão sujeitos.

E a lei ainda complementa que importância segurada deve garantir ao atleta profissional, ou ao beneficiário por ele indicado no contrato de seguro, o direito à indenização mínima correspondente ao valor anual da remuneração pactuada, e a entidade de prática desportiva será responsável pelas despesas médico-hospitalares e de medicamentos necessários ao restabelecimento do atleta enquanto a seguradora não fizer o pagamento da indenização a que se refere o § 1º deste artigo.

Vivemos uma nova era de estudos e debates em virtude das alterações da Lei Pelé.

Este estudo tem a finalidade apenas de trazer um resumo das alterações ocorridas na área trabalhista da nova legislação.

A Greve: Direito, Princípios e Reflexões

Gézio Duarte Medrado[*]

Evolução histórica

Qual é a história da greve, quando surgiu e como se desenvolveu. Quem foram seus organizadores e contra quem foram dirigidas até atingir o estágio atual. Teriam surgido no Egito quando os escravos se recusaram a construir as pirâmides, por não terem recebido o que lhes fora prometido, no reinado de Ramsés III, no século XII a. C. ("pernas cruzadas") ou teria sido o êxodo dos hebreus, no antigo Egito; as guerras civis inspiradas e dirigidas por Espartaco ou as paralisações organizadas pelo grêmio de tocadores de flauta de Roma ao se ausentarem em massa da cidade por ter sido proibida a celebração dos banquetes sagrados no templo de Júpiter. Teriam sido estes os primeiros movimentos paredistas da história da humanidade? Certamente que não. Entretanto, não deixam de ser registros de abstenção, em massa, dos trabalhadores.

A doutrina tem se manifestado firmemente no sentido de que a greve não é dos tempos antigos, nem durante a época da economia doméstica, mas, na Idade Média, se conhece greve com as características de hoje em dia, como a paralisação ocorrida durante a construção do palácio El Escorial. Na Idade Média, auge das corporações de ofício e, portanto, conservaram suas tradições profissionais, existia um espírito fraternal que unia os diferentes graus que compunham a agremiação. O mestre participava do trabalho de forma igual aos companheiros e aprendizes e não existia rivalidade entre eles nem se produziam dificuldades de tal magnitude que os levassem a se enfrentarem como verdadeiros inimigos.

É na Idade Moderna que dois fatores determinarão o nascimento da greve, primeiro, o advento do maquinismo, ou seja, as origens coincidem com o surgimento dos grandes centros industriais na Inglaterra e, em segundo, a condição dos trabalhadores e reconhecidamente como direito depois que os permitiu exercer coação sobre os patrões. No ano de 1791, editou-se a Lei Le Chapellier que proibiu as associações profissionais e considerou a greve um delito. Mascaro registra que "com a Revolução Industrial, as greves ganharam intensidade. Em Lyon, em 1831, surgiu a primeira grande greve na França, contra os fabricantes que se recusavam a atribuir ao salário uma força obrigatória jurídica, mas simplesmente moral"[1]. A atuação sindical inglesa foi decisiva na história da greve que se tornou em instrumento de luta operária.

As ideias que culminaram com a Revolução Francesa, na França, com a bandeira do liberalismo, em especial, do trabalho e da igualdade deram um golpe de graça nas

---

[*] Professor Universitário na graduação (PUC/SP) e em cursos de pós-graduação. Mestre e Doutor em Direito das Relações Sociais pela PUC/SP. Advogado. Juiz do Trabalho aposentado. Membro da Associação Ibero--americana de Direito do Trabalho e Previdência Social. Foi Diretor Cultural da Amatra-SP.

[1] NASCIMENTO, Amauri Mascaro. *Curso de Direito do Trabalho*. 18. ed. São Paulo: Saraiva, 2003. p. 1.002.

corporações e significaram um triunfo em seus aspectos políticos, jurídicos e sociais para a classe mais débil, os assalariados.

Um Século se passou e, em 1889, era, ainda, vigente na Itália, regulamentação penal que considerava a greve delito. O Código penal Sardo, leciona Gino Giugni, que "... se estendeu a todo o território do Reino da Itália (com exceção do ex-Grã-Ducado da Toscania) após a unificação, punia 'todas as intenções dos operários com o objetivo de suspender, obstaculizar ou encarecer o trabalho sem uma causa razoável'. O sistema repressivo da liberdade de greve se relacionava com a posição de hostilidade do ordenamento jurídico para com as formas de associação para tutela dos interesses econômicos, inspirada nos princípios individualistas da revolução francesa e do liberalismo"[2]. Com a promulgação do novo Código Penal (conhecido como Código Zanardelli), foi revogada a proibição de coalizão: "... a greve não mais foi considerada fato perseguível sob o aspecto penal, desde que realizada sem 'violência ou ameaça'. Porém, em 1926, retoma-se a repressão com o ordenamento corporativo, a partir de 1931, delineou-se uma série de figuras criminosas, inseridas que foram no código penal, consideradas delitos contra a economia nacional que compreendia o reato de greve e de *lockout* para fins contratuais, assim como os delitos de greve política, solidariedade, boicote ocupação de estabelecimento e, enfim, sabotagem", conclui Giugni. Estas normas italianas foram derrogadas com o fim do regime fascista e a promulgação da Constituição República Italiana.

"A razão fundamental da greve no curso normal da vida capitalista clássica se assentava na liberdade política, na liberdade econômica e na liberdade moral do homem", diz Russomano, com o raciocínio de que "se o trabalhador era livre para contratar seu serviço com o empresário e, além disso, era também livre para se associar aos outros trabalhadores, não se poderia negar-lhe o direito de rebelar-se contra condições de trabalho consideradas insatisfatórias ou injustas. Assim, como podia, individualmente, demitir-se do emprego, o trabalhador podia, também, por estar associado a outros trabalhadores, transformar seu protesto individual em movimento coletivo. A retirada do trabalho consistia, pois, uma legítima ação coercitiva contra o empregador, para forçá-lo a aceitar novas condições contratuais."[3]

Sem dúvida, um poder de pressão dos trabalhadores organizados motivo de tornar-se, a greve, um instrumento de solução compulsória do conflito capaz de provocar as reações governamentais em considerá-los como movimentos ilícitos e tipificá-las criminalmente, ainda, como resquício das ideias das corporações de ofício extintas no Século XVII.

Sala Franco, Magnan e outros ensinam que "a greve pode ser valorada pelo ordenamento jurídico do Estado de três maneiras: a) negativamente, como atuação prejudicial para a sociedade, ao que leva a sua configuração como delito e a impor sanções penais

---

(2) GIUGNI, Gino. *Direito sindical*. Colaboração de Pietro Curzio e Mario Giovanni Garofalo. Tradução e notas de Eiko Lúcia Itioka. Revisão Técnica e notas de José Francisco Siqueira Neto. São Paulo: LTr, 1991.

(3) RUSSOMANO, Mozart Victor. *Princípios gerais de direito sindical*. 2. ed. Rio de Janeiro: Forense, 1998. p. 244.

aos grevistas[4]; b) de forma neutra ou permitida, como comportamento indiferente para a sociedade, não sancionável pelo Estado como delito, mas configurável juridicamente como um abandono de emprego por parte do empresário, com possibilidade de despedir o empregado, dentro de um quadro do Direito Privado; e c) positivamente, reconhecida como atuação eficaz para a sociedade (no sentido de instrumento habitual para melhorar as condições de trabalho), com a conseguinte qualificação de direito, estabelecidas dentre as garantias constitucionais, o que se pressupõe que a mesma provoca a suspensão do contrato de trabalho dos grevistas, não se permitindo qualquer sanção"[5]. Mascaro, resume essas tendências: "Alguns simplesmente toleravam a greve, como a Inglaterra. Outros mantiveram a sua punição no campo penal, como nos países totalitários de direita e de esquerda. Outros, finalmente, passaram a regulamentar o direito de greve, limitando-o."[6]

As transformações sociais e o desenvolvimento jurídico marcado com a Declaração Universal dos Direitos do Homem favorecem a mobilização e a aglutinação dos trabalhadores. "Se a greve não mais voltou a ser considerada um delito, a ela se opuseram, novamente, sérias reservas, inclusive quanto ao esforço para conceituá-la como direito", diz Russomano[7]; entretanto, o que se tem notado é o reconhecimento numeroso e expressamente, entre os direitos individuais ou garantias constitucionais, o direito coletivo dos trabalhadores a declararem-se em greve.

Assim aconteceu na Comunidade Europeia (art. 28.2), como direito fundamental: "Se reconhece o direito à greve dos trabalhadores para a defesa dos seus interesses. A Lei que regula o exercício deste direito estabelecerá as garantias para assegurar a manutenção dos serviços essenciais da comunidade."[8] No Brasil, o direito de greve está consagrado na Constituição Republicana de 1988, como se verá adiante.

Conceito

Greve é a suspensão coletiva, temporária e pacífica, total ou parcial, de prestação pessoal de serviços a empregador (art. 2º, da Lei n. 7.783, de 1989) ou a paralisação coletiva provisória, parcial ou total, das atividades dos trabalhadores em face de seus empregadores ou tomadores de serviços, com o objetivo de exercer-lhes pressão, visando a defesa ou conquista de interesses coletivos, ou com objetivos sociais mais amplos (art. 9º, da Constituição da República do Brasil). Pode-se afirmar que greve é um direito subjetivo dos trabalhadores, consistente em colocar o contrato de trabalho em uma

---

(4) Surgem os textos legais com os conceitos e conteúdos de ilicitude até o Século XIX, como, na Inglaterra, a *Combination Law*, de 1799; Código Francês de Napoleón, de 1810; Código Español, de 1843; Código Português, de 1852 e Código Sardo, de 1859.

(5) FRANCO, Thomas Sala; MARTINEZ, Juan N. Ramirez; ORTEGA, Jesus Garcia. Curso de derecho del trabajo. In: *El derecho de huelga*. Valência: Tirant lo Blanch Libros, 1997. p. 213.

(6) Ob. cit., p. 1.002.

(7) RUSSOMANO, ob. cit., p. 245.

(8) Sala Franco informa "Tal regulação constitucional aparece, inicialmente, na França (1963) e na Itália (1990). Ob. cit., p. 214.

situação de suspensão e, desse modo, limitar a liberdade do empresário, vedando-lhe a contratação de outros trabalhadores.

Mascaro, depois de referir-se à doutrina comparada, sinaliza que "Em todas essas definições há, como traço comum, o caráter instrumental da greve, meio de pressão que é. Ela não é mais que um dos meios, entre outro que se destinam a compor os conflitos, mais violentos. Os trabalhadores, quando combinam a paralisação dos serviços, não têm por finalidade a paralisação em si. Por meio dela é que procuram o fim. O fim formaliza-se como acordo, decisão ou laudo arbitral. É nítida a diferença entre a paralisação e o ato de decisão em que culminará do mesmo modo que o meio e o fim". Para o insigne mestre, é distinta a instrumentalidade da greve e o ato de decisão que se traduz no negócio jurídico e sua formalização.

Importa destacar que a greve está voltada à defesa ou conquista de interesses coletivos, ou seja, não tem caráter individual, embora, possa estar relacionada com motivações particulares dos trabalhadores. Mas não é qualquer abstenção ao trabalho, enquanto combinada por um grupo de trabalhadores que se consistirá numa greve. De outra forma, não é a magnitude numérica de trabalhadores que tenham aderido à greve que a legitimará ou não, mas, sim, a motivação de se satisfazer um interesse da coletividade a traduzir-se em um fato jurídico relevante.

Porém, no estado de greve, assim como o empresário se vê obrigado a suportar os prejuízos da greve, deriva daí que os trabalhadores devem suportar um sacrifício consistente na perda dos salários (princípio da paridade de sacrifícios). Por ser ato coletivo, o sujeito ativo da relação é a coletividade dos trabalhadores representada pelo sindicato de classe e, como sujeito passivo, a coletividade dos empresários empregadores. No Brasil, a categoria dos trabalhadores avulsos teve reconhecidos os seus direitos trabalhistas e os trabalhadores terceirizados puderam realizar movimentos de paralisação, assim, o sujeito passivo pôde ser seu tomador de serviços.

Natureza jurídica

Qual é a natureza jurídica da greve? Muito se tem discutido qual é a verdadeira e exata natureza jurídica da greve. Temos afirmado que a greve é um instrumento para se alcançar a solução de um conflito, portanto, não é o próprio conflito coletivo. Há um seguimento doutrinário que considera um ato antijurídico; para outro seguimento, a greve é um direito tão respeitável como o de propriedade e os demais que se regem pelo Direito Privado; e, por último, que a greve não é um direito, senão um fato.

Para os que consideram a natureza jurídica da greve como um fato jurídico (humano e voluntário), o seu propósito seria criar, alterar ou extinguir relações jurídicas, daí ser um ato jurídico. Há quem considere direito potestativo do trabalhador, estreitamente vinculado à relação de trabalho que se explica no poder de suspensão da obrigação de trabalho, diz Giugni[9], sendo "... coerente a dedução pela qual tal direito não poderia

---

(9) Ob cit., p. 173.

ser exercitado se não em função de pretensão contra o empresário", justificando o tipo de greve motivada, unicamente, por interesses ligados à existência da relação com o empresário, do qual o empregado dependa. "É meio de autotutela, é instrumento direto de pressão coletiva, aproximando-se do exercício direto das próprias razões efetivado por um grupo social", na lição de Mauricio Godinho Delgado[10].

Respeitosa corrente liderada por Russomano, segundo a qual "A greve é um fato jurídico-social, coletivo, consistente na suspensão do trabalho", e gira em torno da sustação temporária da atividade laboral, tendo *causa política, de direito, econômica ou por simples solidariedade com outros grupos*, para Héctor H. Magnan[11]. Os críticos rejeitam-na por considerar que o fato jurídico independe da vontade de humana, enquanto que a greve é ato revestido de ação deliberada e ajustada a um procedimento que lhe dá consistência conforme previsão legal existente. Uma vez observados os procedimentos para a sua declaração e ao se chegar ao estado de greve em si, temos um ato jurídico perfeito, desde que ajustada à sua finalidade trabalhista e coletiva, total ou parcial, que não se constitui de abandono do emprego e não tem o objetivo de pôr um fim no contrato de trabalho. Ou seja, o fim é forçar o empregador, com risco de prejuízo, a aceitar as reivindicações dos trabalhadores que retornarão ao serviço tão logo seja possível; pode-se considerar, como Mascaro, um ato jurídico sujeito à forma prescrita em lei.

Inconfundíveis, então, a ação instrumental e o resultado que se alcança no procedimento de negociação. O resultado obtido na negociação coletiva com a elaboração e fixação dos termos da convenção coletiva de trabalho nada mais é que um negócio jurídico[12]. O ato de decisão como fim de um processo de negociação tem a natureza de negócio jurídico, motivo de se afastar a natureza jurídica da greve como *negócio jurídico*, uma vez que o ato de exercício do direito não comporta identidade, a intenção negociadora, mas, abstenção com propósito de instrumentalizar a atividade negocial.

Alinhamo-nos à vertente jurídica que considera a greve como um direito. No ordenamento brasileiro, se caracteriza não como um fato social ou um ato antijurídico, mas como um direito reconhecido constitucionalmente, como diz Mascaro. Todavia, sendo um direito, como tal não é ilimitado (como não são ilimitados ou absolutos os direitos), em função de outros direitos constitucionais ou perante outros bens

---

(10) DELGADO, Mauricio Godinho. *Direito coletivo do trabalho*. São Paulo: LTr, 2001. p. 148-150.

(11) MAGNAN, Héctor Humeres; NOGUER, Héctor Humeres. *Derecho del trabajo y de la seguridad social*. 15. ed. Santiago: Editorial Jurídica de Chile, 1997. p. 417.

(12) MARTINS, Sergio Pinto. *Direito do trabalho*. 21. ed. São Paulo: Atlas, 2005. p. 131 — comentando o que preceitua o Código Civil Brasileiro — fato jurídico é o acontecimento em que a relação jurídica nasce, se modifica e se extingue, tal como o nascimento e a morte na vida natural. Em outras palavras, o fato jurídico não depende da ação humana. Já o ato jurídico é o fato relevante proveniente da ação humana ato volitivo —, de forma voluntária e lícita, com o objetivo de adquirir, resguardar, transferir, modificar ou extinguir direitos. Ato jurídico é espécie de fato jurídico, tal como, o casamento e os contratos em geral. Negócio jurídico é a declaração de vontade da pessoa para adquirir, modificar, alterar ou extinguir uma relação jurídica. A pessoa adquire quando compra um bem; modifica quando cede direitos; altera quando faz novação; extingue quando faz pagamento, faz distrato de sociedade etc.

constitucionalmente protegidos. Não é, também, um direito absoluto, mas relativo, passível de limitações impostas pela ordem jurídica em relação às pessoas, aos fins, ao momento e à forma da greve.

O direito de greve e o direito ao trabalho

Algumas reflexões sobre o Direito de Greve e o Direito ao Trabalho. Para se ingressar nessa reflexão, é preciso ter em mente que o ser humano tem Direito à Vida, ou seja, a uma existência digna, sadia e em abundância. O direito à vida pressupõe o direito à subsistência e este leva à necessidade de trabalhar. O Direito de Greve está umbilicalmente ligado a estes Direitos.

O direito ao trabalho era uma das mais sentidas reivindicações dos trabalhadores nos Séculos XVIII e XIX, como demonstram as Constituições Francesas, posteriores às Revoluções de 1789 e de 1848. As ideias do *direito ao trabalho* tomam novos rumos a partir da segunda metade do Século XIX quando se assiste em toda a Europa certo desvio ou uma mutação para se enfatizar a *assistência pública* como direito do cidadão. Os britânicos muito contribuíram e, com acerto, difundindo a ideia de um *direito natural* ao trabalho, com a indagação do verdadeiro significado do *direito ao trabalho*, se é dever dos poderes públicos em prover emprego adequado ou de mero direito à assistência na busca desse emprego.

A resposta a essa indagação é dada, ao longo dos tempos, destaque para a Constituição de Weimar de 1919, ao positivar sobre os chamados direitos sociais, o que implicou na recepção do direito ao trabalho que assegurava aos cidadãos a possibilidade de obter seu sustento por meio do trabalho ou que se lhe atendesse no seu indispensável sustento (art. 163, II), norma essa que irá influenciar os legisladores na elaboração de programas dos direitos fundamentais sociais, em especial na mudança para uma nova divisão de determinações jurídicas fundamentais, como os direitos de liberdade, garantias institucionais, proteção das ordens da vida comunitária, princípio de orientação jurídico-constitucional e direitos sociais[13], diz Ibarreche.

Dois grandes movimentos são notados a partir de Weimar. O primeiro de internacionalização e extensão do reconhecimento formal do direito, ou seja, a sua recepção em diversas constituições nacionais e em algumas normas internacionais em razão da forte presença das organizações internacionais como a ONU, a OIT e o Conselho da Europa, durante a segunda metade do Século XX. O segundo diz respeito à dicotomia que se observou entre as legislações dos antigos países socialistas e a dos países de livre mercado.

---

(13) Ibarreche, valendo-se de R. García Macho, *op. cit.*, p. 47. "*La Constitución de Weimar significó una transformación de la significación de los derechos fundamentales en tanto se está pasando de un Estado de derecho liberal burgués a un Estado de derecho social. La libertad frente al Estado, en el sentido del liberalismo del siglo XIX, deja paso a un contenido de la libertad que excede del establecido en los derechos de libertad (Freiheitsrechte) y los derechos fundamentales son descubiertos ahora como un significativo factor de integración en la esfera de la vida estatal y social y como medio también de desarrollo del Estado y la sociedad. En afecto, los derechos fundamentales se han transmutado surgiendo una nueva división de determinaciones jurídico fundamentales: derechos de libertad, garantías institucionales, protección de los órdenes de la vida comunitaria, principios de orientación jurídico constitucionales y derechos sociales.*"

Exemplo dessa dicotomia é o compromisso de pleno emprego como objetivo político que aparece no preâmbulo da Constituição da OIT, de 1919, especialmente, na Declaração de Filadélfia, de 1944: *todos os seres humanos, sem distinção de raça, credo ou sexo, têm direito a perseguir seu bem-estar material e o seu desenvolvimento espiritual em condições de liberdade e dignidade, de segurança econômica e em igualdade de oportunidades*, estabelece como obrigação *solene* da OIT, a de *fomentar, entre todas as nações do mundo, programas que permitam: a) buscar o pleno emprego e a elevação do nível de vida; b) empregar trabalhadores em ocupações que possam lhe dar satisfação de utilizar a melhor forma possível das suas habilidades e conhecimentos e de contribuir ao máximo ao bem-estar comum*. O destaque é da ONU: a Declaração Universal de Direitos Humanos (10/12/48) e o Pacto Internacional de Direitos Econômicos, Sociais e Culturais (16/1266), incorporaram o *direito ao trabalho* de maneira expressa em seus respectivos textos[14].

Igualmente, o tema foi objeto da Convenção n. 122, da OIT, de 1964, que definiu o compromisso dos Estados-membros em estimular o crescimento e o desenvolvimento econômico de elevar o nível de vida; de satisfazer as necessidades de mão de obra e de resolver o problema de desemprego e de subemprego; formular e implementar uma política ativa de pleno emprego, produtivo e livremente escolhido, destinada a garantir que haja trabalho para todas as pessoas disponíveis que busquem trabalho e que esse trabalho seja produtivo como possível. Oportuno dizer que não existe alusão expressa nessa Convenção ao *direito ao trabalho*, mas não se pode olvidar que a consecução do pleno emprego aparece como objetivo político a ser perseguido, portanto, implícito.

Na Carta Social Europeia, de 18 de outubro de 1961, há duas menções ao tema. Uma em que as Partes Contratantes reconheceram como objetivo de sua política seguir por todos os meios adequados de caráter nacional ou internacional de estabelecer condições que possam dar efetividade aos princípios de que toda pessoa terá oportunidade de ganhar a vida mediante um trabalho livremente escolhido; e, com maior amplitude (art. 1, parte II), o de assumir o compromisso com o direito ao trabalho, tendo como um de seus principais objetivos a responsabilidade na obtenção e a manutenção de um nível de emprego dos mais elevados e estáveis possíveis, com o fim de se conseguir o *pleno emprego*; proteger de modo eficaz o direito do trabalhador a ganhar a vida por um trabalho livremente escolhido; estabelecer e manter serviços gratuitos de emprego para todos os trabalhadores; proporcionar ou promover uma orientação, formação e readaptação profissionais adequadas[15].

---

(14) O l. autor espanhol, Ibarreche, R. S., nos remete ao texto, da Declaração, em seu art. 23.1.

(15) Ibarreche, reporta-se a G. KOJANEC, "La Carta Social Europea y el Pacto Internacional de las Naciones Unidas relativo los Derechos económicos, sociales e culturales ", en: AA.VV. La carta Social Europea en la Perspectiva de la Europa del año 2000 (Coloquio Commemorativo del XXV Aniversario de la Carta Social Europea. Granada, 26.10.1987), Madrid, MTSS, 1989, p. 117. En la comparación general que efectúa entre ambas normas, añade este autor: Los dos instrumentos considerados, los que se han concebido para contribuir a la consolidación de los derechos fundamentales en el campo económico y social, buscan este objetivo, tal y como lo hemos visto, siguiendo metodologías diversas que tienen en cuenta las realidades que deben afrontar. Uno de ellos, de alcance universal, se propone la puesta practica gradual de los principios establecidos a nivel mundial por parte de los Estados; la otra, que es la expresión de la cohesión regional,

O Direito ao Trabalho atrai para si o que há de justificativa nos demais temas da relação de emprego: a garantia de emprego; a estabilidade; os princípios gerais e específicos que se aplicam etc., revestindo-se, portanto, de sua mais expressiva coluna de sustentação e consolida o fundamento de que o Direito de Greve é instrumento para a observância de um dos princípios basilares e fundamentais que é o direito dos cidadãos a uma existência; a uma existência intensa e digna que o conduz a um direito maior que é o Direito à Vida, dever do Estado ao garantir uma segurança e de bem-estar a todos os cidadãos provendo-lhes emprego para a sua subsistência e de sua família, enfim de respeito à dignidade da pessoa humana do trabalhador.

O direito de greve como afirmação do princípio da dignidade da pessoa humana do trabalhador

Se o Direito de Greve é instrumento para a observância de um dos princípios fundamentais e basilares que é o Direito à Vida na medida em que os trabalhadores exercem o seu poder de pressão em busca de melhores condições de vida, esse instrumento permite a valorização do princípio de respeito à dignidade da pessoa humana do trabalhador e a postura ética dos sujeitos dessa relação interpessoal.

Sabe-se que os princípios exercem um papel importante na atividade legislativa de produção de normas, na interpretação dos fatos sociais e na determinação da conduta dos indivíduos na sociedade. Mas não é só. Novos paradigmas da conduta são ressaltados na tomada de consciência dos valores concernentes ao princípio geral de direito de respeito à dignidade da pessoa humana e a postura ética que devem prevalecer nas relações de trabalho para torná-las cada vez mais saudável.

O princípio da dignidade humana assenta-se na ideia de que na criação do mundo, o Criador, criou o Homem à sua imagem e semelhança, para governar sobre o demais seres vivos e sobre a terra (Gênesis 1:26) e, Deus, ao tornar-se homem, dignificou a natureza humana e revigorou a relação entre o Homem e Deus mediante a voluntária crucificação de Jesus Cristo. No pensamento filosófico e político da antiguidade clássica, verifica-se que a dignidade (dignitas) da pessoa humana dizia, em regra, com a posição social ocupada pelo indivíduo e seu grau de reconhecimento pelos demais membros da comunidade, informa Ingo Wolfgang Sarlet[16], daí poder falar-se em quantificação e modulação da dignidade, no sentido de se admitir a existência de pessoas mais dignas e menos dignas, conclui.

No dizer de Alexandre de Morais[17], entende-se por dignidade da pessoa humana: "... *o valor espiritual e moral inerente à pessoa, que se manifesta singularmente na*

---

aspira a constituir la base de un genuino derecho social europeo, del cual es la estructura de referencia más completa incluso respecto de la evolución del derecho comunitario (*op. cit.*, p. 125).

(16) SARLET, Ingo Wolfgang. *Dignidade da pessoa humana e direitos fundamentais na Constituição Federal de 1988*. 6. ed. Porto Alegre: Livraria do Advogado. p. 30.

(17) MORAES, Alexandre. *Direitos humanos fundamentais*: teoria geral, comentários aos arts. 1º a 5º da Constituição da República do Brasil, doutrina e jurisprudência. 4. ed. São Paulo: Atlas, 2002 (Coleção temas jurídicos). p. 60.

autodeterminação consciente e responsável na própria vida e que traz consigo a pretensão ao respeito por parte das demais pessoas, constituindo-se um mínimo vulnerável que todo estatuto jurídico deve assegurar, de modo que, somente excepcionalmente, possam ser feitas limitações ao exercício dos direitos fundamentais, mas sempre sem menosprezar a necessária estima que merecem todas pessoas enquanto seres humanos."

Por outro lado, no pensamento estoico, a dignidade era tida como a qualidade que, por ser inerente ao ser humano, o distinguia das demais criaturas, no sentido de que todos os seres humanos são dotados da mesma dignidade, noção esta que se encontra, por sua vez, intimamente ligada à noção de liberdade pessoal de cada indivíduo (o Homem como ser livre e responsável por seus atos e seu destino), bem como à ideia de que todos os seres humanos, no que diz com a sua natureza, são iguais em dignidade, ensina-nos Sarlet.

O renomado constitucionalista José Afonso da Silva[18] ensina que "*a dignidade da pessoa humana é um valor supremo que atrai o conteúdo de todos os direitos fundamentais do homem, desde o direito à vida*" e, para Celso Ribeiro Bastos, "*... é um valor moral. O legislador procurou dar a este princípio o condão de produzir efeitos na esfera material, com o fim de impor obrigações à sociedade e ao Estado para garantir condições dignas às pessoas*". A expressão "dignidade da pessoa" tem por objeto refutar as diversas formas de tratamento, em especial, tortura e discriminação, em particular o racismo, "*este, sem dúvida, um acerto do constituinte, pois coloca a pessoa humana como fim último da nossa sociedade e não como simples meio para alcançar certos objetivos como, por exemplo, o econômico*", diz Bastos[19].

Gian Carlo Perone e Sandro Schipani lecionam que "*o princípio da proteção da dignidade dos trabalhadores continua sendo claramente um aspecto indelével dos ordenamentos jurídicos e sua importância estão destinados a crescer e a influir positivamente nas soluções legítimas dos diferentes países, resistindo à difusão das ocupações diversificadas e precárias e ao enfraquecimento do garantismo individual que parece, ao contrário, constituir uma das características dominantes do presente estágio do Direito do Trabalho*". A proteção da dignidade está na observância do direito à privacidade, à intimidade e à honra individual.

O direito à privacidade, à intimidade e à honra integra o rol de direitos e garantias fundamentais que, ao lado da submissão ao império da lei, da divisão dos poderes e da soberania popular, caracterizam o Estado Democrático de Direito que, no caso brasileiro, tem como fundamentos a soberania, a cidadania, a dignidade da pessoa humana, os valores sociais do trabalho e da livre-iniciativa e o pluralismo político (art. 1º, da Constituição Republicana) ao garantir que "*são invioláveis a intimidade, a vida privada, a honra e a imagem das pessoas, assegurando o direito à indenização pelo dano material ou moral decorrente de sua violação (art. 5º, X, da CR)*", norma — autoaplicável — definidora

---

(18) SILVA, José Afonso da. *Curso de direito constitucional positivo*. 19. ed. São Paulo: Malheiros, 2001. p. 109.
(19) BASTOS, Celso Ribeiro. *Curso de direito constitucional*. 12. ed. São Paulo: Saraiva, 1990. p. 148 e 147.

de um direito e garantia fundamental, com aplicação independente da regulamentação infraconstitucional (art. 5º, § 1º, da CR).

A proteção da intimidade, da vida privada, da honra e da imagem das pessoas, bens que devem ser juridicamente tutelados nos ordenamentos jurídicos em geral, recebe na Espanha, como no Brasil, observância por normas de natureza antidiscriminatórias (em função de raça, credo, sexo); decorrem da observância de Convenção da OIT e da Constituição, impondo-se-lhe também, a observância de normas sobre colocações de provas de aptidão e outras sobre o ingresso na empresa, informa Tomas Sala Franco[20]. Se o empregador observa as regras vigentes de política de emprego e se há liberdade de escolha na contratação do empregado, nada há que possa impedi-lo de escolher a pessoa que reputa ideal para atender as necessidades de seu empreendimento.

Como se pode observar, referir-se ao princípio do respeito à dignidade da pessoa humana nos leva a pensar que há um relacionamento íntimo, uma vez que é a natureza quem prescreve que o homem deve levar em conta os interesses de seus semelhantes, pelos simples fato de também serem homens, razão pela qual todos estão sujeitos às mesmas leis da natureza que proíbem que uns prejudiquem aos outros. Nas relações interpessoais de trabalho, a dignidade da pessoa humana do trabalho há de ser observada e respeitada em todos os seus limites e direções.

O exercício da prevalência desse princípio na vida do trabalhador está na afirmação de que o Direito de Greve em busca de melhores condições de trabalho e de vida para si e para suas famílias é a consagração desse princípio basilar e fundamento dos direitos da humanidade.

O direito de greve: afirmação do princípio de liberdade de trabalho

Nas relações de trabalho, de um modo geral, o princípio de liberdade de trabalho é elemento essencial. Ninguém é obrigado a trabalho, daí inexistir o trabalho forçado, mas, se decidir por trabalhar, é lhe assegurado escolher no que trabalhar e para quem trabalhar. Uma vez estando trabalhando, a liberdade de deixar de trabalhar. Há, no entanto, situações como aquelas em que a coletividade dos trabalhadores declara o estado de greve na forma legalmente prevista; porém, individualmente, integrantes dessa categoria opõem-se a dela participar sob qualquer pretexto, porém, com a forte oposição do comando de greve e ações persuasivas para persuadi-los a participar. A pergunta é como compatibilizar o direito fundamental de greve com o direito ao trabalho?

Até que ponto é possível compatibilizar o direito de greve e o princípio de liberdade de trabalho nas hipóteses em que trabalhadores decidam por não aderir ao movimento paredista? É certo que deflagrada a greve na forma legal, ou seja, observada a forma prescrita em lei, temos um ato jurídico perfeito, e não, as denominadas greves ilícitas ou ilegais, circunscritas aos interesses da coletividade dos trabalhadores da categoria

---

(20) FRANCO, Tomas Sala; MARTINEZ, Juan M. Ramirez; ORTEGA, Jesus Garcia. *Curso de derecho del trabajo*. 6. ed. Valência: Tirant lo Blanch Libros, 1997.

envolvida. Neste panorama, pode o integrante de uma categoria em greve recusar-se a dela participar, invocando o princípio da liberdade de trabalho? Em que limite o comando de greve ou a liderança do movimento paredista pode atuar no sentido de persuadir os trabalhadores a participarem da greve?

Se a greve é legal, o empregador não pode contratar novos trabalhadores para substituir os grevistas, nem atender às atividades que estes vêm desenvolvendo mediante a troca das funções dos empregados grevistas. O fundamento da greve como direito está no princípio da liberdade de trabalho. Uma pessoa não pode ser constrangida a trabalhar contra a sua vontade e em desacordo com as suas pretensões. Se assim fosse, estaria irremediavelmente comprometida a liberdade de trabalho, valor central que divide dois períodos da história: a escravidão e o trabalho livre. O trabalho não se desvincula da pessoa que o presta e está intimamente ligado à personalidade. O trabalho subordinado é prestado nas sociedades modernas com base no contrato, e este deve ter condições justas e razoáveis.

As formas de luta têm se diversificado ao longo dos anos e radicalizado de tal modo que a violência se faz sempre presente nos momentos em que o comando de greve impõe suas ações em busca de unidade, solidariedade e disciplina coletiva. A necessidade de envolver os indecisos e aqueles que "furam" a greve gera ações coativas que podem ir além dos limites de tolerância permitidas.

Não se pode admitir a violência ou que se chegue às vias de fato, ameaças, manobras fraudulentas cujo o propósito seja o de atentar contra a liberdade de trabalho. *Não se pode obrigar o empregado que não quiser aderir à greve*, afirma G. H. Camerlynck/ G. Lyon-Caen[21], e mais, *esta concepção está impregnada de liberalismo e as vezes o delito tem sido utilizado contra certas greves, desconhecendo-se que a greve comporta necessariamente uma disciplina.* Isso não vai além das ações de natureza penal que envolvem atentados como o rompimento de barreiras de proteção patrimonial como correntes, destruição de máquinas e, até mesmo, a paralisação de altos-fornos acarretando elevados prejuízos para a empresa. Estas ações estão circunscritas às responsabilidades de natureza civil imputadas ao sindicato de classe e seu comando de greve.

Conclusão

A greve é um direito fundamental assegurado que está na Constituição da República e se reveste de instrumento eficaz de realização humana do trabalhador em busca de melhoria das condições de trabalho e de vida para si e para sua família e como postulado de afirmação do ideário de direito à vida, mas, à vida digna e em abundância nos limites traçados pela liberdade de trabalho.

Referências bibliográficas

BASTOS, Celso Ribeiro. *Curso de direito constitucional.* 12. ed. São Paulo: Saraiva, 1990.

---

(21) CAMERLYNCK/LYON-CAEN. *Derecho del trabajo.* Edição espanhola da 5. ed. Droit du Travail. Madrid: Aguillar, 1974. p. 482.

CAMERLYNCK/LYON-CAEN. *Derecho del trabajo.* Edição Espanhola da 5. ed. Droit du Travail. Madrid: Aguillar, 1974.

DELGADO, Mauricio Godinho. *Direito coletivo do trabalho.* São Paulo: LTr, 2001.

FRANCO, Tomas Sala; MARTINEZ, Juan M. Ramirez; ORTEGA, Jesus Garcia. *Curso de derecho del trabajo.* 6. ed. Valência: Tirant lo Blanch Libros, 1997.

GIUGNI, Gino. *Direito sindical.* Colaboração de Pietro Curzio e Mario Giovanni Garofalo. Tradução e notas de Eiko Lúcia Itioka. Revisão técnica e notas de José Francisco Siqueira Neto. São Paulo: LTr, 1991.

IBARRECHE, Rafael Sastre. *El derecho al trabajo.* Madrid: Trotta, 1996.

MAGNAN, Héctor Humeres; NOGUER, Héctor Humeres. *Derecho del trabajo y de la seguridad social.* 15. ed. Santiago: Editorial Jurídica de Chile, 1997.

MARTINS, Sergio Pinto. *Direito do trabalho.* 21. ed. São Paulo: Atlas, 2005.

MORAES, Alexandre. *Direitos humanos fundamentais:* teoria geral, comentários aos arts. 1º a 5º da Constituição da República do Brasil, doutrina e jurisprudência. 4. ed. São Paulo: Atlas, 2002 (Coleção temas jurídicos).

NASCIMENTO, Amauri Mascaro. *Curso de direito do trabalho.* 18. ed. São Paulo: Saraiva, 2003.

RUSSOMANO, Mozart Victor. *Princípios gerais de direito sindical.* 2. ed. Rio de Janeiro: Forense, 1998.

SARLET, Ingo Wolfgang. *Dignidade da pessoa humana e direitos fundamentais na Constituição Federal de 1988.* 6. ed. Porto Alegre: Livraria do Advogado, 2009.

SILVA, José Afonso da. *Curso de direito constitucional positivo.* 19. ed. São Paulo: Malheiros, 2001.

Direito Social do Trabalhador ao Salário Justo

Luciana Aboim Machado Gonçalves da Silva[*]

> Não basta ensinar direitos humanos.
> É preciso lutar pela sua efetividade.
> E, acima de tudo, trabalhar pela criação de uma cultura prática desses direitos.
>
> *André Franco Montoro*

Introdução

O quadro da realidade sociolaboral hodierna coincide, em muitas situações, com a época do liberalismo econômico, caracterizada pela utilização abusiva de mão de obra dentro da relação de emprego e aviltamento da contraprestação salarial.

Malgrado essa identificação empírica no universo trabalhista, os sistemas jurídicos atuais incorporam valores ético-sociais, imprimindo significativa relevância aos direitos fundamentais.

Nesse diapasão, emerge a necessidade de se conceber reconhecimento e eficácia ao direito social do trabalhador ao salário justo no intento de implementar transformações no cenário social de exploração de trabalhadores, sob o espeque dos princípios fundamentais imersos na Constituição Federal de 1988, dentre os quais sobressai a dignidade da pessoa humana, considerada como "pedra de toque" de nosso Estado Democrático de Direito.

A despeito de esse direito ter sido preconizado desde a Encíclica *Rerum Novarum*, do pontífice Leão XIII, estabelecida em 15 de maio de 1891, como expressão de um sentimento de justiça, solidariedade e amor, e, posteriormente, estar previsto em alguns tratados internacionais de direitos humanos, textos constitucionais de países estrangeiros e, no Brasil, no art. 766 da Consolidação das Leis do Trabalho, de redação louvável, não vem, ainda, merecendo a consideração devida pela doutrina e jurisprudência majoritária brasileira como dique de contenção às injustiças sociais.

Diante disso, buscamos realçar — nestas breves linhas do livro em homenagem ao queridíssimo e notável mestre Cássio Mesquita Barros, um tema que nos é caro, mormente porque abordamos em nossa tese de doutoramento — Faculdade de Direito

---

[*] Pós-graduada em Direito do Trabalho. Pós-graduada em Direito Processual Civil. Mestre em Direito do Trabalho, todos pela Pontifícia Universidade Católica de São Paulo – PUC/SP. Pós-graduada em *Derecho del Trabajo: descentralización productiva y dependencia laboral* pela Universidad Buenos Aires – U. B. A. Doutora em Direito do Trabalho pela Faculdade de Direito da Universidade de São Paulo – FDUSP. Membro da *Asociación Iberoamericana de Derecho de Trabajo y de la Seguridad Social*.

da Universidade de São Paulo — a relevância de se reconhecer a juridificação do direito social do trabalhador ao salário justo, ainda que em um contexto de crise, na direção de implementar o trabalho decente, em nosso país, tão exortado pela OIT.

1. Escorço histórico sobre o desenvolvimento do direito ao salário justo

O trabalho, disponibilizado pelo empregado no transcurso do contrato de trabalho, insere-se na organização empresarial como um fator de produção, de modo que o montante relativo à sua retribuição reflete no *custo do processo produtivo* a par de constituir a *renda do trabalho* paga ao empregado, que, via de regra, configura-se como único meio de subsistência do empregado e sua família[1].

Destarte, o salário constitui fonte de *renda do trabalho*[2] e *rendimento da empresa* perante o qual o Estado e a sociedade não podem ser indiferentes, tendo em vista o reflexo desse instituto jurídico-laboral em diversos fatores socioeconômicos.

Nessa mira, o Estado, intervindo nas relações laborais, passou a assegurar ao empregado o direito social ao salário justo, que teve seu embrião, em nosso pensar, no instituto da "lesão enorme", aplicável aos contratos de compra e venda quando os pequenos proprietários de terra, ante a generalizada crise econômica, viam-se obrigados a vender suas terras por preço vil[3].

Esse instituto do direito romano facultava ao alienante do bem, vendido a valor menor do que a metade do preço real, a possibilidade de requerer o desfazimento do negócio com a devolução da coisa e a restituição do preço ou o complemento do preço com o propósito de conservar o contrato[4].

Nessa senda, os teólogos escolásticos passaram a preconizar o salário justo mediante um paralelo com o justo preço do instituto da "lesão enorme"[5]. Enrique de Langestein (século XIV), San Antonino de Florencia (século XV), Luis Molina (século XVI) e outros escolásticos do século XVII indicavam a via judicial para obter a reparação devida de quem se lhes pagava um salário injusto, ou seja, sempre que a lesão equivalesse à metade do salário justo[6].

Esse processo de reconhecimento do direito ao salário justo, contudo, sofreu solução de continuidade durante o Estado Liberal. Todavia, no porvir do século XIX, com

---

(1) A fazer essa distinção do salário pela ótica do empregado e do empregador são os escólios de Héctor-Hugo Barbagelata. *Derecho del Trabajo*. Montevideo: Fundación de Cultura Universitaria, 1978. p. 210.

(2) Segundo Alberto Montoro Ballesteros, é relevante distinguir renda do trabalho e renda do trabalhador, significando a primeira a compensação econômica obtida pelo trabalhador em razão do esforço e rendimento do trabalho e a segunda o conjunto de percepções que o trabalhador obtém, seja da empresa como salário ou indenização, seja de outros organismos em razão do trabalho (*Supuestos filosófico-jurídicos de la justa remuneración del trabajo*, p. 116).

(3) SANTOS, Antonio Jeová. *A lesão em seus elementos objetivo e subjetivo*. Função social do contrato, p. 150.

(4) *Ibidem*, p. 152.

(5) LOPEZ, Justo. *El salario*. Buenos Aires: Ediciones Jurídicas, 1988. p. 50.

(6) *Ibidem*, p. 50-51.

vistas à questão social vivenciada na Revolução Industrial, em que o salário era visto como preço da mercadoria ditado pela lei da oferta e da procura, voltou-se a aclamar um salário justo para a classe operária.

Nessa bandeira, a doutrina social da Igreja Católica, pela encíclica *Rerum Novarum*, que reconhece a necessidade de se intervir nas relações sociais de modo novo (*res novae*), proclamou o direito do trabalhador ao salário justo, ensejando a consolidação deste direito em perspectiva universal.

Sob o esteio da concepção ético-jurídica do salário, emerge, assim, o direito social do trabalhador ao salário justo, como fruto legítimo do trabalho, sem o qual os empregados não podem tomar parte na sociedade como efetivos "cidadãos sociais".

2. Aspectos teóricos do direito ao salário justo

Por configurar o salário justo[7] uma expressão vaga, de conteúdo aberto e atrelado às circunstâncias do caso concreto, algumas críticas lhe são dirigidas, prejudicando, na concepção positivista de alguns doutrinadores[8], a sua aceitação como instituto jurídico, ou melhor, como princípio regente das relações laborais.

Com base nos ensinamentos de Jorge Luiz Souto Maior, reconhecemos que quando se vale da expressão "justiça" não se está diante de uma questão na qual se possam utilizar as técnicas demonstrativas, como se dá nas ciências exatas. Empregam-se, neste tema, "técnicas argumentativas que não são coercitivas, mas que poderiam tender a mostrar o caráter razoável das concepções apresentadas"[9].

Destarte, ante a impossibilidade de se estabelecer legalmente um critério objetivo, aritmético, para a acepção do salário justo, importa aplicar o princípio da razoabilidade[10] no preenchimento do seu conteúdo jurídico, permitindo ser adaptado à realidade social cambiante.

---

(7) Convém informar que a expressão "salário justo" não é utilizada pela doutrina e legislação nacional e estrangeira de forma uniforme, ora se alterando o adjetivo para: "salário equitativo", "salário condigno", "salário digno"; ora se modificando o substantivo para: "retribuição justa", "remuneração justa"; ora se valendo de substantivos e adjetivos diversos: "retribuição digna". Preferimos a designação "salário justo" por entender que melhor demonstra a sua composição de parcelas de natureza salarial habitualmente pagas pelo empregador ao empregado.

(8) Dorval de Lacerda expressa que "o salário, para ser justo, deve corresponder às necessidades para manutenção do operário e de sua família, mas também deve ser proporcional ao trabalho prestado. Qual será, entretanto, essa proporção? E, inversamente, do resultado da produção, qual será a quota que é lícita ao empregado reter? Eis uma questão delicada e que ainda não foi satisfatoriamente resolvida. É tão importante que justifica a afirmação de Méliton Martin (*Le travail humanis*, p. 84): 'logo que a experiência houver determinado a forma prática da retribuição, o problema social estará resolvido'." (O Contrato Individual de Trabalho, 1939. p. 194, *apud* NASCIMENTO, Amauri Mascaro. *O salário*. Ed. fac-similada (1932). São Paulo: LTr, 1996. p. 27.) Discordamos desses posicionamentos, pois entendemos não ser condizente com a visão pós-positivista do sistema jurídico que aproxima Direito e Moral, sendo repleto de normas jurídicas de conteúdo aberto e fluido.

(9) *O direito do trabalho como instrumento de justiça social*, p. 88.

(10) Segundo ensina Luis Recaséns Siches, é missão precípua do magistrado interpretar a lei de modo que chegue, em todo o caso, à conclusão mais justa (mais razoável para resolver o problema, de modo que o que não for razoável e proporcional não será jurídico, isto é, estará em desconformidade com o Direito,

Pelo fato de a norma consagradora do salário justo ensejar o preenchimento extralegal do seu conteúdo aberto e fluido, cumpre perquirir sobre sua funcionalidade no sistema jurídico, vale dizer, se este preceito normativo consiste em uma cláusula geral ou em um conceito jurídico indeterminado[11].

Vale recordar que a diferença entre cláusulas gerais e conceitos jurídicos indeterminados consiste na ausência, apenas nas primeiras, de previsão legal das consequências jurídicas, dando ensejo à criação judicial da solução que lhe pareça mais adequada e equitativa ao caso concreto[12].

Destarte, depreendemos que o salário justo se apresenta como um conceito jurídico indeterminado, ou seja, um conceito carente de especificação legal, cuja intelecção pode ser aferida pelo juiz no caso concreto[13], que aplica a solução prevista na lei, quer seja corretiva e/ou supletiva do salário.

Na direção de trazer luzes para a implementação jurídica do salário justo, cumpre gizar alguns conceitos que foram explanados por doutrinadores pátrios e estrangeiros acerca do sentido de salário justo.

Hugo Mansueti, Eugenio Luis Palazzo e Guillermo Schinelli[14] lecionam que o salário justo é o equitativo, que permite sustentar dignamente o trabalhador e sua família, mas que, por sua vez, tem em conta o desempenho do trabalhador.

Por sua vez, Evaristo de Moraes Filho[15] explicita que, em geral, os autores costumam chamar de salário justo, principalmente na França, aquele em que o empregado recebe bastante para o seu sustento e da sua família, mas como compensação de índole

---

constituirá uma medida desequilibrada, inconsistente, arbitrária e destituída de adequação e bom-senso. (*Introducción al Estudio del Derecho*. México: Editorial Porrúa, 2006. p. 246). Nessa mira, oportuno se faz ressaltar as lições de Chaïm PERELMAN: "Todo direito, todo poder legalmente protegido é concedido com vistas a certa finalidade: o detentor desse direito tem um poder de apreciação quanto ao modo como o exerce. Mas nenhum direito pode ser exercido de uma forma desarrazoada, pois o que é desarrazoado não é direito." (*Ética e direito*, p. 436-437).

(11) Importa salientar que a previsão em normas jurídicas de cláusulas gerais e conceitos jurídicos indeterminados, revelando um avanço social no Código Civil de 2002, não constitui novidade para o Direito do Trabalho, posto que são inúmeras as normas trabalhistas de conteúdo aberto, sendo voltadas a atingir a igualdade material nas relações de emprego.

(12) Merecem destaque as lições de Vargas Valério: "A principal diferença das cláusulas gerais e dos conceitos indeterminados (ambos com descrição aberta e vaga, sujeitos a preenchimento por valores jurídicos e extrajurídicos) é a que as primeiras, por simples diretivas, não trazem a consequência jurídica, propiciando ao juiz criar a solução que lhe pareça mais adequada, é norma em branco; os segundos (também abertos e vagos) diferem, porque o juiz, ao preencher o conceito, já tem a consequência legal fixada. Na primeira, o juiz funciona como criador da consequência jurídica, com base na equidade, no segundo, essa criação do direito aplicável é impossível, por já prevista a solução." (Cláusulas gerais e conceitos indeterminados como meios de interpretação e de integração do Direito do Trabalho. In: *Justiça do trabalho e dignidade da pessoa humana*: algumas relações do direito do trabalho com os direitos civil, ambiental, processual e eleitoral. CESARIO, João Humberto (Coord.). São Paulo: LTr, 2007. p. 147.)

(13) Como bem salienta Celso Antônio Bandeira de Mello, não há supor que a inteligência judicial seja, de direito, e muito menos de fato, desamparada de luzes bastantes para extrair dos preceitos vagos e fluidos a dimensão que tem (Eficácia das normas constitucionais sobre justiça social. *Revista de Direito Público*, São Paulo, RT, n. 57-58, 1981, p. 249).

(14) *Curso de derecho constitucional*. La Constitución como garantía. Los derechos y deberes del hombre, p. 302.

(15) *Contrato de trabalho*, 1944, p. 81, *apud* NASCIMENTO, Amauri Mascaro. *O salário*, p. 28.

econômica entre a prestação e a contraprestação que leva em conta a proporcionalidade entre o trabalho e o montante a receber.

Para Amauri Mascaro Nascimento[16], salário justo não é o vital[17], mas sim "o efetivamente contraprestativo do valor do trabalho prestado segundo um critério de justiça social e um princípio de equidade".

Ao distinguir salário mínimo, salário vital e salário justo, Américo Plá Rodriguez[18] expõe que o primeiro (conceito puramente formal e jurídico) "é o salário menor que o ordenamento jurídico permite fixar"; o segundo (conceito econômico e humano) "é aquele salário suficiente para que uma pessoa possa viver; e o terceiro (conceito com conotações morais) "é aquele que deve se pagar ao trabalhador, em estrita justiça". Complementa esses conceitos dizendo que não basta pagar o salário vital nem sequer o salário mínimo para que o empregador cumpra com suas obrigações de justiça, porque pode suceder que, em rigor, deva-se pagar um salário ainda superior, que seria o justo, o moralmente obrigatório.

Por ser o salário justo um conceito jurídico indeterminado, dotado de plasticidade, inferimos ser aquele que se afere pela consonância da renda do trabalho, avaliada em cada caso concreto, com os valores ético-jurídicos plasmados na Lei Fundamental[19].

3. O direito ao salário justo nos tratados internacionais

As atrocidades e abusos cometidos, desde os últimos séculos, aos seres humanos, em todo o mundo, têm despertado uma "consciência jurídica universal" para intensificar o processo de humanização do Direito contemporâneo.

É nesse condão de "cosmopolitismo ético dos direitos humanos"[20] que exsurge o "Direito Internacional dos Direitos Humanos" que "não se reduz, em absoluto, a um instrumental a serviço do poder; seu destinatário final é o ser humano, devendo atender a suas necessidades, entre as quais a realização da justiça"[21]. Destarte, importante se faz imergir na análise dos diplomas internacionais de direitos humanos que versam sobre o direito social do trabalhador ao salário justo.

---

(16) *Teoria geral do direito do trabalho*, p. 307.

(17) Salário vital é o necessário para a satisfação das necessidades básicas do trabalhador e sua família, previsto em lei ou convenções coletivas como níveis mínimos obrigatórios de salários (*Ibidem*, p. 307).

(18) *Curso de derecho laboral*. vol. II, tomo III (El Salario). Montevideo: Ediciones IDEA, 1994. p. 88-91.

(19) A propósito, Luís Roberto Barroso ensina que, com a nova interpretação constitucional, o papel do juiz é de coparticipante no processo de criação do direito, completando o trabalho do legislador, ao fazer valoração de sentido para as cláusulas gerais ou os conceitos jurídicos indeterminados. (Neoconstitucionalismo e Constitucionalização do Direito. *Revista da Escola Nacional da Magistratura*, ano 1, n. 2, p. 33, out. 2006.)

(20) Oscar Vilhena VIEIRA, tratando a respeito, diz que o processo de globalização está associado aos direitos humanos, dando ensejo a uma via de duas mãos, em que ocorre uma internacionalização do direito constitucional na mesma medida em que há uma constitucionalização do direito internacional. (Realinhamento Constitucional. *In*: SUNDFELD, Carlos Ari; VIEIRA, Oscar Vilhena (Coords.). *Direito Global*. São Paulo: Max Limonad, 1999. p. 29.)

(21) "... no se reduce, en absoluto, a un instrumental a servicio del poder; su destinatario final es el ser humano, debiendo atender a sus necesidades, entre las cuales la realización de la justicia." Tradução livre (TRINDADE, Antônio Augusto Cançado. *La nueva dimensión de las necesidades de protección del ser humano en el inicio del siglo XXI*. 2. ed. San José, Costa Rica: Impresora Gossestra Internacional, 2003. p. 68).

Insta observar como um dos pioneiros e, certamente, mais importante diploma internacional, por seu impacto universal, a fazer referência ao salário justo é a Declaração Universal dos Direitos Humanos[22] no art. 23, § 3º:

> Toda pessoa que trabalha tem direito a uma remuneração justa e satisfatória, que lhe assegure, assim como a sua família, uma existência compatível com a dignidade humana, e a que se acrescentarão, se necessário, outros meios de proteção social.[23]

Nessa esteira, o Pacto Internacional dos Direitos Econômicos, Sociais e Culturais — PIDESC[24], com um extenso catálogo de direitos, enuncia, no art. 7º, alínea "a", o direito de toda pessoa de gozar de condições de trabalho justas e favoráveis, com uma remuneração que proporcione, no mínimo, a todos os trabalhadores um salário equitativo e uma remuneração igual por um trabalho de igual valor[25].

Já no âmbito da estrutura normativa do Sistema Regional Interamericano de Proteção dos Direitos Humanos, importa salientar que o Protocolo Adicional à Convenção Americana sobre Direitos Humanos, denominado de "Protocolo de San Salvador"[26], faz menção ao direito em apreço no art. 7º ao prever uma "remuneração que assegure, no mínimo, a todos os trabalhadores condições de subsistência digna e decorosa para eles e para suas famílias e salário equitativo e igual por trabalho igual, sem nenhuma distinção"[27].

No que pertine especificamente à normatização internacional trabalhista, ressalta-se que a Organização Internacional do Trabalho (OIT), em matéria do direito ao salário justo, que se constitui corolário do trabalho decente[28], há alguns anos a OIT vem empregando esforços nesse sentido.

É de se assinalar que a Comissão Mundial sobre a Dimensão Social da Globalização afirmou que o trabalho decente deve ser incorporado progressivamente às estratégias nacionais de desenvolvimento[29].

Um artigo sem autoria da revista *Trabajo* da OIT registra que o conceito de Trabalho Decente foi formulado como uma maneira de identificar as prioridades da Organização, reformando e modernizando seu enfoque para o século XXI[30].

---

(22) A Declaração Universal dos Direitos Humanos foi adotada e proclamada pela Resolução n. 217-A (III) da Assembleia Geral das Nações Unidas em 10.12.1948, sendo assinada pelo Brasil em 10.12.1948 (*Ibidem*, p. 345).

(23) *Ibidem*, p. 354.

(24) O PIDESC, adotado pela Resolução n. 2.200-A (XXI) da Assembleia Geral das Nações Unidas em 16.12.1966, pelo Brasil foi assinado em 24.1.1992, aprovado pelo Decreto Legislativo n. 226, de 12.12.1991, e promulgado pelo Decreto n. 591, de 6.7.1992 (*Ibidem*, p. 346).

(25) *Ibidem*, p. 375.

(26) O "Protocolo de San Salvador", adotado pela Assembleia Geral da Organização dos Estados Americanos em 17.11.1988, foi assinado pelo Brasil em 21.8.1996, aprovado pelo Decreto Legislativo n. 56, de 19.4.1995, e promulgado pelo Decreto n. 3.321, de 30.12.1999 (*Ibidem*, p. 348).

(27) *Ibidem*, p. 469.

(28) A OIT diz que "trabalho decente é um trabalho produtivo e adequadamente remunerado, exercido em condições de liberdade, equidade e segurança, sem quaisquer formas de discriminação, e capaz de garantir uma vida digna a todas as pessoas que vivem de seu trabalho". Disponível em: <http://www.oitbrasil.org.br/trab_decente_2.php> Acesso em: 12 out. 2007.

(29) *Por una globalización justa: el papel de la OIT: Comisión Mundial sobre la Dimensión Social de la Globalización*. Genebra: OIT, 2004.

(30) *El trabajo decente, centro de atención*. In: Revista Trabajo de la OIT, Ginebra: OIT, n. 57, p. 5, sep. 2006.

Nessa senda, para se implementar um trabalho decente, é fundamental proporcionar aos trabalhadores um salário justo que, a despeito de se constituir em um dos elementos do custo de produção empresarial que interessa à economia, configura retribuição do trabalho humano, que não pode mais ser considerado uma mercadoria[31] ou um aspecto de luta pela sobrevivência dos mais aptos.

A partir desse consenso internacional de reconhecimento do direito ao salário justo, impende adotar, nessa era de capitalismo globalizado, mecanismos jurídicos para sua eficácia no mundo real, tornando-se possível alcançar um desenvolvimento econômico sustentável de todas as nações pelo trabalho produtivo includente e equitativo.

4. O direito ao salário justo positivado no direito estrangeiro

Ao incursionar em algumas ordens jurídicas estrangeiras e perquirir sobre a previsão normativa a respeito do salário justo, infere-se que a Itália e a Argentina apresentam uma concepção avançada sobre o tema, de modo que relevante se faz ressaltar algumas lições a este respeito.

Comentando o art. 36[32] da Constituição Italiana, Iolanda Piccinini[33] ensina:

O primeiro parágrafo do art. 36 da Constituição proclama o direito a uma retribuição proporcional à quantidade e à qualidade do trabalho prestado e, em cada caso, suficiente a assegurar ao trabalhador e a sua família uma existência livre e digna. (...)

Superada a tese minoritária a favor da programaticidade dessa norma constitucional, prevalece a orientação que reconhece a preceptividade. As consequências de tal posição são notórias: se a aplicação é imediata e direta, a cláusula concernente a uma retribuição que o juiz julgue inadequada, isto é, insuficiente ou não proporcional, é nula, porque em contraste com o art. 36, o qual atribui ao titular um direito subjetivo perfeito. Se abre, então, o espaço para a determinação equitativa do juiz.[34 e 35]

---

(31) A Conferência Internacional do Trabalho, em 1944, elaborou a Declaração de Filadélfia, que constitui anexo à Constituição da OIT, reafirmando, dentre os princípios fundamentais sobre os quais repousa a OIT, que "o trabalho não é uma mercadoria" (SÜSSEKIND, Arnaldo. *Convenções da OIT e outros tratados*. 3. ed. São Paulo: LTr, 2007. p. 20).

(32) Art. 36. *"Il lavoratore ha diritto ad una retribuzione proporzionata alla quantità e qualità del suo lavoro e in ogni caso sufficiente ad assicurare a sé e alla famiglia un'esistenza libera e dignitosa."* Disponível em: <http://www.senato.it/documenti/repository/costituzione.pdf> Acesso em: 20 dez. 2007.

(33) *Equità e diritto del lavoro*, p. 137-138.

(34) *Il primo comma dell'art. 36 Cost. proclama il diritto ad una retribuzione proporzionata alla quantità e alla qualità del lavoro prestato e, in ogni caso, sufficiente ad assicurare al lavoratore e alla sua famiglia un esistenza libera e dignitosa. [...] Superata la tesi minoritária a favore della programmaticità della norma costituzionale, prevale l'orientamento che ne riconosce la precettività. Le conseguenze di tale posizione sono note: se l'applicazione è immediata e diretta, la clausola concernente uma retribuzione che il giudice ritenga inadeguata, cioè insufficiente o non proporzionta, è nulla, perchè in contrasto con l'art. 36, il quale attribuisce al titolare um diritto soggettivo perfetto. Si apre, allora, lo spazio per la determinazione equitativa del giudice.* Tradução livre.

(35) Nessa diretriz, são as lições de Guiuseppe BRANCA: *"(...) Il problema della retribuzione equa e sufficiente, di gran lunga il più rilevante nell'esperienza giurisprudenziale di queti trent'anni, è anche il più presente*

Em atenção ao art. 14 *bis* da Constituição Argentina, Livellara[36] diz que a expressão "retribuição justa" é muito ampla e a norma constitucional não revela "o que é" nem "quando é" justa uma retribuição. Esse autor registra, ainda, a inexistência de problema quanto a isto, pois durante a elaboração desse texto constitucional ficou clara a adoção da tese cristã sobre o "salário justo".

Em outra passagem, esse autor[37] complementa a lição, afirmando que, pela reforma constitucional de 1994, com a constitucionalização dos tratados e declarações de direitos humanos pela disposição no art. 75, inciso 22, o alcance da garantia constitucional à "retribuição justa" (art. 14 *bis*, CN) se viu complementada com base aos conteúdos específicos desses instrumentos internacionais, uma vez que se incorporou ao texto constitucional o conceito de "progresso econômico com justiça social", dando conteúdo para aquele direito social.

Justo Lopez[38] informa que os juristas argentinos costumam salientar que o preceito constitucional — art. 14 *bis* — relativo ao direito do trabalhador a uma remuneração justa resulta aplicável no país, principalmente mediante convenções coletivas de trabalho, mas que também é concretizado por meio de certas disposições do Código Civil que fundamentam a doutrina da nulidade da cláusula do contrato individual de trabalho que estabelece um salário irrisório, dando ensejo ao trabalhador pleitear uma remuneração adequada.

---

*nel dibattito costituzionale. (...) due criteri guida posti allá base della determinazione del compenso dei lavoratori: la sufficienza a soddisfare lê loro necessita personali e familiari, e la proporzionalità alla quantità e qualità del lavoro, che corrispondono a due funzioni fondamentali di assicurare alla retribuzione: quella di mínimo vitale – sia pure storicamente inteso – e quella di compenso adeguato alle diverse caratteristiche intrinseche del lavoro (che non vuol dire necessarioamente una concessione allá lógica mercantilistica dello scambio)" (Comentario della Costituzione. Tomo I, art. 36. Bologna: Nicola Zanichelli Editore, 1979). De igual modo, a respeito do art. 36, par. I, da Constituição Italiana, Giuseppe VERGOTTINI ensina: "L'articolo 36, 1º comma, prevede il diritto a una retribuzione giusta. Due sono i criteri fissati: quello della professionalità per cui la retribuzione deve essere equivalente alla quantità e qualità del lavoro svolto e quello della sufficienza che impone una misura mínima di livello retributivo tale da assicurare al lavoratore e alla sua famiglia una esistenza libera e dignitosa. La disposizione in tema di giusta retribuzione è stata considerata dalla giurisprudenza come immediatamente precettiva, senza bisogno di attendere disposizioni di legge attuative." (Diritto Costituzionale. Italia: CEDAM, 2000. p. 364.) Ademais, ressalta-se, nessa linha, os ensinamentos de Livio Paladin comenta que "a differenza di altri diritti sociali, che non si concretano indipendente da leggi ordinarie attuative della Costituzione, le proposizioni costituzionali riguardanti la **giusta retribuzione** sono state súbito considerate – tanto in dottrina (Mortari) quanto in sede di giustizia civile – immediatamente precettive e dunque operative: con la conseguenza che i giudice competenti in materia ne hanno fatto senz'altro applicazione, per risolvere varie specie di controversie fra lavoratori e datori di lavoro. ... Più precisamente, é su questa base che spetta al giudice far corrispondere la retribuzione a due fondamentali e diverse esigenze: la prima delle quali si ricollega al rapporto di scambio tra prestatori d'opera e datori di lavoro, considerando la prestazione di lavoro nella sua consistenza quantitativa e qualitativa; mentre la seconda, cioè la sufficienza, va salvaguardata in ogni caso, con riguardo alle esigenze minime di vita, proprie del lavoratore e della sua famiglia." (Diritto costituzionale. 3. ed. Italia: CEDAM, 2001. p. 667-668).*

(36) *La retribución justa en la doctrina judicial de la Corte Suprema. Trabajo y seguridad social.* In: *Revista de Doctrina, Jurisprudencia y Legislación*, Buenos Aires, Universidad Católica Argentina, tomo XXIII, p. 758, 1996.

(37) *Derechos y garantías de los trabajadores inrcorporados a la Constitución reformada.* Buenos Aires: Rubinzal – Culzoni Editores, 2003. p. 149-150.

(38) *El salário*, p. 59-60.

Deveras, com base especialmente o art. 14 *bis* da Constituição, o art. 954 do Código Civil e o art. 114 da LCT, os doutrinadores argentinos esgrimem a possibilidade de revisão de cláusula salarial do contrato de trabalho e de correção judicial do salário gravemente injusto, estabelecendo-se uma retribuição justa.

5. O direito ao salário justo na ordem jurídica brasileira

Na direção de demonstrar ser o salário justo um direito positivado em nossa ordem jurídica — esvaziando o discurso que o coloca como esperança, aspiração ou ideia apresentada apenas na qualidade de ação moralmente justificada —, impende ressaltar as normas jurídicas que o contemplam expressamente, a par das já salientadas nos tratados internacionais ratificados pelo Brasil.

A recente Emenda Constitucional de n. 53, de 19 de dezembro de 2006, alterando a disposição do art. 60 do Ato das Disposições Constitucionais Transitórias — ADCT[39], prevê o direito à remuneração condigna dos trabalhadores da educação, *in verbis*:

> Até o 14º (décimo quarto) ano a partir da promulgação desta Emenda Constitucional, os Estados, o Distrito Federal e os Municípios destinarão parte dos recursos a que se refere o *caput* do art. 212 da Constituição Federal à manutenção e desenvolvimento da educação básica e à remuneração condigna dos trabalhadores da educação (...).[40]

É importante destacar que, historicamente, no Brasil, apenas a Constituição de 1934, no parágrafo único, alínea *"f"*, do art. 150, instituiu no texto constitucional o direito à "remuneração condigna" para os professores.

A Consolidação das Leis do Trabalho (CLT) refere-se ao direito em comento no art. 766 ao dispor *in verbis*:

> Nos dissídios sobre estipulação de salários, serão estabelecidas condições que, assegurando justos salários aos trabalhadores, permitam também justa retribuição às empresas interessadas.

Também, nesse sentido, o § 2º do art. 91 da Lei n. 9.279/96 assegura ao empregado a justa remuneração ao tempo em que garante ao empregador o direito exclusivo de licença de exploração da propriedade de invenção ou de modelo de utilidade.

A norma da CLT, embora tenha redação lapidar, proporciona dissidências doutrinárias, quanto à sua interpretação, que devem ser registradas a fim de consolidar o reconhecimento e eficácia do direito ao salário justo nas relações individuais e coletivas de trabalho.

---

(39) A Lei n. 11.494, de 20.6.07, que regulamenta o Fundo de Manutenção e Desenvolvimento da Educação Básica e de Valorização dos Profissionais de Educação, reitera o direito à remuneração condigna do professor.

(40) O art. 212, *caput*, da CF dispõe: "A União aplicará, anualmente, nunca menos de dezoito, e os Estados, o Distrito Federal e os Municípios vinte e cinco por cento, no mínimo, da receita resultante de impostos, compreendida a proveniente de transferências, na manutenção e desenvolvimento do ensino."

Em único comentário ao art. 766 da CLT, Valentin Carrion[41], ao dizer que "a estipulação de salários por via judicial ocorre nos dissídios coletivos", demonstra seu entendimento restritivo de aplicação desse dispositivo consolidado.

Para Eduardo Gabriel Saad[42], esse texto consolidado dirige-se a dissídio coletivo de natureza econômica, que permite aos Tribunais do Trabalho rever os salários ajustados entre patrões e empregados.

Ademais, esse juslaboralista[43] comenta, em outro momento, que essa norma jurídica tem simples valor programático, uma vez que não define o que seja justo salário dos trabalhadores nem justa retribuição das empresas. Por não oferecer ao juiz critério que conduza à configuração do justo salário ou da justa retribuição, constitui apenas diretriz ao Tribunal para que tenha presente, no julgamento dos dissídios coletivos de natureza econômica, a interdependência do justo salário e da retribuição do capital.

A despeito da admiração pelos autores que entendem ser programática a norma jurídica que consagra o salário justo, afigura-se-nos não ser esta a melhor visão, quer por ser aplicável a dissídios individuais, quer por se tratar de um conceito jurídico indeterminado, prescindindo, portanto, de especificação legal[44], ou seja, quanto à eficácia e aplicabilidade da norma, não se trata de norma de eficácia limitada do tipo programática, e, sim, de uma norma de eficácia plena — ou, utilizando a denominação de Vezio Crisafulli, norma imediatamente preceptiva — que se aplica direta, imediata e integralmente às relações sociais, tendo em vista o art. 5º, § 1º, da Lei Fundamental de 1988.

Não obstante a existência de entendimentos doutrinários de que a aplicação desse dispositivo consolidado é direcionada apenas aos dissídios coletivos de natureza econômica, em verdade, não se pode interpretar assim, pois a norma se refere a "dissídios", não distinguindo a espécie, se individuais ou coletivos, de modo que empregando o brocardo *"Ubi lex non distinguit nec nos distinguere debemus"*, vale dizer, "Onde a lei não distingue, não pode o intérprete distinguir"[45].

Ademais a reforçar esse pensar, destaca-se que o uso da terminologia "dissídios" se refere ao gênero, incorporando, portanto, as espécies respectivas: dissídios individuais

---

(41) *Comentários à Consolidação das Leis do Trabalho*. 32. ed. atual. por Eduardo Carrion. São Paulo: Saraiva, 2007. p. 582.
(42) *Consolidação das Leis do Trabalho Comentada*. 39. ed. atual. e rev. e ampl. por José Eduardo Duarte Saad, Ana Maria Saad Castello Branco. São Paulo: LTr, 2006. p. 754.
(43) *Ibidem*, p. 754.
(44) A corroborar esse pensar, registram-se, novamente, as lições de Bandeira de Mello: "A existência dos chamados conceitos vagos, fluídos ou imprecisos, nas regras concernentes à Justiça Social não é impediente a que o Judiciário lhes reconheça, *in concreto*, o âmbito significativo. Esta missão é realizada habitualmente pelo juiz nas distintas áreas do Direito e sobretudo no direito privado. Além disso, por mais fluído que seja um conceito, terá sempre um núcleo significativo indisputável. É puramente ideológico e sem nenhuma base jurídica o entendimento de que a ausência de lei definidora obsta a identificação do conceito e invocação do correlato direito." (Eficácia das normas constitucionais sobre a justiça social. *Revista de Direito Público*, São Paulo, n. 279, p. 255, 2000).
(45) MAXIMILIANO, Carlos. *Hermenêutica e aplicação do direito*, p. 201.

e dissídios coletivos. Nesses termos, não restam dúvidas da destinação desse artigo em comento para essas duas ações.

A consolidar esse pensar, é importante observar que no caso de polissemia ou plurissignificação de uma norma de direitos humanos, deve-se conceber preferência ao sentido da norma que lhe permita uma maior eficácia jurídica e social[46].

Nessa senda, José Martins Catharino[47] já explanava que o artigo em destaque acolhe o princípio da equidade em termos inequívocos e é aplicável na determinação individual e equitativa do valor do salário e na fixação do similar coletivo. Anotou, ainda, que essa fórmula equitativa do art. 766 é louvável, devendo o direito pessoal do trabalhador a um justo salário ser colocado em primeiro lugar, mas com a preocupação elementar de estar em íntima correlação com a capacidade empresarial em pagá-lo.

Analisando o artigo em apreço, Francisco Antonio de Oliveira[48], após salientar que a harmonia entre capital e trabalho dependerá sempre da justa remuneração da força de trabalho, testifica que se o salário for aquém do que deveria ser, haverá enriquecimento sem causa da empresa, já que poderá ter maior margem de lucros sobre o produto acabado. Poderá, todavia, não haver o enriquecimento sem causa se a empresa não aumentar a margem de lucro, repassando para o consumidor aquela parcela paga a menor ao trabalhador; entretanto, o salário não será justo.

Diante desse quadro, é premente mudar a ótica do nosso Judiciário Trabalhista para que implemente o direito ao salário justo não apenas em dissídios coletivos do trabalho de natureza econômica, como também em ações que envolvem interesses individuais e coletivos *lato sensu* (difusos, coletivos e individuais homogêneos), a fim de imprimir justiça nas relações de trabalho e proporcionar o equilíbrio econômico-financeiro do contrato de trabalho.

6. Natureza jurídica

Perquirir sobre a natureza jurídica significa *desvendar as essências de um instituto no sistema jurídico*. Nesse passo, apontar-se-á, na sequência, a essência do salário justo.

Primeiramente, cumpre ressaltar que há fundamentalidade material das normas que asseguram o *direito ao salário justo*, uma vez que guarda *relação direta com os princípios ético-fundamentais de nossa Lei Maior* — dignidade da pessoa humana; valorização social do trabalho e da livre-iniciativa; e justiça social —, enquadrando-se nas *necessidades essenciais do trabalhador na sua dimensão individual e social*.

---

(46) A propósito, David Diniz Dantas pronuncia que pelo princípio da força normativa da Constituição na solução das questões jurídicas, deve-se dar prevalência aos pontos de vista que, tendo em conta os pressupostos da Constituição, contribuem para uma eficácia ótima da Lei Fundamental. Conectado a esse princípio, temos o princípio da máxima efetividade, significando que na interpretação da norma constitucional a esta deve ser atribuído o sentido que maior eficácia lhe dê (*Interpretação constitucional no pós-positivismo: teorias e casos práticos*. São Paulo: Madras, 2004. p. 264-265).

(47) *Tratado jurídico do salário*, p. 391.

(48) OLIVEIRA, Francisco Antonio de. *Comentários à Consolidação das Leis do Trabalho*. 3. ed. rev., atual. e ampl. São Paulo: Revista dos Tribunais, 2005. p. 643.

Nessa senda, infere-se que o direito ao *salário justo* constitui direito social do trabalhador. Essa perspectiva sobressai quando observamos que está *previsto em diversos diplomas internacionais de direitos humanos* ratificados pelo Brasil, resvalando, em nosso pensar, uma *norma materialmente constitucional* (CF, art. 5º, § 2º).

Os *direitos fundamentais* podem estar previstos em normas jurídicas que estão estruturadas como *princípios* e em outras que se apresentam como *regras*[49]. Destarte, sob o viés de averiguar a "*estrutura normativa*" da norma de direito fundamental que prevê o salário justo, cumpre atentar para a "distinção forte" entre regras e princípios.

Com base nos escólios de Alexy, pensamos que a *norma jurídica pertinente ao salário justo*, por comportar realização na maior medida possível diante das possibilidades reais e jurídicas existentes no caso concreto, é do tipo *princípio*, vale dizer, constitui-se em um *mandado de otimização* que faz referência à justiça (*fairness*).

Por conseguinte, o princípio do salário justo permite o *balanceamento de valores* — "*balancing*"[50] — em caso de colisão com outros princípios. Em tendo um caráter *prima facie* — e não definitivo como as regras —, pode ser superado em função de outros princípios colidentes.

À guisa de ilustração, registrem-se as possíveis colisões entre o direito ao salário justo e o direito à livre-iniciativa, da qual é expressão a autonomia privada; assim como o direito ao salário justo e o direito ao trabalho.

É importante não olvidar que, na moderna dogmática jurídica frequentemente referida como "pós-positivista", os princípios têm força normativa, de modo que o *princípio do salário justo* é aplicável diretamente nas relações individuais e coletivas de trabalho.

7. Fatores determinantes na estipulação do salário justo

A determinação do montante salarial constitui um ponto crucial do contrato de trabalho, tendo em vista que, de um lado, constitui, via de regra, o meio de subsistência do trabalhador e sua família, bem como indica a sua posição social, e, de outra parte, representa, juntamente aos demais encargos sociais, um dos maiores itens de dispêndio

---

(49) Nesse sentido, Luís Roberto Barroso assinala a existência de direitos fundamentais que assumem a forma de princípios e outros de regras, bem como chama a atenção para o fato de haver princípios que não são direitos fundamentais (Neoconstitucionalismo e constitucionalização do direito. *Revista da Escola Nacional da Magistratura*, ano 1, n. 2, p. 38, out. 2006). Também, Alexy ressalta que "existirían entre las normas de derecho fundamental tanto algunas que son principios y otras que son reglas" (*Teoría de los derechos fundamentales*, p. 98).

(50) Segundo Francisco Gérson Marques de Lima, o *"balancing"* constitui instrumento de medição e sopesamento dos contrapesos de valores constitucionais, corolário da jurisprudência de valores, para responder às tensões constitucionais, as quais facilmente ocorrem na aplicação de normas envolvendo direitos e garantias fundamentais (Interpretação axiológica da Constituição, sob o signo da justiça. In: SOARES, José Ronald Cavalcane (Coord.). *Estudos de Direito Constitucional* — Homenagem a Paulo Bonavides. São Paulo: LTr, 2003. p. 69).

da empresa, atrelando-se à saúde financeira da organização. A par disso, apresenta reflexos nos níveis de desenvolvimento econômico-social e de distribuição de rendas do país.

Justo Lopez[51] leciona que:

> Dois fatores, em realidade, determinam a justiça do salário, estando em primeiro lugar a estimação econômica, consistente em um juízo de valoração do trabalho e seu resultado; e, em segundo lugar, que é o primeiro na ordem jurídica, a exigência de que o salário proporcione o sustento de uma vida digna do trabalhador e sua família. A esses fatores intrínsecos ao contrato de trabalho, o autor acrescenta um terceiro, que é extrínseco: a consideração do bem comum.[52]

Dentre os componentes determinantes do salário justo, o jurista argentino Carlos Alberto Livellara[53] inclui: satisfação das necessidades vitais e garantia da dignidade do trabalhador e de sua família; particularidades de cada ofício ou profissão; produtividade de cada trabalhador; situação da empresa; e exigências do bem comum. Expõe, ainda, que na fixação de um salário justo se deve observar um tope mínimo (o salário familiar, que contempla as necessidades da família) e um tope máximo (a situação econômica da empresa) de modo que, entre ambos os limites, os fatores de variação estão determinados pelas modalidades de cada trabalho, a contribuição no processo produtivo de cada trabalhador e as exigências do bem comum nacional e internacional.

Américo Plá Rodriguez[54] acentua que:

> Uma forma moderna de perseguir a determinação de salários justos é a análise da evolução das tarefas com critérios equânimes e equitativos, no sentido de assegurar uma remuneração igual para postos que exigem sacrifícios globalmente similares e compensar de forma adequada os maiores esforços e dificuldades que alguns postos impõem em comparação com outros.[55]

A partir dessas ideias, visando exprimir elementos para densificação do princípio do salário justo, esgrimimos que a estipulação do valor salarial está circunscrita a limites mínimo (salário vital ou salário mínimo) e máximo (possibilidades econômicas da

---

(51) LOPEZ, Justo. *El salario*, p. 54.

(52) "... *dos factores, en realidad, determinan la justicia del salario: en primer lugar, la estimación económica, consistente en definitiva en un juicio de valoración del trabajo y su resultado; en segundo lugar, que es el primero en el orden jurídico, la ya mencionada exigencia de que el salario proporcione el sustento de una vida digna del trabajador y su familia. A estos dos factores, intrínsecos al contrato de trabajo, tal como se presenta contemporáneamente, debe añadirse, todavía, un tercer factor extrínseco: la consideración del bien común.*" Tradução livre.

(53) *Derechos y garantías de los trabajadores incorporados a la Constitución reformada*, p. 152-158.

(54) *Curso de derecho laboral: el salario*, p. 90-91.

(55) "... *una forma moderna de perseguir la determinación de salarios justos puede ser la evaluación de tareas que constituye un procedimiento para comparar, con criterios ecuánimes y equitativos las distintas tareas que se cumplen en los diferentes puestos de trabajos. Aspira a establecer estructuras de salarios que sean justas y equitativas, en el sentido de asegurar una remuneración igual para puestos que exigen lo que se consideran sacrificios globalmente similares y compensar de forma adecuada los mayores esfuerzos y dificultades que algunos puestos imponen en comparación con otros.*" Tradução livre.

empresa⁽⁵⁶⁾, figurando entre ambos diversos fatores determinantes, quais sejam: a extensão e complexidade do trabalho, a relevância do labor no processo produtivo, o aspecto pessoal do trabalhador (qualificação), as circunstâncias espaço-temporais do trabalho e as exigências do bem comum.

Releva registrar, ademais, que esses fatores múltiplos a serem observados na determinação do montante salarial devem ser combinados entre si e analisados em cada caso concreto, pois a aplicação isolada de um desses aspectos pode ensejar um salário injusto.

8. A eficácia do direito ao salário justo

O exercício da autonomia privada nas relações individuais e coletivas de trabalho para determinação do montante salarial deve estar pautado no direito social do trabalhador ao salário justo.

Nessa perspectiva, propugna o mestre Amauri Mascaro Nascimento[57] em seus escólios:

> É manifesta a importância do princípio do justo salário como fórmula geral de aplicação nas relações de trabalho tanto no plano coletivo, através das negociações coletivas salariais, como no nível das relações individuais de trabalho que não devem restringir-se aos critérios coletivos de fixação dos salários, dos mesmos devendo desprender-se.
>
> O princípio do justo salário é uma feliz concepção. Estabelece uma razoável fórmula de superação dos impasses e dúvidas a respeito dos métodos de fixação do valor dos salários. Essa fórmula, usada adequadamente, facilita a solução direta das suas pendências suscitadas nos conflitos coletivos de trabalho pela via da negociação. Não é outra a sua função diante das reivindicações individuais. Serve, também, de diretriz para o Estado na fixação dos salários, inclusive para os Tribunais do Trabalho. É um seguro indicador para a interpretação do direito positivo que nem sempre apresenta regras claras e precisas.

---

(56) A fundamentar esse limite máximo está a "reserva do possível". Cumpre registrar, ainda, que, na prática, para a aferição real e concreta da situação financeira da empresa se torna necessária a adoção de medidas destinadas a esse fim, como a prova pericial contábil. A propósito, Marcus Menezes Barberino Mendes informa que a Justiça do Trabalho utiliza como critérios para a fixação judicial de salários em sentenças normativas: a apuração da capacidade financeira da empresa para suportar reajustes, através de laudos técnicos elaborados por peritos nomeados, e os índices de custo de vida local ou regional, apurados por instituto estadual de estatística e, mais tarde, pelo órgão previdenciário nacional. Ao citar o dissídio coletivo de n. 895/47, envolvendo mineiros e a Companhia Mineira de Mineração, destaca que o Tribunal de Minas Gerais concedeu reajuste parcial dos salários através de inspeção judicial e prova pericial, fixando um critério sofisticado para apuração da capacidade de pagamento da empresa: a acumulação de capital não é equivalente a lucro, que é espécie do gênero. Os recursos reinvestidos na empresa, seus estoques e o fundo de reserva demonstravam que o salário é um custo insignificante na atividade (Dissertação de mestrado apresentada, em 2007, ao Instituto de Economia da Unicamp – Universidade Estadual de Campinas, intitulada "Justiça do Trabalho e mercado de trabalho", sob a orientação do Prof. Dr. Cláudio Salvadori Dedecca, p. 93-94).

(57) *Teoria jurídica do salário.* 2. ed. São Paulo: LTr, 1997. p. 29.

Em um Estado Democrático de Direito, como o nosso, não se pode mais falar, como outrora, no Estado Liberal, em autonomia da vontade das partes contratuais para fixar o salário, na qual se exige o cumprimento das cláusulas ajustadas de maneira incondicional, em qualquer hipótese, sob os auspícios dos princípios da liberdade, da igualdade (em sentido formal), da segurança jurídica e do *pacta sunt servanda*[58].

Assim, a frase "quem diz contratual diz justo" — não encontra mais albergue no sistema jurídico brasileiro[59]. Importa observar que a CLT, no art. 444, desde 1943, prevê que "as relações contratuais de trabalho podem ser objeto de livre estipulação das partes em tudo quanto não contravenha às disposições de proteção ao trabalho" de maneira que não se pode esgrimir a intangibilidade do valor salarial ajustado entre as partes.

O Código Civil de 2002[60], trazendo novos contornos para as relações sociais, consagra princípios sociais dos contratos[61], aplicáveis aos contratos de trabalho, como da função social do contrato[62] e da boa-fé objetiva[63], de modo que o individualismo cede lugar ao solidarismo social, limitando-se a liberdade contratual.

---

(58) A propósito, merecem destaque as lições de Jolivet, citadas por Amauri Mascaro Nascimento: "A teoria liberal do salário reclama as mesmas críticas que a do preço da venda. Claro é, com efeito, que não entra nas intenções do operário fazer um presente ao patrão, mas sim obter o equivalente do seu trabalho. Por consequência, se ele aceita um salário inferior, fá-lo à força, por não poder tratar de igual para igual com o empregador. É que, no sistema liberal, a liberdade do operário individual não passa de uma palavra: as mais das vezes, por falta de recursos, ver-se-á obrigado a aceitar as condições que lhe oferecem. Toda a sua liberdade consistirá em não poder agir de outro modo. Mister se torna, pois, rejeitar o ponto de vista liberal, incapaz de assegurar o respeito da dignidade do operário." (*Teoria jurídica do salário*, p. 25).

(59) Sobre essa visão de "autonomia da vontade", salienta-se as lições de Daniel Sarmento: "A responsabilidade era o preço da liberdade: o indivíduo era livre para contratar ou não, e para definir os termos do ajuste, mas se empenhasse a sua vontade por ela estaria definitivamente obrigado. Considerações sobre a conformidade da convenção com parâmetros de justiça não compareciam, senão de forma marginal, nas preocupações do jurista de então. Para a teoria clássica, 'o contrato é sempre justo, porque se foi querido pelas partes resultou da livre apreciação dos respectivos interesses pelos próprios contratantes'. *'Qui dit contractuelle, dit juste'*, era o lema, pois entendia-se que as partes do contrato, numa posição de igualdade jurídica, não se comprometeriam se as condições do ajuste não as favorecessem." (Os princípios constitucionais da liberdade e da autonomia privada. *Boletim Científico: Ensino Superior do Ministério Público da União*. Brasília, ESMPU, ano 4 , n. 14, p. 189, jan./mar. 2005).

(60) Não se pode perder de vista que o Direito Civil, com a recente reforma, inspirada nos princípios da eticidade, operabilidade e sociabilidade, consagrou uma concepção humanista para os contratos, insculpindo valores éticos e institutos jurídicos totalmente pertinentes ao Direito do Trabalho.

(61) Rodolfo Pamplona Filho e Pablo Stolze Gagliano ensinam que os princípios sociais do contrato são conceitos abertos que, à luz do princípio da concretude, devem ser preenchidos pelo juiz, no caso concreto, visando a tornar a relação negocial economicamente útil e socialmente valiosa. Ressalta, com razão, que de nada adianta um contrato com acentuado potencial econômico ou financeiro, se, em contrapartida, tem impacto negativo no campo social (*Novo curso de direito civil*, p. 43).

(62) Cabe anotar que o art. 421 do Código Civil Brasileiro preceitua que "a liberdade de contratar será exercida em razão e nos limites da função social do contrato". Ademais, o Estatuto Supremo de 1988, no art. 186 expõe que a função social da propriedade rural é cumprida quando atende aos requisitos da "observância das disposições que regulam as relações de trabalho e da exploração que favoreça o bem-estar dos proprietários e dos trabalhadores".

(63) A propósito, o Código Civil dispõe no art. 113 que "os negócios jurídicos devem ser interpretados conforme a boa-fé e os usos do lugar de sua celebração" e, no art. 422, que "os contratantes são obrigados a guardar, assim na conclusão do contrato, como em sua execução, os princípios de probidade e boa-fé".

Redesenha-se, assim, a postura do Estado em matéria salarial diante dos contratos de trabalho, passando a adotar uma postura intervencionista para lhes imprimir a concepção social[64].

Isso porque uma autêntica democracia não é somente o resultado de uma previsão normativa formal de direitos fundamentais, mas é o fruto da implementação dos valores que tais direitos inspiram no seio social e na vida política do país.

É nesse mirante que se fala em força normativa dos princípios fundamentais e juridificação do salário justo para entreverem mudanças na medida da evolução de uma consciência ética, ao se exigir uma prática diuturna de respeito à pessoa humana.

Decerto que se o exercício da autonomia privada nas relações de trabalho não se apresenta no plano de equilíbrio, sob a harmonia equitativa dos interesses do capital e trabalho[65], impende se intervir na busca da efetivação dos princípios constitucionais de nosso Estado Democrático de Direito, onde a justiça é erigida como "valor supremo numa sociedade fraterna e solidária, em que a dignidade da pessoa humana é cultuada"[66].

Assim sendo, não se pode mais ficar como meros espectadores de um contexto econômico-social onde proliferam salários ínfimos e jornadas exaustivas — realidade vivenciada, entre outros, por trabalhadores que labutam no corte da cana-de-açúcar —, devendo proporcionar transformações no seio social, mediante a adoção de medidas práticas, como o salário judicial corretivo e supletivo, direcionadas à satisfação das expectativas normativas de proteção ao menos favorecidos e de imposição de uma justa igualdade nas relações sociais de trabalho[67].

É de se ressaltar, ademais, que a tendência atual de as empresas pagarem salários por produção, visando melhorar o desempenho do empregado no trabalho (produtividade), de sorte a ampliar os seus resultados econômicos, não pode ser desvinculada da observância do princípio do salário justo.

Nesses termos, esgrimimos ser possível intervir na autonomia privada trabalhista[68]. Entrementes, é certo que uma intervenção no montante salarial, fora das previsões de

---

(64) A respeito, Ignacio Duréndez Sáez assevera: *"El Estado debe intervenir en la reglamentación del trabajo y en los conflictos colectivos e individuales que en su ejercicio se susciten, realizando esta función con un criterio político social fundado en la necesidad de obtener por medios pacíficos una cada vez más justa distribución de lo que se produce, y de equilibrar la necesidad humana con su racional satisfacción inmediata."* (*La regulación del salario en España (1931-1996)*, p. 30).

(65) José Henrique Marcondes Machado acentua que "o equilíbrio no relacionamento entre trabalhadores e empregadores somente terá êxito quando for baseado na justiça e solidariedade" (O salário justo sob uma visão social e cristã. *Revista de Direito do Trabalho*, v. 2, n. 9, p. 192, set./dez. 1997).

(66) CRETELLA JR., José. *Comentários à Constituição Brasileira de 1988*. vol. I. Rio de Janeiro: Forense, 1992. p. 201.

(67) Oportuno noticiar que em nossa tese de doutoramento, intitulada *Direito Social do Trabalhador ao Salário Justo*, defendida na Faculdade de Direito da Universidade de São Paulo (FDUSP), adentramos em diversos aspectos práticos que consubstanciam a possibilidade de conceber eficácia do direito social do trabalhador ao salário justo nas relações individuais e coletivas de trabalho. Ante a dimensão do tema, não cabe aqui escandir a respeito, de maneira que remetemos a sua leitura.

(68) Nessa mira, o art. 29.2 da Declaração Universal dos Direitos Humanos de 1948 dispõe: "No exercício de seus direitos e liberdades, toda pessoa estará sujeita apenas às limitações determinadas pela lei, exclusivamente com o fim de assegurar o devido reconhecimento e respeito dos direitos e liberdades de outrem, e de satisfazer às justas exigências da moral, da ordem pública e do bem-estar de uma sociedade democrática." (PIOVESAN, Flávia. *Direitos humanos e o direito constitucional internacional*, p. 355).

gastos empresariais, vai produzir reflexos sobre o custo do processo produtivo e, por conseguinte, desorganização das finanças empresariais, a par de produzir reflexos na economia do nosso país.

No decurso da nossa tese de doutoramento — na Faculdade de Direito da Universidade de São Paulo — analisamos diversos aspectos práticos para implementação do direito ao salário justo. No entanto, considerando a dimensão do tema, nos ateremos, na sequência do presente texto, a tratar apenas do estabelecimento do *salário judicial corretivo e supletivo* aplicável em casos concretos como dos bolivianos no trabalho de costura realizado no bairro Bom Retiro (São Paulo) e trabalhadores rurais no corte de cana de açúcar, que percebem salário por produção em montante ínfimo.

É certo que o Poder Judiciário não pode ser mais conivente com a violação sistemática dos direitos humanos dos trabalhadores. Cumpre partir para novas perspectivas de ação, não se podendo mais dar guarida à concepção positivista do Direito que rejeita decisões criativas do juiz, ancoradas em valores ético-constitucionais.

Exige-se do juiz, hoje, a observância do princípio do devido processo legal não apenas em seu sentido processual, mas, principalmente, no sentido material, na direção da realização de um processo justo.

Na preleção do atual Presidente do Supremo Tribunal Federal Carlos Ayres Britto[69]:

> Legitimidade judiciária será tanto mais autêntica quanto sustenta no poder dever de reconhecer à Constituição o seu caráter dirigente. [...] Esse o desafio do Poder Judiciário brasileiro: entender que a meta é a fonte. Como no filme de Steven Spielberg, de nome 'De volta para o futuro', o que incumbe às nossas instâncias jurisdicionais é fazer a viagem de volta para a Constituição de 1988, sempre e sempre, porquanto nos princípios por ela albergados e no seu nítido caráter dirigente é que se tem todo o potencial de futuridade.

Partindo dessa concepção hodierna do sistema jurídico, deve-se permitir a intervenção judicial para avaliar o montante salarial e, ao identificar as situações de trabalho nas quais são os "salários manifestamente injustos," revisar a cláusula contratual e fixar um salário justo.

Cabe, aqui, importar os princípios sociais do contrato imersos no novo Código Civil de 1988, que implementam a justiça contratual, nos termos do art. 8º, parágrafo único, da CLT.

Acrescenta-se a isso que a situação de premente necessidade do emprego, leva ao empregado a expressar uma vontade viciada quanto ao montante salarial, manifestamente desproporcional ao trabalho, a refletir a aplicação do instituto jurídico da *lesão*, positivado no art. 157 do Código Civil Brasileiro[70], constituindo-se em fundamento para revisão da cláusula do contrato de trabalho relativa ao valor do salário.

---

(69) *O humanismo como categoria constitucional*, p. 113-114.

(70) Art. 157. Ocorre a lesão quando uma pessoa, sob premente necessidade, ou por inexperiência, se obriga a prestação manifestamente desproporcional ao valor da prestação oposta.
§ 1º Aprecia-se a desproporção das prestações segundo os valores vigentes ao tempo em que foi celebrado o negócio jurídico.
§ 2º Não se decretará a anulação do negócio se for oferecido suplemento suficiente, ou se a parte favorecida concordar com a redução do provento.

Antonio Jeová Santos[71] ensina que se deve entender por lesão contratual:

> "O grave desequilíbrio entre as prestações, nos contratos onerosos, quando um dos contratantes se aproveita de uma situação de superioridade a respeito daquela em que se encontra a outra parte ao celebrar o contrato, devido à notória inexperiência ou estado de necessidade, o que permite obter por parte do sujeito ativo um lucro excessivo, desproporcionado, com relação ao que a parte passiva se obrigou."[72]

Quando o Poder Judiciário revisa cláusula contratual sobre salário, deve fixar um montante salarial justo, atuando, por meio de um juízo de equidade, na função corretiva e criativa, em consonância com o disposto no art. 460 da CLT *in verbis*:

> Art. 460. Na falta de estipulação do salário ou não havendo prova sobre a importância ajustada, o empregado terá direito a perceber salário igual ao daquela que, na mesma empresa, fizer serviço equivalente ou do que for habitualmente pago para serviço semelhante.

Repisa-se que somente nas hipóteses de manifesta injustiça salarial — pela desproporção material das prestações laborais e condições indignas de vida — é que entendemos conveniente esse tipo de intervenção judicial.

Nesse caminho de correção de salário, também pode exercer relevante papel o Ministério Público do Trabalho, como fiscal da lei, na defesa dos interesses da coletividade de trabalhadores com salários manifestamente injustos.

É preciso ter em vista que os processos coletivos devem se voltar não apenas a determinadas empresas, mas a todo o setor econômico, a fim de possibilitar resultados macros das medidas judiciais e extrajudiciais de tutela coletiva. A atuação em apenas uma empresa enseja um desnível desta em relação a demais do setor econômico.

Por fim, salienta-se que, na nova redação da orientação jurisprudencial 235 da SDI1 do TST, vislumbramos uma mudança da perspectiva jurisdicional para efetivação do salário justo ao estabelecer:

> O empregado que recebe salário por produção e trabalha em sobrejornada tem direito à percepção apenas do adicional de horas extras, exceto no caso do empregado cortador de cana, a quem é devido o pagamento das horas extras e do adicional respectivo.

Acentua-se, portanto, que a intervenção na autonomia privada dos sujeitos da relação de emprego — na direção de revisar cláusula contratual e efetivar um montante salarial justo — deve-se dar nas hipóteses de *manifesta* afronta à dignidade do trabalhador e à comutatividade laboral, para se fazer valer a justiça contratual[73].

---

(71) *A lesão em seus elementos objetivo e subjetivo. Função social do contrato*, p. 175-176.

(72) Na visão de Ricardo Fiuza, lesão é um vício de consentimento decorrente do abuso praticado em situação de desigualdade de um dos contratantes, por estar sob premente necessidade, ou por inexperiência, visando a protegê-lo, ante o prejuízo sofrido na conclusão do contrato, devido à desproporção existente entre as prestações das duas partes, dispensando-se a verificação do dolo, ou má-fé, da parte que se aproveitou (*Novo Código Civil*, 3. ed. São Paulo: Saraiva, 2004. p. 157).

(73) Nesses termos, Antonio Jeová Santos pronuncia que a justiça contratual está positivada no vigente Código Civil Brasileiro com o instituto da lesão e com as teorias da imprevisão, da onerosidade excessiva, da consideração equitativa em matéria contratual e da proibição de conduta que prima pelo exercício abusivo de algum direito (*Função social do contrato*. 2. ed. São Paulo: Método, 2004. p. 71).

9. Considerações finais

O *salário* é ponto central para o Direito do Trabalho, constituindo-se em um complexo de verbas, de caráter pecuniário e obrigacional, devidas e pagas diretamente pelo empregador ao empregado como retribuição da energia de trabalho disponibilizada em um contrato de trabalho.

Na perspectiva *técnico-jurídica*, o salário configura *cláusula obrigacional* do contrato individual de trabalho e, sob o aspecto *econômico-social*, representa a *renda do trabalho* obtida pelo empregado a fixar o nível de vida da maior parte dos seres humanos.

Há *dupla natureza do salário*: *retributiva* — por ser retribuição do trabalho e *valorativa* — por ser instrumento a proporcionar condições dignas de vida ao trabalhador e sua família.

A partir da *concepção jurídico-filosófica de realizar justiça* nas relações sociais do capital e trabalho, o sistema jurídico vigente exorta por um *trabalho decente* — labor produtivo e adequadamente remunerado (salário justo) — a proporcionar uma participação real e equitativa do trabalhador na riqueza para cuja criação contribui solidariamente na empresa e na economia nacional.

Na estipulação do montante salarial, não se pode mais falar em autonomia da vontade com perspectiva individualista e patrimonialista, mas, sim, em autonomia privada que é compatível com a concepção de socialização do direito contemporâneo.

Nesse diapasão, em não havendo mais o absolutismo de outrora na determinação do salário, é possível o Estado intervir nas relações individuais e coletivas de trabalho, orientando-as para valores humanísticos superiores, todos condensados na dignidade da pessoa humana. Impende proteger os trabalhadores em face da luta díspar entre as empresas poderosas e as vítimas desprovidas de recursos.

Por ser o princípio do salário justo um *conceito jurídico indeterminado*, não se pode exprimir um critério objetivo, aritmético, para a sua acepção, importando aplicar o princípio da razoabilidade no preenchimento do seu conteúdo jurídico, a cada caso concreto, em observância aos princípios ético-jurídicos vigentes em uma sociedade.

10. Referências bibliográficas

ALEXY, Robert. *Teoría de los derechos fundamentales.* Madrid: Centro de Estudios Políticos y Constitucionales, 2002.

ANGIELLO, Luigi. *La retribuzione.* Milano: Giuffrè, 1990.

BALLESTEROS, Alberto Montoso. *Supuestos filosófico-jurídicos de la justa remuneración del trabajo.* Secretariado de Publicaciones: Universidad de Murcia, 1980.

BANDEIRA DE MELLO, Celso Antônio. Eficácia das normas constitucionais sobre justiça social. *Revista de Direito Público,* São Paulo, Revista dos Tribunais, n. 57-57, 1981.

BARBAGELATA, Hector-Hugo. *Derecho del trabajo.* Montevideo: Fundación de Cultura Universitaria, 1978.

BARROSO, Luís Roberto. Neoconstitucionalismo e Constitucionalização do Direito. *Revista da Escola Nacional da Magistratura*, ano 1, n. 2, out. 2006.

BONARETTI, Loris. *L'equa retribuzione nella costituzione e nella giurisprudenza*. Milano: Giuffrè Editore, 1994.

BONAVIDES, Paulo. *A Constituição aberta*. 3.ed. São Paulo: Malheiros, 2004.

BRANCA, Guiuseppe. *Commentario della Costituzione*. Tomo I, art. 36. Bologna: Nicola Zanichelli Editore, 1979.

BRITO FILHO, José Claudio Monteiro de. *Trabalho decente*: análise jurídica da exploração, trabalho forçado e outras formas de trabalho indigno. São Paulo: LTr, 2004.

BRITTO, Carlos Ayres. *O humanismo como categoria constitucional*. Belo Horizonte: Fórum, 2007.

CARRION, Valentin. *Comentários à Consolidação das Leis do Trabalho*. 32. ed. atual. por Eduardo Carrion. São Paulo: Saraiva, 2007.

CATHARINO, José Martins. *Tratado jurídico do salário*. Ed. fac-similada. São Paulo: LTr, 1997.

CESARINO JÚNIOR, A. F. *Direito social brasileiro*. São Paulo: Livraria Freitas Bastos, 1963.

COMPARATO, Fábio Konder. *Ética*: direito, moral e religião no mundo moderno. São Paulo: Cia. das Letras, 2006.

CORREIA, Marcus Orione Gonçalves; MAIOR, Jorge Luiz Souto (Orgs.). *Curso de direito do trabalho*. vol. 1: teoria geral do direito do trabalho. São Paulo: LTr, 2007.

CRETELLA JÚNIOR, José. *Comentários à Constituição Brasileira de 1988*. vol. I. Rio de Janeiro: Forense, 1992.

CRISTOFARO, Maria Luisa de. *La giusta retribuzione*. Bologna: Società Editrice Il Mulino, 1971.

CUNHA, Wladimir Alcibíades Marinho Falcão. *Revisão judicial dos contratos do Código de Defesa do Consumidor ao Código Civil de 2002*. São Paulo: Método, 2007.

DANTAS, David Diniz. *Interpretação constitucional no pós-positivismo*: teorias e casos práticos. São Paulo: Madras, 2004.

DELGADO, Mauricio Godinho. Princípios constitucionais do trabalho. *Revista de Direito do Trabalho*, São Paulo, RT, n. 117, ano 31, jan./mar. 2005.

DEL VALLE, José Manuel. *La protección legal de la suficiencia del salario*. España: Dykinson, 2001.

DURÉNDEZ SÁEZ, Ignacio. *La regulación del salario en España (1931-1996)*. Madrid: Artegraf, 1997.

DWORKIN, Ronald. *O império do direito*. Trad. Jefferson Luiz Camargo. São Paulo: Martins Fontes, 1999.

_____. *Uma questão de princípio*. 2. ed. Trad. Luís Carlos Borges. São Paulo: Martins Fontes, 2001.

El trabajo decente, centro de atención. In: *Revista Trabajo de la OIT*, n. 57, sep. 2006. Ginebra: OIT, 2006.

FARIA, José Eduardo. *Direitos humanos, direitos sociais e justiça*. José Eduardo Faria (Org.). São Paulo: Malheiros, 2005.

FREITAS JÚNIOR, Antônio Rodrigues de. Os direitos sociais como direitos humanos num cenário de globalização econômica e de integração regional. In: PIOVESAN, Flávia (Coord.).

Direitos humanos, globalização econômica e integração regional: desafios do direito constitucional internacional. São Paulo: Max Limonad, 2002.

GAGLIANO, Pablo Stolze; PAMPLONA FILHO, Rodolfo. *Novo curso de direito civil*, vol. I. 8. ed. São Paulo: Saraiva, 2006.

GALANTINO, Luisa. *Diritto del Lavoro*. 19. ed. Torino: G. Giappichelli Editore, 2003.

GARCIA, Maria. Mas, quais são os direitos fundamentais? In: *Revista de Direito Constitucional e Internacional*, São Paulo, RT, n. 39, ano 10, abr./jun. 2002.

GIOVANNI, Roma. *La retribuzione*. Torino: UTET, 1993.

GOMES, Dinaura Godinho Pimentel. *Direito do trabalho e dignidade da pessoa humana, no contexto da globalização econômica:* problemas e perspectivas. São Paulo: LTr, 2005.

HÄBERLE, Peter. *Hermenêutica Constitucional* — A sociedade aberta dos intérpretes da Constituição: contribuição para a interpretação pluralista e processual da Constituição. Porto Alegre: Sérgio Antonio Fabris, 1997.

HERRERA, Enrique. Princípios para um "Código-Tipo" de direito do trabalho na América Latina. In: PERONE, Gian Carlo; SCHIPANE, Sandro (Coords.). *Princípios para um "Código--Tipo" de direito do trabalho para a América Latina*. Revisão técnica Amauri Mascaro Nascimento. Tradução Edílson Alkmim Cunha. São Paulo: LTr, 1996.

HESSE, Konrad. *A força normativa da Constituição*. Trad. Gilmar Ferreira Mendes. Porto Alegre: Sérgio Antonio Fabris, 1991.

KRELL, Andreas J. *Direitos sociais e controle judicial no Brasil e na Alemanha*. Os (des)caminhos de um direito constitucional "comparado". Porto Alegre: Sérgio Antonio Fabris, 2002.

LEVI, Alberto. *Il trasferimento disciplinare del prestatore di lavoro*. Torino, Itália: G. Giappichelli Editore, 2000.

LIMA, Francisco Gérson Marques de. Interpretação axiológica da Constituição, sob o signo da Justiça. In: SOARES, José Ronald Cavalcante (Coord.). *Estudos de direito constitucional* — Homenagem a Paulo Bonavides. São Paulo: LTr, 2003.

LIVELLARA, Carlos A. *Derechos y garantías de los trabajadores inrcorporados a la Constitución reformada*. Buenos Aires: Rubinzal – Culzoni Editores, 2003.

_____. La retribución justa en la doctrina judicial de la Corte Suprema. In: Trabajo y Seguridad Social. *Revista de Doctrina, Jurisprudencia y Legislación*. Tomo XXIII. Buenos Aires: Universidad Catolica Argentina, 1996.

LOPEZ, Justo. *El salario*. Buenos Aires: Ediciones Jurídicas, 1988.

MACHADO, José Henrique Marcondes. O salário justo sob uma visão social e cristã. *Revista de Direito do Trabalho*, v. 2, n. 9, set./dez. 1997.

MANSUETI Hugo; PALAZZO, Eugenio Luis; SCHINELLI, Guillermo. *Curso de Derecho Constitucional*. La Constitución como garantía. Los derechos y deberes del hombre. Tomo V. Buenos Aires: Abeledo-Perrot, 2001.

MANUS, Pedro Paulo Teixeira. *Direito do trabalho*. 6. ed. São Paulo: Atlas, 2001.

MASI, Domenico. *O futuro do trabalho:* fadiga e ócio na sociedade pós-industrial. Trad. Yadyr A. Figueiredo. 2. ed. Rio de Janeiro: José Olympio; Brasília: Ed. da UnB, 1999.

MAXIMILIANO, Carlos. *Hermenêutica e aplicação do direito*. Rio de Janeiro: Forense, 2002.

MENDES, Marcus Menezes Barberino. *Justiça do trabalho e mercado de trabalho*. Dissertação (Mestrado em Economia), sob a orientação do Prof. Dr. Cláudio Salvadori Dedecca apresentada ao Instituto de Economia da Unicamp — Universidade Estadual de Campinas, intitulada. Campinas, 2007.

NASCIMENTO, Amauri Mascaro. *Teoria jurídica do salário*. 2. ed. São Paulo: LTr, 1997.

_____. *O salário*. Ed. fac-similada (1932). São Paulo: LTr, 1996.

OLIVEIRA, Francisco Antonio de. *Comentários à Consolidação das Leis do Trabalho*. 3. ed. rev., atual. e ampl. São Paulo: Revista dos Tribunais, 2005.

PALADIN, Livio. *Diritto costituzionale*. 3. ed. Italia: CEDAM, 2001.

PASSARELLI, Giuseppe Santoro. *Realtà e forma nel diritto del lavoro*. Tomo II. Torino: G. Giappichelli, 1972-2006.

PERA, Giuseppe; PAPALEONI, Marco. *Diritto del lavoro*. 7. ed. Padova: CEDAM, 2003.

_____; GRANDI, Mario. 3. ed. *Commentario breve alle leggi sul lavoro*. Milano: CEDAM, 2005.

PERELMANN, Chaïm. *Ética e direito*. São Paulo: Martins Fontes, 2005.

PÉREZ AMORÓS, Francisco. De la Europa de los mercadores a la Europa social: los aspectos sociales de la Constitución Europea de 2004. In: *Revista Tecnico Laboral*, Barcelona: Consejo General de Colegios Oficiales de Graduados Sociales, n. 112, vol. XXIX, 2007.

PÉREZ LUÑO, Antonio Enrique. *Derechos humanos, Estado de derecho y Constitución*. 9. ed. Madrid: Tecnos, 2005.

PERONE, Giancarlo; SCHIPANE, Sandro (Coords.). *Princípios para um "Código-Tipo" de direito do trabalho para a América Latina*. Revisão técnica Amauri Mascaro Nascimento. Tradução Edílson Alkmim Cunha. São Paulo: LTr, 1996.

PICCININI, Iolanda. *Equità e diritto del lavoro*. Itália: Cedam, 1997.

PIOVESAN, Flávia. A incorporação, a hierarquia e o impacto dos tratados internacionais de proteção dos direitos humanos no direito brasileiro. In: GOMES, Luiz Flávio; PIOVESAN, Flávia (Coord.) *O sistema interamericano de proteção dos direitos humanos e o direito brasileiro*. São Paulo: Revista dos Tribunais, 2000.

_____. *Direitos humanos e o direito constitucional internacional*. 7. ed. rev., ampl. e atual. São Paulo: Saraiva, 2006.

PLÁ RODRIGUEZ, Américo. *Curso de derecho laboral:* el salario. v. II, t. II. Montevideo: Ediciones IDEA, 1994.

_____. *El salario en el Uruguay (su régimen jurídico)*. Tomo II. Montevideo, 1956.

Por una globalización justa: el papel de la OIT. Comisión Mundial sobre la Dimensión Social de la Globalización. Genebra: OIT, 2004.

REALE, Miguel. *Fundamentos do direito*. São Paulo: Revista dos Tribunais, 1998.

Rerum Novarum: Carta Encíclica de sua Santidade o Papa Leão XIII sobre a condição dos operários. Trad. Manuel Alves da Silva. 15. ed. São Paulo: Paulinas, 2005.

RECASÉNS SICHES, Luis. *Introducción al estudio del derecho*. México: Editorial Porrúa, 2006.

SAAD, Eduardo Gabriel. *Consolidação das Leis do Trabalho Comentada*. 39. ed. atual., rev. e ampl. por José Eduardo Duarte Saad, Ana Maria Saad Castello Branco. São Paulo: LTr, 2006.

SANTOS, Antonio Jeová. *A lesão em seus elementos objetivo e subjetivo*. Função social do contrato. 2. ed. São Paulo: Método, 2004.

SANTOS, Enoque Ribeiro dos. *A função social do contrato, a solidariedade e o pilar da modernidade nas relações de trabalho: de acordo com o novo Código Civil Brasileiro*. São Paulo: LTr, 2003.

SARLET, Ingo Wolfgang. *A eficácia dos direitos fundamentais*. 5. ed. rev., atual e ampl. Porto Alegre: Livraria do Advogado, 2005.

SARMENTO, Daniel. *Direitos fundamentais e relações privadas*. Rio de Janeiro: Lumen Juris, 2004.

_____. Os princípios constitucionais da liberdade e da autonomia privada. In *Boletim Científico: Escola Superior do Ministério Público da União*, Brasília, ESMPU, ano 4. n. 14, jan./mar. 2005.

SCACCIA, Gino. *Gli strumenti della ragionevoli nel giudizio costituzionale*. Milano: Giuffrè Editore, 2000.

SILVA, José Afonso da. *Aplicabilidade das normas constitucionais*. 3. ed. 3. tir. São Paulo: Malheiros, 1999.

SILVA, Luciana Aboim Machado Gonçalves da. La eficacia de los derechos fundamentales. In: *El derecho del trabajo y los procesos de integración*. Nicaragua, 2006.

SILVA, Virgílio Afonso da. *A constitucionalização do direito*: os direitos fundamentais nas relações entre particulares. São Paulo: Malheiros, 2005.

SILVA, Walküre Lopes Ribeiro da. A teoria da justiça e o direito do trabalho. In: CORREIA, Marcus Orione Gonçalves (Org.). *Curso de direito do trabalho*: teoria geral do direito do trabalho. vol. I. São Paulo: LTr, 2007.

SOUTO MAIOR, Jorge Luiz. *O direito do trabalho como instrumento de justiça social*. São Paulo: LTr, 2000.

SÜSSEKIND, Arnaldo. *Convenções da OIT e outros tratados*. 3. ed. São Paulo: LTr, 2007.

Trabalho decente nas Américas: uma agenda hemisférica, 2006-2015. XVI Reunião Regional Americana — Brasília, maio de 2006. Brasília: Secretaria Internacional do Trabalho, 2006.

TRINDADE, Antônio Augusto Cançado. *La nueva dimensión de las necesidades de protección del ser humano en el inicio del siglo XXI*. 2. ed. San José, Costa Rica: Impresora Gossestra Internacional, 2003.

URIARTE, Oscar Ermida. *A flexibilidade*. São Paulo: LTr, 2002.

VALÉRIO, Vargas. Cláusulas gerais e conceitos indeterminados como meios de interpretação e de integração do Direito do Trabalho. In: CESARIO, João Humberto (Coord.). *Justiça do trabalho e dignidade da pessoa humana*: algumas relações do direito do trabalho com os direitos civil, ambiental, processual e eleitoral. São Paulo: LTr, 2007.

VERGÉS RAMÍREZ, Salvador. *Derechos humanos*: fundamentación. Madrid: Tecnos, 1997.

VERGOTTINI, Giuseppe. *Diritto costituzionale*. Italia: CEDAM, 2000.

VIEIRA, Oscar Vilhena. A gramática dos direitos humanos. In: *Revista do ILANUD*, São Paulo, Instituto Latino-Americano das Nações Unidas para a Prevenção do Delito e Tratamento do Delinquente, n. 17, 2001.

_____. Realinhamento constitucional. In: SUNFELD, Carlos Ari; VIEIRA, Oscar Vilhen (Coords.). *Direito Global*. São Paulo: Max Limonad, 1999.

ZAINAGHI, Domingos Sávio (Coord.), MACHADO, Antônio Cláudio da Costa (Org.). *CLT Interpretada*. São Paulo: Manole, 2007.

_____; FREDIANI, Yone. *Novos rumos do direito do trabalho na América Latina*. São Paulo: LTr, 2003.

ZOPPOLI, Lorenzo. *La corrispettività nel contratto di lavoro*. Napoli: Edizioni Scientifiche Italiane, 1991.

O Novo Conceito de Proteção no Direito do Trabalho[*]

Luiz Carlos Amorim Robortella[**]

I. Introdução

As tendências do mercado de trabalho, nos países ricos e emergentes, apontam para novas formas de contratação, distintas da relação de emprego clássica.

Os novos perfis da atividade econômica, as novas tecnologias, a crescente qualificação e requalificação profissional dos trabalhadores instalam um processo criativo de inserção no trabalho que vai paulatinamente se distanciando da subordinação jurídica.

Proliferam contratos civis envolvendo a atividade humana em múltiplas dimensões e exibindo como parte nos contratos tanto pessoas físicas como jurídicas.

A liberdade de iniciativa e de contratar, valores essenciais à atividade dos trabalhadores de alta qualificação, assim como a necessidade de imprimir segurança jurídica aos contratos e à vontade das partes, como pressupostos necessários ao desenvolvimento social e econômico, constituem o tema deste estudo.

II. Novos paradigmas do Direito do Trabalho

O direito do trabalho foi elaborado basicamente para a proteção dos trabalhadores no regime capitalista de produção. Com a evolução e construção científica da disciplina, armou-se uma estrutura de proteção voltada fundamentalmente para os empregados e empregadores.

O princípio da proteção é um dos fundamentos dogmáticos da disciplina. Modernamente, todavia, está dogmaticamente atualizado tanto na concepção quanto na técnica jurídica, em face das enormes modificações na realidade do mercado de trabalho, que se mostra cada vez mais heterogêneo, como reconhece Edoardo Ghera[1].

Além disto, a legislação do trabalho definitivamente assumiu seu papel no estímulo à criação e competitividade das empresas no amplo mercado global, assim como à geração de trabalho. Na França, o acordo nacional interprofissional

---

(*) Trabalho apresentado no Congresso Sul-americano de Direito do Trabalho, em setembro de 2010.

(**) Advogado. Doutor em Direito do Trabalho pela Universidade de São Paulo. Professor do Direito do Trabalho da Faculdade de Direito da Universidade Mackenzie (1974-1995). Professor Titular de Direito do Trabalho da Faculdade de Direito da Fundação Armando Álvares Penteado (2000/2008). Membro da Academia Nacional de Direito do Trabalho (cadeira n. 91). Membro do Instituto Latino-americano de Derecho del Trabajo y de la Seguridad Social. Membro da Asociación Ibero-americana de Derecho del Trabajo y de la Seguridad Social. Membro do Instituto Brasileiro de Direito Social "Cesarino Jr.", seção brasileira da Societé Internationale du Droit du Travail et de la Securité Social.

(1) GHERA, Edoardo. *La cuestión de la subordinación entre modelos tradicionales y nuevas proposiciones*. Debate Laboral. n. 4. São José da Costa Rica, 1989. p. 48-54.

de janeiro de 2008 tem o evidente objetivo de harmonizar a legislação social com a necessária competitividade das empresas, pressuposto para gerar mais empregos, como diz Bernard Teyssié[2]:

> "Intégrer l'impératif de compétitivité dans la législation sociale française, et plus précisément dans la section 'législation du travail' tel est l'objectif, largement reçu (y compris, au-delà des discours officiels, dans des cercles *a priori* plus préocupés de protection des salariés que de compétitivité de l'entreprise mais que on fini par admettre que sans competitivité il n'est point d'entreprise, et sans entreprise il n'est point de salariés."

A subordinação que, na doutrina clássica, como diz Nelson Mannrich[3], "é o traço essencial para estabelecer-se, com segurança, a diferença entre o contrato de trabalho e os demais tipos contratuais, especialmente o de prestação de serviços", tem menor relevância para as novas técnicas de proteção.

No estágio atual do mercado de trabalho, a linha divisória entre trabalho autônomo e subordinado é cada vez menos identificável, por conta das práticas gerenciais e das novas tecnologias, que esgarçam ou fazem desaparecer qualquer traço de submissão.

Os empregados são cada vez mais independentes. Os autônomos são cada vez mais dependentes.

O modelo de produção fordista, revelador da oposição *capital-trabalho*, cedeu espaço para novas formas de organização da produção, participativas e atreladas ao conhecimento.

Em certo sentido, quando se valoriza o acervo intelectual, o trabalhador detém, ele próprio, parcela decisiva dos *meios* e *modos de produção*, comprometendo a visão dicotômica tradicional.

Acirra-se a distinção entre subordinação técnica e jurídica. O conhecimento intelectual do trabalhador não permite mais mensurar sua capacidade produtiva em horas de trabalho ou peças produzidas. Esta nova realidade tem consequências diversas e por vezes antagônicas.

Assim, por exemplo, as vantagens da jornada flexível são frequentemente acompanhadas de cargas excessivas de tempo para a indispensável e permanente reciclagem ou requalificação profissional, que interessa ao trabalhador, às empresas e ao desenvolvimento tecnológico do país.

Sucede que, quanto maior o nível de profissionalização e qualificação, mais largos os espaços de autonomia na realização do trabalho, tornando obscura, disfuncional ou pouco palpável a diferença entre trabalhador subordinado e trabalhador independente.

---

(2) TEYSSIÉ, Bernard. Un nouveau droit de la relation du travail – Avant-propos. *Droit Social*, n. 6, p. 62-624, junho 2008.

(3) MANNRICH, Nelson. *A modernização do contrato de trabalho*. São Paulo: LTr, 1998. p. 119.

A respeito, diz Alice Monteiro de Barros[4]:

"As transformações no cenário econômico e social dos últimos anos, manifestadas por várias circunstâncias, entre as quais se situam a descentralização produtiva, a inovação tecnológica (informatização e automação) e o aparecimento de novas profissões advindas da transição de uma economia industrial para uma economia pós-industrial ou de serviços, contribuíram, segundo a doutrina, para colocar em crise a tradicional dicotomia: trabalho autônomo e trabalho subordinado. É que os modelos (ideais) típicos submetidos a esta dicotomia apresentam, frequentemente, dificuldades para solucionar as modificações que se operaram no cenário econômico e social."

O problema é reconhecido nos mais diversos modelos jurídicos. Na França, foi objeto do conhecido Relatório Boissonat[5]:

"Com a difusão das novas tecnologias operou-se uma mudança substancial do próprio conteúdo do trabalho e de sua organização, especialmente temporária. As principais referências anteriormente utilizadas para regular a relação de emprego muitas vezes desapareceram e, por isso, perderam sua pertinência. Assim, hoje:

— o vínculo de subordinação, critério distintivo do contrato de trabalho, se enfraquece ou se torna menos visível nos novos sistemas de prescrição das tarefas, nas novas organizações de horários e na evolução das relações hierárquicas, no mesmo instante em que, de outro lado, a autonomia de alguns trabalhadores independentes se reduz progressivamente, porque, de fato, dependem muitas vezes das empresas;

— as fronteiras jurídicas que limitavam o objeto do contrato de trabalho, atribuindo-lhe como conteúdo normal o trabalho de produção direta mensurado em tempo, distinto da pessoa do assalariado e em ligação direta com a atividade da empresa com fins lucrativos, são também embaralhadas por práticas cujo desenvolvimento acaba de ser indicado. Com efeito, a exigência de envolvimento da pessoa no trabalho e todas as novas formas de organização do trabalho implicam a imprecisão dos contornos ampliados do objeto do contrato de trabalho. 'Hoje são muitos os assalariados e principalmente os executivos que trabalham em função de resultados, o que, no final das contas, não está muito longe do trabalho autônomo (...).' (...)."

Como se vê, com a rarefação ou até desaparecimento da subordinação em várias tarefas, é natural e cada vez mais frequente a escolha de outras modalidades de contratação.

Sendo essa a tendência do mercado de trabalho, não é razoável presumir a existência de relação de emprego, principalmente quando se está diante de formas de engajamento ou contratação expressamente contempladas na legislação civil, no direito societário ou empresarial.

---

(4) BARROS, Alice Monteiro de. *As relações de trabalho no espetáculo*. São Paulo: LTr, 2003. p. 49.
(5) BOISSONAT, Jean. *2015 – Horizontes do trabalho e do emprego*. São Paulo: LTr, 1998. p. 76.

Novas formas de prestação de serviços, muito vivas e pujantes no processo econômico, chocam-se com as raízes dogmáticas do direito do trabalho, fincadas na homogeneidade da classe trabalhadora e na tutela coletivista.

A tutela coletivista tradicional da legislação trabalhista brasileira oferece uma base de proteção a quem é empregado, mas exclui os demais, que trabalham sob regimes jurídicos diversos.

Em sua extraordinária obra, os professores Cesarino Jr. e Marly Cardone, embora expressando o pensamento dominante à época, que concebia um direito do trabalho voltado ao empregado e empregador, reconhecem que, sob um ponto de vista lógico--científico, nele deveriam estar incluídas "todas as formas de trabalho, tanto o trabalho subordinado, objeto do contrato individual de trabalho, como o trabalho autônomo, objeto do contrato de empreitada"[6].

Como se vê, a doutrina clássica já antecipava a tendência que se vai firmando consistentemente no atual campo dogmático, como sintetiza magistralmente Romita:

"O conceito originário de emprego típico, jurisdicizado pela intermediação do contrato de trabalho clássico, desagrega-se, fragmenta-se, decompõe-se diante dos desafios dos novos tempos. As políticas de emprego, quer das próprias empresas quer do poder público, consagram novas formas de relações contratuais... O direito do contrato de trabalho assume uma visão instrumental, posto a serviço de cada qual para atender a suas próprias finalidades. O resultado é uma diferenciação, uma sofisticação crescente das formas de emprego... o denominado novo mercado de trabalho ganha terreno progressivamente sobre o antigo."[7]

Por tudo isto, o moderno princípio da proteção deve se harmonizar com a realidade do novo mercado de trabalho.

III. A heterogeneidade

O emprego não tem o protagonismo de décadas atrás. Ampliaram-se as formas de contratação do trabalho, com a revalorização dos contratos civis e a retomada do diálogo entre o direito do trabalho e o direito civil.

A prestação de serviço, a empreitada e a subcontratação em geral assumem um papel de crescente relevo, criando um mercado recheado de relações atípicas e diferenciadas.

Vive-se a sociedade da informação. Quanto maior o conhecimento, o preparo intelectual e a informação do trabalhador, maiores os reflexos em suas relações contratuais de trabalho, que acabam escapando às noções tradicionais de poder de direção e subordinação.

---

(6) CESARINO JÚNIOR, Antonio Ferreira; CARDONE, Marly. *Direito social.* vol. I, 2. ed. São Paulo: LTr, 1993. p. 99-100.

(7) ROMITA, Arion Sayão. *O princípio da proteção em cheque.* São Paulo: LTr, 2003. p. 220-221.

O trabalhador com formação sofisticada, jovem, com elevado espírito empreendedor, mostra-se a cada dia menos confortável com os estreitos limites da relação de emprego.

Em 1961, dizia Hannah Arendt[8] que estamos nos encaminhando para uma sociedade de trabalhadores sem trabalho, pois este será cada vez menos importante do ponto de vista estritamente econômico, passando a ser um problema cultural e social.

A realidade exige o reconhecimento das desigualdades, com diferentes formas contratuais, adequadas aos diversos níveis e situações, a fim de que os desiguais sejam encarados em sua desigualdade.

Na grande empresa, ocorreu uma clara revolução dos serviços, expandindo as atividades terceirizadas. As grandes corporações veem-se rodeadas de pequenas empresas e/ou microempresas, voando como borboletas à sua volta.

Opta-se preferencialmente pelo mercado de bens ou serviços terceirizados, ao invés de contratar empregados.

As exigências de competitividade e qualidade, a globalização, as novas tecnologias, a sociedade da informação desconcentram o processo produtivo, valorizam o trabalhador de alta qualificação e estimulam novas formas de contratação de serviços.

IV. Revisão dogmática

O direito do trabalho, embora voltado a proteger o empregado, como componente axiológico e teleológico inafastável, vê-se forçado a assumir outros valores econômicos e sociais.

Em sua moderna concepção, é um instrumento de síntese dos interesses comuns ao capital e ao trabalho: não se destina apenas a compensar a inferioridade econômica do trabalhador, mas também se abre para a organização da produção.

Além das atribuições tradicionais de proteção e redistribuição da riqueza, é um direito que se destina a incrementar a produção da riqueza e a regulação do mercado de trabalho.

Sua revisão dogmática é consequência desse importante papel na gestão econômica e social.

Por isso, aceita novas técnicas de proteção, sem perda de identidade e dos seus fundamentos filosóficos, políticos, sociais e econômicos.

Reconhece formas civis de prestação de serviços, refreando sua clássica tendência expansionista e a tentação de inserir, dentro de um modelo estereotipado, a grande variedade de formas de exercício do trabalho.

---

[8] *Apud* RIVERO LAMAS, J. El empleo y las relaciones laborales en el umbral del siglo XXI: una perspectiva comparada. *Derecho del Trabajo*, Buenos Aires, Ediciones La Ley, n. 4, p. 647, abr. 1998.

V. A terceira revolução industrial

A segunda revolução industrial ocorreu no início do século XX, com a organização científica do trabalho e a produção em série, características do fordismo e do taylorismo.

Taylor, em Filadélfia, e Ford, em Detroit, partiram de alguns princípios fundamentais:

a) a especialização exaustiva do trabalhador, com poucos e elementares movimentos elementares;

b) a padronização dos produtos e dos processos;

c) a coordenação das tarefas.

Mas há diferenças: o taylorismo separa rigidamente a concepção e a execução do trabalho; o fordismo busca a produção em série e o consumo de massa. O empregado é produtor e consumidor ao mesmo tempo[9].

Estes sistemas à base de cadeias de montagem, em grandes unidades, com tarefas parcelizadas, são inadequados para a produção contemporânea.

A Terceira Revolução Industrial trouxe novas tecnologias nas áreas de informação, biotecnologia, microeletrônica, engenharia genética, fibras óticas, raios *laser*, robôs, telecomunicação.

A nova tecnologia constitui uma das alavancas do desenvolvimento econômico.

Tecnologia significa poder político e econômico.

Criam-se políticas de produção e difusão de tecnologia, mediante parceria entre entidades públicas e particulares.

A partir dos anos sessenta, as empresas passaram a utilizar estruturas menores, de mais baixo custo, com alto grau de especialização e conhecimento.

O trabalhador envolveu-se com tecnologias mais sofisticadas, que exigem versatilidade e polivalência.

O trabalho pós-industrial estabeleceu uma relação paradoxal, de criação e destruição, entre o homem e a tecnologia, substituindo o trabalho pelo capital.

A nova eletrônica transformou o próprio conceito espacial de escritório.

O conceito agora é temporal, com o "escritório virtual", ou seja, trabalhadores equipados com *laptop*, fax e telefone celular, que trabalham à distância, até mesmo em suas casas.

Há os chamados *"bureaux d'atterrissage"* ou *"touchdown offices"* (*"hotelling"*), ou seja, escritórios alugados por dias ou horas, oferecidos em hotéis. A especialização

---

(9) VENDRAMIN, Patricia; VALENDUC, Gerard. *L'avenir du travail dans la société de l'information*. Paris: L'Harmattan, 2000. p. 131.

gera pequenas unidades de produção, mediante redes de subcontratação, em lugar da produção de massa. No norte da Itália, há distritos industriais com redes descentralizadas de PME[10].

São as empresas-rede, com vasta variedade de subcontratações; empresas virtuais, na área de informática, atuam rodeadas de colaboradores independentes.

Até negociação coletiva se faz pela *internet*. O *Le Monde* noticiou a existência de um sindicato virtual[11].

As tecnologias permitem maior autonomia do trabalhador. Busca-se o resultado do trabalho e não o controle do tempo dispendido.

Essa realidade exige formas mais flexíveis, ajustáveis às diferentes demandas empresariais.

Na Europa, a maioria dos empregos criados nos últimos anos tem sido a tempo parcial, duração temporária ou horários diferenciados, à noite ou apenas no fim de semana; ademais, cresce o número de trabalhadores autônomos[12].

Esses mesmos autores assim classificam as formas atípicas:

a) tempo — parcial, fim de semana, flexível, à noite, mediante chamada etc.;

b) contrato — prazo determinado, partilha do posto de trabalho, anualização, zero hora (sem fixação da quantidade), interino ou precário, de inserção de jovens etc.;

c) localização — escritórios satélites, trabalho móvel, escritórios hotéis, em domicílio, teletrabalho;

d) trabalho terceirizado — agência, autônomo, empresa fornecedora.[13]

A respeito dos impactos das novas tecnologias, pode-se ser otimista ou pessimista.

O otimista exalta a autonomia, qualificação mais elevada, maior possibilidade de desenvolver outros relacionamentos profissionais e sociais, além de melhor qualidade de vida familiar.

O pessimista acha que a autonomia se converte em dependência, a flexibilidade do tempo de trabalho estende a jornada para os horários de vida em família, impedindo relações sociais melhores. Denuncia a criação de uma sociedade segmentada onde, fora do núcleo central, os trabalhadores são automatizados, alugados e subcontratados em função dos interesses do mercado e do custo do trabalho[14].

Todavia, em muitos casos, o empregado é mais independente tecnicamente, mas persiste a dependência econômica.

---

(10) VENDRAMIN, P.; VALENDUC, G., *op. cit.*, p. 132.
(11) *Ibidem*, p. 132-133.
(12) *Ibidem*, p. 135.
(13) *Ibidem*, p. 136.
(14) *Ibidem*, p. 41.

Fala-se na rendição dos trabalhadores que, atônitos, não sabem como reagir; os sindicatos estão enfraquecidos, contentando-se com acordos defensivos.

Mas a verdade é que a lógica econômica comanda as mudanças no mercado de trabalho e, por isso, não se pode adotar uma posição rígida, obscurantista e antitecnológica.

VI. Crescimento do trabalho autônomo

O professor argentino Adrián Goldin[15], ao cuidar do futuro do Direito do Trabalho, identificou um processo de deslaboralização dos prestadores de trabalho, especialmente na atividade intelectual.

Antonio Monteiro Fernandes[16] confirma, no direito lusitano, a inadequação das normas trabalhistas e a necessidade de uma trajetória interpretativa ou aplicativa que permita sua retificação funcional. Reconhece que há necessidade de uma regulação mais próxima da "diversidade das situações concretas e menos preocupada com a unicidade do paradigma de referência, hoje largamente obsoleto".

Um relatório da Comissão das Comunidades Europeias a respeito das transformações do direito do trabalho, coordenado por Alain Supiot, confirma a tendência ao desaparecimento ou no mínimo transformação da subordinação fordista, que sempre caracterizou a relação de emprego.

Estas perspectivas, segundo o relatório, impõem novo debate:

"Les progrès de l'autonomie au travail sont la face heureuse des évolutions actuelles. Ils s'expliquent par le développment des nouvelles technologies, l'élévation du niveau de formation des travailleurs, les nouvelles méthodes de management participatif, etc. Partout où l'organization en réseau tend à se substituer à l'organization pyramidale, le pouvouir s'exerce de manière différente: par une évaluation des produits du travail, et non plus par une prescription de son contenu. Les salariés se trouvent ainsi davantage soumis à des obligations de résultat qu'à des obligations de moyens. (...) Un nombre croissant de travailleurs salariés opèrent ainsi dans des conditions que ne différent pas sensiblement dans les faits du travail indépendant d'un sous-contractant."[17]

O relatório reconhece a tendência à redução do campo de aplicação do direito do trabalho que, embora não se afaste totalmente do conceito estrito de subordinação jurídica, como elemento fundamental do regime de emprego, não pode ignorar a grande desenvoltura do trabalho autônomo ou independente. Textualmente, *"cette tendance est le corollaire des politiques législatives et jurisprudencialles conduites pour ouvrir un espace plus large au travail indépendant"*[18].

---

(15) GOLDIN, Adrián. *Ensayos sobre el futuro del Derecho del Trabajo*. Buenos Aires: Zavalía, 1997. p. 76-77.

(16) FERNANDES, Antonio Monteiro. *Um rumo para as leis laborais*. Coimbra: Almedina, 2002. p. 38-39.

(17) SUPIOT, Alain. *Au-delà de l'emploi*. Paris: Flammarion, 1999. p. 36-37.

(18) *Ibidem*, p. 41.

A *Lei Madelin*, no direito francês, foi exemplo dessa preocupação, mitigando a presunção de existência de contrato de emprego quando há um outro tipo contratual expressamente escolhido pelas partes[19].

O mesmo se vê no direito espanhol, segundo Antonio Baylos[20]:

"(...) la presunción de existencia del contrato de trabajo reduce su virtualidad a los casos en los que las partes no han manifestado expresamente su voluntad de obligarse; cuando por el contrario se há elegido un tipo contractual no laboral (arrendamiento de servicios, contrato de agencia, de transporte, etc.) solo se puède obtener la calificación de la relación como laboral mediante la prueba — sin presunción legal que la ahorre — de todos los presupuestos materiales de la misma."

Evidentemente, essa tendência não significa admitir fraudes ou simulações. Valorizar o trabalho independente não é ignorar ou desprezar os princípios protetores do direito do trabalho, mas sim aplicá-lo às hipóteses e situações em que verdadeiramente se está diante de um trabalho em regime de subordinação.

A partir do *relatório Supiot*, segundo Otavio Pinto e Silva[21], há uma tendência à valorização do trabalho independente, mas, por outro lado, também há sua desconsideração ou desvalorização "quando o recurso a essa modalidade de trabalho serve para expulsar do regime de proteção legal trabalhadores pouco qualificados e em situação de precariedade".

Não há negar que é altamente recomendável o trabalho autônomo quando "libera as capacidades de inovação e adaptação de trabalhadores realmente independentes e que são frequentemente portadores de uma alta qualificação"[22].

Trata-se, em última análise, de uma *delimitação externa* do direito do trabalho. Criam-se mecanismos para isolá-lo de outras formas contratuais que dele se aproximam, como forma de preservar as razões de sua especialidade.

Desse modo, é anacrônica e injusta a proteção trabalhista homogênea, que não enxerga diferenças entre os diversos prestadores de serviços. Tal homogeneidade pode criar uma espécie de "desigualdade mediante a igualdade"[23].

---

(19) Veja-se a alteração do Código de Trabalho pela Lei n. 94-126, de 11 de fevereiro de 1994:

"Art. 49 – Il est inséré, dans le code du travail, un article L. 120-3 ainsi rédigé:

Art. L. 120-3 – Les personnes physiques immatriculées ao registre du commerce et des sociétés, au répertoire des métiérs, au registre des agents commerciaux ou après des unions pour le recouvrement des cotisations de sécurité sociale et des allocations familiales pour le recouvrement des cotisations d'allocations familiales sont présumées ne pas être liées par un contrat de travail dans l'éxécution de l'áctivité donnant lieu à cette immatriculation (...)."

(20) BAYLOS, Antonio. *Derecho del trabajo:* modelo para armar. Madrid: Trotta, 1991. p. 70.

(21) SILVA, Otavio Pinto e. *Subordinação, autonomia e parassubordinação nas relações de trabalho*. São Paulo: LTr, 2004. p. 118.

(22) *Ibidem*, p. 119.

(23) PEDRAZZOLI, Marcelo. Las nuevas formas de empleo y el concepto de subordinación o dependencia. *Derecho del Trabajo*, Buenos Aires, La Ley, n. 19, p. 1.481, set. 1989.

A bem da verdade, além da preocupação com uma *delimitação externa* do direito do trabalho, refratária aos tipos contratuais que não se conciliam com o conceito de subordinação, identifica-se também uma tendência à sua *fragmentação interna*, impondo tratamento diferenciado aos distintos tipos de trabalhadores subordinados, condizente com a heterogeneidade pós-fordista.

Há na França o *cadre*, que corresponde à definição legal do *executivo*; os *cadres* são afastados das normas gerais coletivas e têm de negociar individualmente suas condições de trabalho. A qualificação do *cadre* recai, na prática, conforme Bernard Teyssié[24], no binômio *formação* e *função*. São trabalhadores altamente qualificados, investidos de poder de comando sobre subordinados. Exercem, por delegação, uma parcela da autoridade patronal.

Segundo Baylos[25], o ordenamento espanhol consagra duas manifestações muito expressivas de determinação das condições de trabalho pela autonomia individual.

A primeira está na regulamentação do rol de relações trabalhistas de caráter especial contido no art. 2º do Estatuto dos Trabalhadores. Diz que o tema "é especialmente claro quanto ao pessoal da alta direção e na relação especial de representação comercial, como figuras clássicas, mas é também predicado do trabalho doméstico e, em menor proporção, dos artistas em espetáculos públicos e esportistas profissionais"[26].

A segunda consiste na exclusão, do âmbito das convenções coletivas, de certas categorias profissionais, o que normalmente corresponde ao trabalho de maior qualificação. Esta prática tradicional espanhola remonta ao período anterior à crise econômica de meados dos anos setenta, mas se valorizou após a mesma.

O resultado é que esses empregados — de certa distinção, mas não tipicamente atrelados à direção — são excluídos da convenção coletiva e suas condições de trabalho devem ser reguladas pela via do acordo individual[27].

Há na Itália, por sua vez, os *dirigenti*, *quadri*, *impiegati* e *operari*[28], que também merecem específico tratamento.

A respeito dos *dirigenti*, diz Luisa Galantino não haver uma definição legal da categoria. Seus pressupostos, segundo a jurisprudência majoritária da Suprema Corte italiana, devem ser pesquisados nos contratos coletivos e subsidiariamente nos critérios da jurisprudência[29].

Há, abaixo dos *dirigenti*, a categoria dos *quadri*. Segundo o art. 2º da Lei n. 190, de 1985, faz parte da categoria "o prestador de serviços subordinado que, não pertencendo

---

(24) TEYSSIÉ, Bernard. *Droit du travail*. Paris: LITEC, 1980. p. 199.
(25) BAYLOS, A., *op. cit.*, p. 73.
(26) Idem.
(27) Idem.
(28) Art. 2.095 c.c, alterado pela Lei n. 190, de 13 de maio de 1985.
(29) GALANTINO, Luisa. *Diritto del lavoro*. Torino: G. Giappichelli, 1996. p. 278.

à categoria dos *dirigenti*, possui função de caráter continuado de relevante importância para o desenvolvimento e consecução do objeto da empresa" (art. 2º, 1). "Os requisitos para vinculação à categoria dos *quadri* são estabelecidos pela contratação coletiva nacional ou empresarial em relação a cada ramo de produção e à particular estrutura organizativa da empresa" (art. 2º, 2)[30].

A definição legislativa põe em evidência que a categoria dos *quadri* é intermediária à dos *dirigenti* e *impiegati*[31]. A despeito dos direitos assegurados em normas coletivas, ensina Giovani Nicolini que os *quadri* têm, em princípio, o mesmo tratamento legal dos *impiegati*, o que, entretanto, pode ser objeto de negociação coletiva. A disciplina destinada aos *quadri* é, assim, muito flexível; pelos contratos coletivos pode-se aproximá-la à dos *dirigenti*[32].

Feitas estas considerações, bem se vê que, em resposta aos novos paradigmas que confrontam o emprego típico, justifica-se ora a *redução*, ora a *adequação* do objeto e qualificação do contrato de trabalho.

No direito brasileiro, essas fontes de referência são importantes para demarcar os caminhos da evolução dogmática.

É perfeitamente aceitável a diferença de tratamento jurídico e nível de proteção para os diversos tipos de inserção do trabalho no mercado.

Profissionais de extrema especialização e conhecimento não podem ser submetidos à homogeneidade da legislação trabalhista, como se empregados fossem, quando, no livre exercício da autonomia da vontade, trabalham em regime de autonomia ou constituem empresas prestadoras de serviços.

Sua atividade não se desenvolve com subordinação jurídica; ao contrário, eles próprios determinam o conteúdo e as linhas centrais de suas tarefas.

Potencial ou efetivamente, aparecem também como empregadores ou tomadores de serviço, contratando e remunerando profissionais para a concretização de sua atividade empresarial.

Estes traços inviabilizam a formação de relação de emprego.

A Lei n. 11.196/95 dispõe de forma expressa, embora pleonástica, sobre a contratação de pessoas jurídicas em certas atividades, o que é um avanço. Eis seu art. 129:

> "Art. 129. Para fins fiscais e previdenciários, a prestação de serviços intelectuais, inclusive os de natureza científica, artística ou cultural, em caráter personalíssimo ou não, com ou sem a designação de quaisquer obrigações a sócios ou empregados da sociedade prestadora de serviços, quando por esta realizada, se sujeita tão somente à legislação aplicável às pessoas jurídicas, sem prejuízo da observância do disposto no art. 50 da Lei n. 10.406, de 10 de janeiro de 2002 — Código Civil."

---

(30) *Ibidem*, p. 279.
(31) *Idem*.
(32) NICOLINI, Giovani. *Diritto del lavoro*. Milano: Giuffrè, 1992. p. 264.

O legislador, atento à heterogeneidade do mercado de trabalho, veda a presunção de existência da relação empregatícia que não é revelada no contrato[33].

Merece destaque este acórdão do TRT de São Paulo:

> "FISCAL DO TRABALHO. COMPETÊNCIA FUNCIONAL. LIMITES. USURPAÇÃO DE ATIVIDADE JURISDICIONAL.
>
> Se os auditores fiscais do trabalho têm por atribuição assegurar, em todo o território nacional, o cumprimento das disposições legais e regulamentares no âmbito das relações de trabalho e de emprego — e esta atribuição obedece ao princípio da legalidade — daí, entretanto, não se infere que possuam competência para lavrar autos de infração assentados em declaração de existência de contrato de emprego, derivada unicamente de sua apreciação da situação fática subjacente.
>
> A transmutação da natureza jurídica dos diversos tipos de contrato que envolvem a prestação de trabalho — como os de prestação ou locação de serviços, de empreitada e outros, inclusive o que decorre de associação cooperativa — em contratos individuais de trabalho, depende de declaração expressa, que se constitui em atividade jurisdicional, exclusiva do Poder Judiciário. Recurso Ordinário provido, para se conceder a segurança."[34]

O ordenamento brasileiro oferece instrumentos que possibilitam, com razoável segurança, novas formas de contratação de serviços, inclusive por intermédio de pessoas jurídicas, sem a tutela da legislação trabalhista.

Os casos duvidosos são resolvidos pela Justiça do Trabalho, para repressão à fraude e a indispensável proteção aos direitos do trabalhador que efetivamente dela necessita, mediante o devido processo legal.

VII. O autônomo economicamente dependente

A reforma alemã de 1974 criou os parassubordinados, ao lado dos trabalhadores a domicílio, agentes de comércio e outros autônomos. O parassubordinado é "pessoa semelhante ao trabalhador subordinado"[35], cabendo ao judiciário trabalhista a competência para apreciar seus litígios, à semelhança da Itália.

Na França, é caracterizado como intermediário (misto) entre trabalho subordinado e autônomo. Gerard Lyon-Caen[36] diz:

> "No estado atual das práticas em matéria de emprego faz certamente falta um conceito intermediário (parassubordinação não é de uma total limpidez) que permita aplicar os conceitos de Direito do Trabalho a certas pessoas que não são "verdadeiros" independentes sem serem assalariados: que são a parte mais fraca do contrato."

---

(33) JOÃO, Paulo Sérgio. Possibilidades e conflitos na contratação de profissionais constituídos em pessoa jurídica. *Suplemento trabalhista*, São Paulo, LTr, n. 5/06, p. 15, 2006.

(34) TRT/SP, 11ª Turma, Relª Juíza Maria Aparecida Duenhas, Ac. n. 20070036823, Proc. TRT/SP n. 01096200601702008, DOESP 13.3.2007.

(35) ALVES, Amauri César. *Novo contrato de emprego: parassubordinação trabalhista*. São Paulo: LTr, 2004. p. 97.

(36) *Apud* OLIVEIRA, Murilo Carvalho Sampaio. Subordinação jurídica: um conceito desbotado. *Revista de Direito do trabalho*, São Paulo, RT, vol. 126, p. 120, abr./jun. 2007.

Entretanto, a autonomia, antes sinônimo de capacidade organizativa e poder econômico, traz outra face: a fragilidade econômica do trabalhador. O autônomo não recebe qualquer proteção trabalhista[37].

Uma afirmação se pode fazer: a subordinação jurídica é obsoleta para tratar dos autônomos pós-modernos. Sua moldura funciona mais para excluir — por não haver subordinação — do que para incluir[38].

O conceito de trabalhador economicamente dependente abrange as duas noções: trabalho por conta alheia e por conta própria. Em outras palavras, embora atuem por conta própria, são economicamente dependentes de um específico tomador.

Na Inglaterra, os direitos em matéria de não discriminação, a proteção da saúde e da segurança, as garantias de salário mínimo, assim como a proteção dos direitos de negociação coletiva, foram estendidos aos trabalhadores economicamente dependentes.

Na União Europeia, os agentes comerciais, conforme a Diretiva n. 86/653/CEE, têm proteção quanto ao pagamento da remuneração, conversão dos contratos a termo em contratos sem termo, e indenização pela cessação do contrato.

Problemas semelhantes podem surgir quando os trabalhadores estão implicados em longas cadeias de subcontratação.

Vários países europeus adotam a responsabilidade conjunta e solidária dos principais contratantes em relação às obrigações dos subcontratados. Este sistema incentiva o controle do cumprimento da legislação do trabalho pelos parceiros comerciais.

A Espanha adotou um estatuto dos trabalhadores autônomos, fruto de acordo, em 26 de setembro de 2006, entre o governo espanhol e os representantes dos trabalhadores por conta própria, incluindo os economicamente dependentes.

A nova lei espanhola (n. 20, de 11.7.2007), no preâmbulo, diz que, do ponto de vista econômico e social, o trabalhador autônomo atual é muito diferente. Antes, eram atividades de pequena rentabilidade, de reduzida dimensão, sem grande investimento, tais como agricultura, artesanato e pequeno comércio. Hoje, prolifera em países de elevado nível de renda, em atividades de alto valor agregado, em face de novas concepções de administração, da difusão da informática e das telecomunicações.

Além disto, é a forma escolhida por muitos para se inserir no mercado com autodeterminação e independência.

A lei tem as seguintes linhas gerais:

a) cria, dentre outros, o trabalhador autônomo economicamente dependente;

b) garante os direitos fundamentais como trabalho, livre escolha de profissão, liberdade de iniciativa, propriedade intelectual, não discriminação, respeito à

---

(37) LYON-CAEN, Gerard apud OLIVEIRA, Murilo Carvalho Sampaio. Subordinação jurídica: um conceito desbotado. *Revista de Direito do Trabalho*, São Paulo, RT, vol. 126, p. 123-124, abr./jun. 2007.

(38) OLIVEIRA, M. C. S., *op. cit.*, p. 125.

intimidade, proteção à saúde e segurança, conciliação entre vida profissional, pessoal e familiar;

c) é conceituado como aquele que recebe pelo menos 75% de sua receita de um só cliente, para o qual trabalha de forma habitual, pessoal, predominante e direta;

d) responsabilidade subsidiária do principal tomador, no caso de subcontratação;

e) não pode ter empregados;

f) executa trabalho de forma diferenciada dos empregados do tomador;

g) contrato escrito;

h) na falta de cláusula de prazo, se presume o tempo indeterminado;

i) descanso anual de 18 dias;

j) descanso semanal e feriados;

k) limitação de jornada, podendo ser excedida em no máximo 30%;

l) indenização por perdas e danos, em caso de rescisão injusta;

m) aplicação de acordos de interesse profissional, celebrados entre empresas e associações de trabalhadores autônomos;

n) competência da Justiça Laboral.

VIII. Contrato de atividade profissional

Alain Supiot sustenta que a condição jurídica de trabalhador assalariado deveria ser substituída pela noção de "estado profissional da pessoa", permitindo conciliar a diversidade, a continuidade e a descontinuidade do trabalho, que hoje marcam cada vez mais a vida do trabalhador, dada a tendência à precarização das relações.

Desse modo, mais que estabilidade no emprego, há que garantir estabilidade no trabalho ou continuidade da carreira. Trata-se de proteger o trabalhador na transição de um emprego a outro, proporcionando garantias ao longo dos períodos de trabalho e também na ausência destes. As interrupções e mudanças na vida laboral são concebidas como elementos normais da condição profissional[39].

O trabalho deve gerar valores indenizatórios ou sob a forma de direitos, utilizáveis pelo trabalhador nos diversos momentos de sua vida profissional. Seria uma espécie de fundo de direitos, alimentado por contribuições do Estado, da empresa, do trabalhador e da seguridade social[40].

Por outro lado, admite a aplicação do direito do trabalho tanto ao trabalhador subordinado como ao autônomo, com tratamentos diferenciados e proteções adequadas a cada situação.

---

(39) SUPIOT, Alain. Transformaciones del trabajo y porvenir del derecho laboral en Europa. *RIT*, v. 118, 1999, n. 1, p. 39-41.

(40) *Ibidem*, p. 150.

IX. Reforma da CLT

A participação dos sindicatos e dos trabalhadores é condição de legitimidade das modificações estruturais da sociedade.

É necessária emenda ao art. 7º, acrescentando ao *caput* a expressão "observado o disposto em lei, convenções coletivas e acordos coletivos".

Surgirá assim um ordenamento jurídico trabalhista hierarquicamente estruturado em três níveis:

a) núcleo mínimo de normas inderrogáveis, aplicáveis a quaisquer trabalhadores;

b) normas dispositivas, só aplicáveis quando inexistente convenção ou acordo coletivo;

c) cláusulas de contrato individual, quando mais favoráveis.

O núcleo mínimo inclui normas relativas à duração do trabalho, descanso, salário mínimo, condições ambientais, medicina do trabalho, segurança do trabalho, identificação, fiscalização, formação profissional, política de emprego, seguro-desemprego, proteção ao sindicato e à ação sindical etc.

As normas dispositivas são aquelas revogáveis por convenção ou acordo coletivo, aplicáveis somente na ausência de norma coletiva.

Outras sugestões ainda podem ser feitas para que o conceito de proteção trabalhista alcance muito maior dimensão, a seguir explicadas:

a) proteção diferenciada para os tipos de relação de trabalho, distinguindo-os da relação de emprego;

b) limitação da hora extraordinária, reservando-a para situações efetivamente especiais;

c) criação, por lei ou negociação coletiva, de jornada móvel ou variável, mediante livre ajuste individual, com limite entre duas e oito horas diárias;

d) ampliação do conceito de utilidade não salarial, já flexibilizado no art. 458, § 2º da CLT (vestuário, educação, transporte, assistência médica, seguro de vida e acidentes, previdência privada);

e) possibilidade de ajuste de salário complexo ou "complessivo", com clara definição de todos os direitos nele incluídos, quando se tratar de gerente ou empregado de confiança, com remuneração superior (por exemplo, 15 salários mínimos);

f) normas de proteção no ambiente de trabalho extensíveis a todos os trabalhadores, sejam eles empregados, autônomos, avulsos, intermitentes, eventuais etc. O art. 225 da CF/88 proclama que "todos têm direito ao meio ambiente ecologicamente equilibrado, bem de uso comum do povo e essencial à sadia qualidade de vida, impondo-se ao Poder Público e à coletividade o dever de defendê-lo e preservá-lo para as presentes e futuras gerações";

g) normas especiais para eventuais e autônomos economicamente dependentes, mediante legislação que favoreça sua inserção no mercado formal e no sistema de previdência social;

h) maior flexibilidade na aprendizagem e reciclagem profissional.

Essas as tendências identificadas nos diversos mercados de trabalho, que estão transformando o conceito e as técnicas de proteção do trabalhador.

form
Direito ao Trabalho: Um Direito Fundamental no Ordenamento Jurídico Brasileiro

Maria Hemília Fonseca[*]

1. Notas introdutórias

O direito ao trabalho se mostra como uma fonte de sobrevivência e promotora de dignidade humana, vinculando-se ao direito à vida, pois sem trabalho as pessoas não têm como proporcionar uma vida digna para si e para os seus familiares. Apesar de ser um direito universal de todos os homens, há que se considerar, ainda, que, sob um enfoque concreto, nem todos os ordenamentos jurídicos o reconhecem como um direito fundamental. Diante disso, o objetivo central deste estudo é demonstrar que o direito ao trabalho assume o caráter de fundamental no texto constitucional brasileiro de 1988.

Para alcançar este objetivo, fez-se, inicialmente, uma abordagem sobre os **direitos fundamentais**, para nos fixarmos nos critérios determinantes da fundamentalidade de um direito no ordenamento brasileiro e nos efeitos jurídicos desses direitos, tanto nas relações entre o Estado e seus cidadãos, como nas relações entre particulares. Em seguida, as discussões se concentraram nos **direitos fundamentais de segunda dimensão**, quais sejam, os direitos econômicos, sociais e culturais, procurando destacar que o reconhecimento da fundamentalidade de diversos direitos de natureza econômica, social e cultural na Constituição de 1988 torna superada qualquer discussão quanto ao seu caráter normativo, portanto, vinculante, e impõe a sua concretização. Outro tópico foi dedicado ao estudo do **direito ao trabalho de um modo geral**, discutindo-se a trajetória histórica do direito ao trabalho e as associações feitas no decorrer da história entre este e a "liberdade de trabalho" e o "dever de trabalhar", até se chegar ao seu reconhecimento atual como um direito econômico-social. Após, cuidou-se especificamente do **direito ao trabalho no ordenamento jurídico brasileiro**, considerando acerca da fundamentalidade do direito ao trabalho, de seu caráter estrutural, de sua vertente individual e coletiva, e de seus sujeitos ativo e passivo. Por fim, dedicamo-nos à **problemática que envolve a efetivação do direito ao trabalho no ordenamento jurídico brasileiro**, avaliando os diferentes mecanismos de efetivação, que se ajustam às circunstâncias fáticas e jurídicas de cada uma dessas dimensões.

2. Os direitos fundamentais

Quanto ao questionamento sobre o que são normas de direito fundamental ou *jusfundamental*, Robert Alexy esclarece que esta pergunta pode ser realizada de forma

---

[*] Doutora em Direito. Mestre em Direito das Relações Sócias, subárea Direito do Trabalho, pela PUC-SP. Realizou Doutorado Sanduíche na Universidade de Salamanca-ES, com financiamento do CNPq. Professora-Pesquisadora da Faculdade de Direito da USP de Ribeirão Preto na área de Direito Internacional do Trabalho, Direito do Trabalho e Seguridade Social. Pesquisadora visitante da *Columbia University*.

abstrata ou concreta. É realizada abstratamente quando se interroga se uma norma pode ser identificada como norma de direito fundamental, independentemente de pertencer a uma determinada ordem jurídica ou Constituição. Por sua vez, é realizada concretamente quando se pergunta quais normas de uma determinada ordem jurídica, ou de uma determinada Constituição são normas de direito fundamental e quais não são[1]. É a partir deste duplo contexto que se compreende melhor a distinção que a doutrina vem fazendo entre "direitos fundamentais" e "direitos humanos" ou "direitos do homem".

Nesse sentido, o próprio Alexy explica que "*direitos fundamentais* são essencialmente direitos do homem transformados em direito positivo"[2], ou melhor, os direitos fundamentais **procuram transformar direitos humanos em direito positivo**. Nessa transformação, os direitos do homem não sofrem prejuízos em sua validez moral, pelo contrário, ganham adicionalmente uma validade jurídico-positiva.

Agora, sob um enfoque teórico-estrutural, uma das mais importantes distinções acerca da norma de direito fundamental é a distinção entre "normas-regras" e "normas-princípios"[3]. A grande contribuição de Robert Alexy à "teoria forte" foi o desenvolvimento do conceito de **mandamento de otimização**[4]. Nas palavras do próprio autor:

"O ponto decisivo para a distinção entre regras e princípios é que os <u>princípios</u> **são normas que ordenam que algo seja realizado na maior medida do possível, dentro das possibilidades jurídicas e reais existentes. Portanto, os princípios são mandamentos de otimização, que estão caracterizados pelo fato de que podem ser cumpridos em diferente grau e que a medida devida de seu cumprimento não somente depende das possibilidades reais, senão também das jurídicas.** O âmbito das possibilidades jurídicas é determinado pelos princípios e regras opostos. Contrariamente, as <u>regras</u> **são normas que somente podem ser cumpridas ou não.** Se uma regra é válida, então há de se fazer exatamente o que ela exige, nem mais nem menos. Portanto, as regras contêm **determinações** no âmbito do fática e juridicamente possível. Isto significa que a diferença entre regras e princípios é qualitativa e não de grau. Toda norma é ou bem uma regra ou um princípio."[5] (grifo nosso)

Os princípios, por sua vez, encarados como **mandamentos de otimização**, apresentam um caráter (ou uma razão) *prima facie*[6], ou seja, não possuem um conteúdo

---

(1) ALEXY, Robert. *Teoría de los derechos fundamentales*. Madrid: Centro de Estudios Constitucionales, 1993. p. 62.

(2) ALEXY, Robert. Colisão de direitos fundamentais e realização de direitos fundamentais no Estado de Direito Democrático. *Revista de Direito Administrativo*, Madri, p. 67-79, jul./set. 1999. p. 74.

(3) ALEXY, Robert. *Teoría de los derechos fundamentales*. Madrid: Centro de Estudios Constitucionales, 1993. p. 81 e 83.

(4) SILVA, Virgílio Afonso da. *Constitucionalização do direito*. Os direitos fundamentais nas relações entre particulares. São Paulo: Malheiros, 2005. p. 32.

(5) ALEXY, Robert. *Teoría de los derechos fundamentales*. Madrid: Centro de Estudios Constitucionales, 1993. p. 86-87.

(6) A utilização deste termo pode se dar no seguinte sentido: *"à primeira vista"*.

definitivo em relação aos princípios contrapostos e às possibilidades fáticas. Assim sendo, o raciocínio que envolve a sua aplicação é a ponderação, pela máxima da proporcionalidade[7].

Devemos considerar ainda, como o faz Martin Borowski, que os direitos fundamentais, quer seja quando assumam a forma de uma regra ou de um princípio, "não devem ser confundidos com enunciados programáticos no sentido da Constituição de Weimar, ou seja, com normas não vinculantes"[8]. Assim, cabe averiguar os efeitos decorrentes desta declaração. Isto significa inquirir sobre a extensão em que os direitos fundamentais são sentidos, cujo tema recebe a denominação: "os efeitos" (ou a eficácia) verticais e horizontais dos direitos fundamentais. E quando se trata de analisar os efeitos verticais e horizontais dos direitos fundamentais está se discutindo, no primeiro caso, sobre os efeitos destes direitos nas relações que envolvem o Estado e seus cidadãos e, no segundo, sobre os efeitos destes direitos nas relações entre particulares[9].

Ainda hoje há quem encare a relação entre o Estado e os seus cidadãos como o campo de excelência dos direitos fundamentais. Mas, com o passar do tempo, verificou-se que esta perspectiva era insatisfatória para solucionar os problemas que surgiam no plano fático, sobretudo nos países democráticos, nos quais nem sempre o Estado tem se mostrado como a maior ameaça aos particulares, mas sim outros particulares, especialmente, aqueles dotados de poder econômico ou social[10].

Em vários países, tanto no âmbito doutrinário como jurisprudencial, a vinculação dos particulares aos direitos fundamentais é aceita sem grandes problemas. Contudo, "a discussão tem se concentrado na forma como estes direitos interferem na autonomia privada", se direta ou indiretamente[11].

A grande diferença entre o modelo de efeitos diretos e o modelo de efeitos indiretos é que, mesmo sem a presença de disposições normativas de direito privado, ou ainda com a existência destas, os direitos fundamentais conferem, diretamente, direitos subjetivos aos particulares em suas relações entre si. Também não se requer o uso de "artimanhas interpretativas", ou melhor, de "pontos de infiltração" dos direitos fundamentais nas relações interprivadas[12].

No contexto jurídico brasileiro, Virgílio Afonso da Silva aponta "a necessidade de se construir um modelo que não tenda a generalizar situações e, especialmente, não

---

(7) ALEXY, Robert. *Teoría de los derechos fundamentales.* Madrid: Centro de Estudios Constitucionales, 1993. p. 99, 101, 102 e 103.

(8) BOROWSKI, Martin. *La estructura de los derechos fundamentales.* Colombia: Universidad Externado de Colombia, 2003. p. 61-62.

(9) SILVA, Virgílio Afonso da. *Constitucionalização do direito.* Os direitos fundamentais nas relações entre particulares. São Paulo: Malheiros, 2005. p. 54-56.

(10) *Ibidem*, p. 18, 52-53.

(11) *Ibidem*, p. 20-21.

(12) SILVA, Virgílio Afonso da. *Constitucionalização do direito.* Os direitos fundamentais nas relações entre particulares. São Paulo: Malheiros, 2005. p. 89-91.

tenda a se desvincular do caso concreto", pois o enquadramento de situações díspares em um modelo sem flexibilidade não lhe parece ser uma solução adequada[13]. Trata-se de um modelo conciliador[14].

A grande contribuição deste modelo que pretende ser conciliador se concentra no fato de que quando se discute sobre os efeitos dos direitos fundamentais nas relações entre particulares "é preciso distinguir os casos em que exista mediação legislativa e os casos em que essa mediação não exista ou seja insuficiente. Há mediação legislativa quando o legislador, exercendo sua competência legislativa, tenha fixado alguma solução para uma determinada colisão entre direitos fundamentais"[15]. Portanto, segundo os parâmetros deste modelo conciliador, nos casos em que existam mediações legislativas satisfatórias para as soluções dos litígios, não há que se falar em aplicabilidade direta dos direitos fundamentais às relações entre particulares[16].

Os estudos até aqui desenvolvidos tiveram como foco os direitos fundamentais de um modo geral. A partir de agora, as discussões se centrarão na "segunda dimensão" dos direitos fundamentais, aqui denominados direitos econômicos, sociais e culturais[17].

3. Os direitos econômicos, sociais e culturais

Alguns estudiosos defendem que os direitos econômicos, sociais e culturais são fórmulas fracas e vazias de efetividade e, nesta mesma medida, não são considerados como verdadeiros direitos, tendo em vista o caráter programático que assumem em praticamente todos os casos. Seguindo esta linha de pensamento, há quem sustente que a efetivação destes direitos está vinculada a outros fatores de ordem política, econômica e social, que sobrepõem o caráter eminentemente jurídico. Tais vinculações os submetem à teoria da "reserva do possível", que denota "uma impossibilidade objetiva na implementação" destes direitos. Daí por que eles não podem ser "exigíveis", "justiciáveis", nem tampouco fundamentais[18].

De fato, não se pode negar que a preocupação com a escassez de recursos financeiros deve ser levada em consideração no tocante aos direitos econômicos, sociais e culturais, mas a excessiva importância que se tem dado a esses recursos acaba impossibilitando a efetivação de muitos desses direitos, mediante a acomodação dos Estados às situações de vulnerabilidade de amplos setores sociais.

A concretização dos direitos econômicos, sociais e culturais se dá por meio de medidas administrativas, legislativas, judiciais, econômicas, sociais e educativas. A falta

---

(13) *Ibidem*, p. 94 e 134.
(14) *Ibidem*, p. 143.
(15) *Ibidem*, p. 168.
(16) *Idem*.
(17) ABRAMOVICH, Victor; COURTIS, Christian. Apuntes sobre la exigibilidad judicial de los derechos sociales. In: SARLET, Ingo Wolfgang (Org.). *Direitos fundamentais sociais:* estudos de direito constitucional, internacional e comparado. Rio de Janeiro: Renovar, 2003. p. 135.
(18) TORRES, Ricardo Lobo. *Tratado de direito constitucional financeiro e tributação*. O orçamento na Constituição. Rio de Janeiro: Renovar, 2000. v. 5, p. 179-180, 192-193.

de programas tendentes à sua implementação assim como a adoção de medidas que visem a sua supressão ou redução constituem uma ofensa às suas obrigações. Nesse contexto, é preciso lembrar que o arcabouço jurídico, político e social da maioria dos Estados que se denominam democráticos de direito seria satisfatório para garantir condições mínimas de dignidade aos seus cidadãos, não fosse pela corrupção moral que atinge a sociedade como um todo.

A relação "Estado-cidadão" exige uma aplicação direta dos direitos fundamentais e, mesmo quando a norma de direito fundamental se materialize em um princípio, obviamente dentro das possibilidades fáticas e juridicamente possíveis daquele caso concreto. Essa constatação impõe a discussão acerca da efetivação destes direitos, que inevitavelmente se esbarra no argumento pragmático de que é "impossível compelir o Estado a providenciar, a todos os que demandem, um posto de trabalho, uma moradia, uma vaga em creche, um tratamento médico-cirúrgico de alta complexidade e outras prestações dessa natureza"[19].

Sob esta perspectiva, "não se trata de saber se o Estado tem ou não condições para garantir direitos econômicos, sociais e culturais a todos os cidadãos, mas sim de verificar se os Poderes Públicos desenvolvem ou não programas de ação que visem de fato a concretização de tais direitos. Perspectiva que torna a questão inteiramente de direito e não mais de fato"[20].

Diante disso, as entidades da Federação não podem adiar, "sem a comprovação objetiva de sua incapacidade econômico-financeira", a realização de políticas públicas "tendentes à progressiva melhoria do nível e da qualidade de vida de todos os segmentos da população", especialmente daquelas que se destinem à efetivação de direitos fundamentais[21].

A política pública se traduz em "um programa de ação governamental" que se materializa "numa série ordenada de normas e atos conjugados para a realização de um determinado objetivo". Ela pressupõe uma meta a ser alcançada mediante um conjunto de instrumentos — pessoais, institucionais e financeiros — aptos à consecução desse resultado, que tomam formas de leis, decretos regulamentares ou normativos, portarias, atos ou contratos administrativos da mais variada espécie. Este complexo de normas e atos jurídicos está sujeito à finalidade do ato, que pode ser eleita pelos Poderes Públicos ou a eles imposta pela Constituição ou por leis[22].

Neste sentido, a vigência dos direitos econômicos, sociais e culturais implica o compromisso de que todas as medidas tendentes à realização dos mesmos — legislativas, judiciais, administrativas, econômicas, sociais e educacionais — sejam realizadas pelos poderes públicos, sob a fiscalização e controle dos órgãos competentes.

---

(19) KOMPARATO, Fábio Konder. O Ministério Público na defesa dos direitos econômicos, sociais e culturais. In: GRAU, Eros Roberto; CUNHA, Sérgio Sérvulo da (Orgs.). *Estudos de direito constitucional em homenagem a José Afonso da Silva*. São Paulo: Malheiros, 2003. p. 249.

(20) *Ibidem*, p. 250.

(21) *Ibidem*, p. 252.

(22) *Ibidem*, p. 248-249.

Concordamos com o argumento de que os atos discricionários se sujeitam a um controle judicial[23]. A sociedade não pode ser penalizada com a falta de efetivação dos direitos econômicos, sociais e culturais fundamentais, enquanto que a "inatividade" ou a "ilegalidade" das ações dos poderes públicos se encontram protegidas sob o manto da "discricionariedade". É interessante destacar que no direito espanhol se reconhece amplamente que "o ponto de partida já não é a isenção, senão a sujeição ao controle judicial dos atos discricionários da Administração e esse controle é um controle normal, e não excepcional, como havia sido historicamente"[24].

Rodolfo Mancuso está com a razão quando sustenta que a ideia de "tripartição dos poderes", elaborada por Montesquieu, "não tem hoje a mesma justificativa inicial (ir contra uma poder monárquico)". Este princípio, atualmente, deve ser entendido mais como uma interdependência, do que independência total dos órgãos do Estado[25].

Um dos principais fatores a serem considerados nesta discussão é o que o Poder Judiciário não pode fazer, justamente por sua natureza cognitiva, mas também o que, em virtude dessa mesma natureza, deve fazer. Diante disso, a sua atuação pode se materializar na simples requisição, em sede de diálogo institucional, para deslegitimar a inércia e estimular a ação, passando pela imposição da obrigação, predeterminada em lei, até a aplicação de multa aos órgãos não cumpridores[26].

É por esta razão que o Estado tem o dever de informar e disponibilizar aos cidadãos os resultados oficiais de todos os programas implementados. Quando estes resultados não se encontrarem disponíveis à sociedade, o direito à informação se mostrará um instrumento eficaz na obtenção desses dados. Sob essa perspectiva, o controle ou fiscalização das ações do Estado pelos cidadãos e/ou representantes legais, via Poder Judiciário, é uma alternativa concreta para se alcançar a efetivação dos direitos econômicos, sociais e culturais, dentre eles o direito ao trabalho.

Já na relação entre particulares, a aplicação dos direitos fundamentais somente poderá ser imediata quando não houver disposição mediadora, ou, se houver, ela não for satisfatória para a solução daquele caso. O Pacto de Direitos Econômicos, Sociais e Culturais é apenas um exemplo, dentre as inúmeras bases jurídicas mediadoras existentes que se prestam à efetivação destes direitos e que em grande parte dos casos não são invocadas. Deu-se destaque a ele apenas para mostrar que a questão das obrigações decorrentes dos direitos econômicos, sociais e culturais exige um alargamento do olhar

---

(23) SANTOS, Marília Lourido dos. Políticas públicas (econômicas) e controle. *Revista de Informação Legislativa*, Brasília, v. 158, ano 40, p. 265-278, abr.-jun. 2003, p. 276.

(24) RAMÓN, Tomás Fernández. Arbitrariedad y discricionalidad en la doctrina jurisprudencial constitucional y administrativa. In: BANDRÉS, José Manuel Sánches-Cruzat. *Constitución y control de la actividad administrativa*. Madrid: Lerko Print, 2003. p. 65.

(25) MANCUSO, Rodolfo de Camargo. A ação civil pública como instrumento de controle das chamadas políticas públicas, p. 777. In: MILARÉ, Édis (Coord.). *Ação civil pública*: Lei n. 7.347/1985 – 15 anos. 2. ed. São Paulo: Revista dos Tribunais, 2002.

(26) ABRAMOVICH, Victor; COURTIS, Christian. *Los derechos sociales como derechos exigibles*. Madrid: Trotta, 2002. p. 13.

dos operadores do direito. Isto nos autoriza a centrarmos nossa atenção em um destes direitos — o direito ao trabalho, tema central do presente estudo.

4. O direito ao trabalho

A maior conquista de nossos tempos foi o reconhecimento da dignidade do trabalho e da dignidade do trabalhador. Sob tal perspectiva, pode-se dizer que a lei do trabalho foi imposta pelo Criador ao homem, para o seu aperfeiçoamento e para a sua dignidade. Não foi por outra razão que o apóstolo Paulo disse *quem não trabalha, não come*.

Nesta medida, a exigência de um direito a trabalhar, além do simples objetivo da sobrevivência física, vincula-se à ideia de dignidade humana e, consequentemente, à valoração do trabalho como forma de realização pessoal. Trata-se, para grande parte da doutrina, de um direito vinculado ao direito à vida, pois sem trabalho as pessoas não têm como proporcionar uma vida digna para si e para sua família.

De todas as formas, o significado do direito ao trabalho no decorrer da história sofreu variações expressivas segundo o campo político-ideológico adotado. Inicialmente, ele foi concebido como um direito a exercer um trabalho ou ofício (liberdade de trabalho), em seguida, passou a significar uma exigência perante o Estado de se ter um trabalho adequado à capacidade dos sujeitos e chegou, até mesmo, a ser identificado com certas ações assistenciais[27].

Dentro do amplo contexto, vale destacar o ano de 1848, em que surge o conceito histórico de direito ao trabalho. De fato, em 24 de fevereiro de 1848 os trabalhadores de Paris saem às ruas gritando: "o direito ao trabalho, em uma hora." Nestas circunstâncias, no dia seguinte, o Governo Provisório Republicano Francês publicou um Decreto, elaborado por Louis Blanc, em que se firmava o compromisso governamental de assegurar trabalho a todos os cidadãos. Para sua concretização, no dia 26 de fevereiro de 1848, foram criados os famosos "ateliês nacionais" (*ateliers nationaux*), que objetivavam fornecer um trabalho àqueles que não tinham[28].

A princípio tudo caminhou bem, mas, em pouco tempo, mais de cem mil inscritos se apresentaram aos ateliês, em grande parte enviados pelas prefeituras de bairros e cidades da região. Na medida em que faltou trabalho, o governo começou a pagar indenizações a quem não podia empregar, o que fez com que um número ainda maior de provincianos se estabelecesse em Paris para se beneficiar dessa renda. A confusão foi ainda maior quando, esgotado o dinheiro, o governo tentou alistar os desempregados no Exército. No dia 15 de maio de 1848, houve uma insurreição popular e Louis Blanc foi obrigado a se desterrar, então, em junho do mesmo ano uma sangrenta repressão aos levantes sociais pôs fim aos "ateliês nacionais" franceses[29].

---

(27) Como veremos mais adiante, estas figuras são independentes, apesar de se tratarem de noções conexas.
(28) JACCARD, Pierre. *Historia social del trabajo*. Barcelona: Plaza y Janés, 1971. p. 320-321.
(29) *Ibidem*, p. 320 e 321.

O fracasso dessas ações contribuiu diretamente para o descrédito do direito ao trabalho no país. Neste sentido, Emile Thomas, diretor dos "Ateliês Nacionais", confessou anos depois, em sua autobiografia, que o experimento havia cumprido uma eficaz função desacreditadora das ideias socialistas[30].

Este foi considerado o primeiro intento sério de materialização do direito ao trabalho[31]. Isto fez com que, historicamente, este direito se mostrasse como uma exigência de trabalho adequado à capacidade dos sujeitos ante o Estado[32]. Para Rafael Sastre Ibarreche este seria, inclusive, "o núcleo essencial, a natureza do direito ao trabalho"[33]. De tal modo, a maioria da doutrina entende que, após este período, o trabalho passou a ser encarado como um direito. Como se indica na Enciclopédia *Universalis*, "a partir de então, cada um participa na sociedade pelo trabalho que lhe aporta, e se considera que o trabalho é o que define essencialmente à sociedade"[34].

Entretanto, Francisco X. Schaller destaca que a problemática que envolve a ideia de um "direito a trabalhar" foi mal delineada tanto por seus partidários como por seus adversários, o que leva a crer que tal confusão não os desagradasse plenamente, pois ela permitiu a adaptação desta figura aos interesses de cada um. Por essa razão, a doutrina reconhece que "ao falarmos de direito ao trabalho não estamos utilizando um conceito unívoco" e que "poucas ideias têm sido tão controvertidas como esta"[35].

De todas as formas, no atual constitucionalismo, a identificação entre liberdade de trabalho, dever de trabalhar e direito ao trabalho foi superada. Prevalece a ideia de que a primeira figura diz respeito à liberdade, a segunda a um dever moral de contribuir à sociedade, e a terceira a um direito econômico-social[36].

No plano internacional, os principais instrumentos normativos que reconhecem o direito ao trabalho, notadamente aqueles que têm correlação direta com o Estado brasileiro, são os seguintes: (*i*) a Constituição de 1919 da Organização Internacional do Trabalho, que traz em seu preâmbulo uma preocupação implícita com esse direito; (*ii*) a Declaração Universal de Direitos Humanos, adotada em 10 de dezembro de 1948 pela Assembleia Geral das Nações Unidas, em seu art. 23; (*iii*) o Pacto Internacional de Direitos Econômicos, Sociais e Culturais[37], adotado em 16 de dezembro de 1966 pela

---

(30) ALARCÓN, Manuel-Ramón Caracuel. Derecho al trabajo, libertad profesional y deber de trabajar. *Revista de Política Social*, Madrid, v. 121, p. 15-25, ene./mar. 1979.

(31) *Ibidem*, p. 322.

(32) SASTRE, Rafael Ibarreche. *El derecho al trabajo*. Madrid: Trota, 1996. p. 33 e 42.

(33) *Ibidem*, p. 42.

(34) SCHALLER, Francisco. A propósito del derecho al trabajo. *Revista de Trabajo*, Madrid, v. 5, p. 385-390, mayo 1948, p. 386-387.

(35) *Ibidem*, p. 386-387.

(36) Para uma parte significativa da doutrina espanhola, esta é a sua natureza (essência). Nesse sentido, SASTRE, Rafael Ibarreche. *El derecho al trabajo*. Madrid: Trota, 1996. p. 33 e 42.

(37) Este Pacto, desde que entrou em vigor, em 3 de janeiro de 1976, teve a adesão de mais de oitenta países em diferentes fases de desenvolvimento e com sistemas políticos, econômicos e sociais também diferentes. Devem informar periodicamente sobre a aplicação do mesmo ao Conselho Econômico e Social das Nações Unidas.

Assembleia Geral das Nações Unidas, em seu art. 6.1, que não apresenta uma distinção clara entre direito ao trabalho e liberdade de trabalho; (*iv*) o Protocolo Adicional à Convenção Americana sobre Direitos Humanos em Matéria de Direitos Econômicos, Sociais e Culturais (Protocolo de São Salvador) também em seu art. 6. Essa normatização internacional demonstra o caráter universal deste direito, cuja análise deve ser associada às normas adotadas no plano interno pelos Estados nacionais.

5. O direito ao trabalho na Constituição Federal de 1988

A Constituição Federal de 1988, como se sabe, propôs-se a instaurar um "Estado Democrático de Direito", fundamentado no valor supremo da dignidade humana e, ao estabelecer tal propósito, filiou-se ao padrão constitucional inaugurado pela Constituição alemã de Bonn, também adotado em praticamente todas as Constituições democráticas de nosso tempo.

Nesta medida, os debates da Assembleia Nacional Constituinte de 1988 foram norteados pelo ideal de reconhecimento dos direitos fundamentais como categoria indivisível, cuja efetivação constitui um dever do Estado e de toda a sociedade. E não é por outra razão que a Constituição Federal de 1988 também ficou conhecida como a "Constituição Cidadã", marcando o processo de democratização do Estado brasileiro e constituindo a legislação mais avançada em relação aos direitos e garantias fundamentais do país.

Nela, o trabalho foi considerado como o meio legítimo de se assegurar uma vida condigna a todo o agrupamento humano - vale dizer, garantir a todos alimentação, saúde, educação, habitação, seguro social, lazer e possibilidade de progresso, de realização pessoal e coletiva dentro do organismo social. A partir daí, reconheceu-se sua irradiação, conjuntamente com a liberdade de empresa, por toda a ordem econômica e social de nosso país.

Voltando nossas atenções ao direito do trabalho propriamente dito, verifica-se que esse direito está previsto no Capítulo II - denominado "Dos Direitos Sociais", no art. 6º da Constituição Federal de 1988, que prevê: "São direitos sociais a educação, a saúde, o *trabalho*, a moradia, o lazer, a segurança, a previdência social, a proteção à maternidade e à infância, a assistência aos desamparados, na forma desta Constituição." (grifo nosso)

Nesta medida, quando o art. 6º reconhece o *trabalho* como um direito social, está fazendo menção ao "direito de ter um trabalho", ou à "possibilidade de trabalhar". Assim, o seu conteúdo não pode ser confundido com o conjunto de normas objetivas pertinentes ao direito do trabalho, que, por sua vez, "tem sua base e princípios delineados no art. 7º, formando o direito dos trabalhadores ou direitos trabalhistas"[38].

A diferenciação entre o conteúdo normativo dos arts. 6º e 7º da Constituição Federal de 1988 é muito importante, pois tais conteúdos envolvem campos teóricos

---

(38) SILVA, José Afonso da. *Comentário contextual à Constituição*. São Paulo: Malheiros, 2005. p. 185-186.

distintos, apesar de intimamente interligados. No primeiro, reconhece-se explicitamente o "direito ao trabalho" como um direito econômico, social e cultural (a expressão "direitos sociais" foi utilizada em um *sentido amplo*); e, no segundo, estão previstos os "direitos dos trabalhadores". Mas, como veremos mais adiante, é justamente neste campo que os reflexos ou as irradiações do direito ao trabalho, em sua dimensão individual, serão sentidos.

Mesmo assim, o reconhecimento do direito ao trabalho na Constituição Federal não está associado tão somente ao art. 6º. O *caput* e o inciso VIII, do art. 170, assumem um papel de destaque: "Art. 170. A ordem econômica, fundada na valorização do trabalho humano e na livre-iniciativa, tem por fim assegurar a todos existência digna, conforme os ditames da justiça social, observados os seguintes princípios: (...) VIII – busca do pleno emprego; (...)." Por último, o art. 193 reafirma o primado do trabalho na ordem constitucional brasileira quando determina: "a ordem social tem como base o primado do trabalho, e como objetivo o bem-estar e a justiça sociais."

Feitas essas considerações acerca das disposições normativas que envolvem o direito ao trabalho na Constituição Federal de 1988, voltaremos nossas atenções para o estudo da sua fundamentalidade, que se conecta ao seu caráter estrutural e às suas dimensões individual e coletiva.

Como já analisado, a ideia de "fundamentalidade" se submete aos liames traçados por uma determinada Constituição; no nosso caso, a de 1988, na medida em que o próprio texto fornece os critérios normativos e interpretativos a serem levados em conta no exame de quais direitos assumem o caráter de fundamental em seu texto.

Assim, a análise da fundamentalidade de um direito na Constituição Federal de 1988, *a priori*, deve se pautar no critério formal traçado pelo próprio texto, ou seja, no catálogo de direitos do Título II, independentemente de sua natureza (civil e política ou econômica, social e cultural). Somente quando se trata de investigar se outros direitos não previstos no Título II da Constituição, mas que estejam dispersos ao longo do texto e sejam decorrentes do regime e princípios por ela adotados, é que devemos levar em conta os critérios materiais e procedimentais de direitos fundamentais.

No tocante ao direito ao trabalho, as análises realizadas até o presente momento nos autorizam a concluir que se trata de um direito elevado à categoria de fundamental em nosso ordenamento jurídico, posto que a sua normativa base está prevista no art. 6º, do Capítulo II, do Título II, ou seja, está contido no catálogo de direitos da Constituição de 1988.

Antes de se perquirir acerca dos reflexos do direito ao trabalho nos demais campos do Direito, devemos examinar o caráter estrutural que lhe foi impresso no texto constitucional de 1988, ou seja, se se trata de "norma-princípio" ou de "norma-regra".

Conforme se indicou, o direito ao trabalho se faz sentir em diversos preceitos constitucionais; a título exemplificativo: o art. 1º, inciso IV, o próprio art. 6º, o art. 7º, incisos I e II. A natureza destas normas indica o porquê do direito do trabalho se mostrar como o pano de fundo de muitas das discussões teóricas realizadas no âmbito constitucional-trabalhista. Há que se considerar, ainda, a sua irradiação no campo das políticas públicas em função da disposição contida no art. 170, inciso VIII, que nada mais é do que uma das formas de materialização do direito ao trabalho, eis que neste caso ele se apresenta como um mandato aos poderes públicos para a consecução de políticas que objetivem o pleno emprego.

A doutrina espanhola indica tal diversidade de aplicação quando fala na impossibilidade de atribuir uma "natureza unitária" ao direito ao trabalho[39]. E, nesta medida, praticamente todos os elementos que compõem a sua estrutura normativa acabam sendo afetados por uma "difusão" conceitual[40].

Com estas observações, resta claro que o direito ao trabalho assume a estrutura de um princípio no texto constitucional de 1988, ou seja, apresenta-se como um mandamento de otimização que impõe "direitos e deveres *prima facie*", exigindo, assim, a sua realização segundo as possibilidades fáticas e juridicamente previstas naquele caso concreto.

Aqui cabe uma observação importante, feita por Alexy, quanto ao fato de que os direitos fundamentais, especialmente quando assumem a estrutura de um princípio, apresentam uma dimensão individual e uma dimensão coletiva. Com o direito ao trabalho não é diferente. O autor comenta que "os princípios podem se referir tanto a direitos individuais como a bens coletivos (...) o fato de que um princípio se refira a bens coletivos significa que ordena a criação ou manutenção de situações que satisfazem, na maior medida do possível, de acordo com as possibilidades jurídicas e fáticas, que vão além da validez ou satisfação de direitos individuais"[41].

Esta dupla dimensão do direito ao trabalho é admitida em diversos ordenamentos, como, por exemplo, no espanhol, italiano e português. E, no Brasil, a Constituição de 1988 também autoriza tal divisão.

É interessante destacar, ainda, que os âmbitos individual e coletivo do direito ao trabalho se conectam com os campos de aplicação dos direitos fundamentais, qual seja, aquele que se centra nas relações entre os particulares e o que envolve o Estado e seus cidadãos.

5.1. O direito ao trabalho em seus âmbitos individual e coletivo

As clássicas manifestações do direito ao trabalho em sua dimensão individual estão vinculadas aos principais momentos da relação de emprego: os momentos anteriores à formação do contrato, durante o seu desenvolvimento e nos seus momentos extintivos. Diz-se "clássicas" porque este direito também está vinculado às demais formas de trabalho. É interessante avaliar que, em sua dimensão individual, o direito ao trabalho

---

(39) SASTRE, Rafael Ibarreche. *El derecho al trabajo*. Madrid: Trota, 1996. p. 130.
(40) *Ibidem*, p. 124.
(41) ALEXY, Robert. *Teoría de los derechos fundamentales*. Madrid: Centro de Estudios Constitucionales, 1993. p. 109-110.

se correlaciona estreitamente com o princípio da liberdade de empresa, que, por sua vez, não deixa de se inserir no campo da autonomia privada.

Os momentos essenciais da relação de emprego (além das outras formas de relação de trabalho) são objeto de regulamentações específicas e em seu conjunto formam a legislação trabalhista brasileira. Desde já cabe esclarecer que este estudo se fixará tão somente nas clássicas manifestações do direito ao trabalho, ou seja, ao contrato de trabalho subordinado.

Visto que o direito ao trabalho em nosso ordenamento jurídico assume a estrutura de um princípio, ele exige a sua realização segundo as condições fáticas e juridicamente possíveis. Dentre essas condições jurídicas, estão as normas de direito infraconstitucional; no presente caso, as normas trabalhistas vinculadas ao mesmo. Diante disso, somente poderá se falar em aplicabilidade direta do direito ao trabalho em sua dimensão individual nos casos em que não existam mediações legislativas satisfatórias para as soluções dos litígios.

Naturalmente, a presença de certos limites constitucionais e infraconstitucionais sobre a liberdade de empresa acaba permitindo que o direito ao trabalho figure como uma de suas fontes de limitação, e não somente um dos objetivos econômicos que devem perseguir os poderes públicos. Essa assertiva nos remete à dimensão coletiva do direito do trabalho, que está integrada ao campo da política de pleno emprego[42]. Por essa razão, tem-se afirmado que este direito estabelece efeitos jurídicos concretos, dentre os quais a obrigação do Estado de implementar "políticas de criação de postos de trabalho"[43].

A vinculação entre ambas figuras (direito ao trabalho e políticas públicas que objetivem alcançar o pleno emprego) aparece refletida em importantes normas de caráter internacional. Centrando a análise no direito brasileiro, a Constituição de 1988, no art. 170, determina que "a ordem econômica, fundada na valorização do trabalho humano e na livre-iniciativa, tem por fim assegurar a todos uma existência digna, conforme os ditames da justiça social". E enumera os princípios regentes desta matéria, dentre eles "*a busca do pleno emprego*" (inciso VIII).

Diante de tal previsão, podemos concluir que o ordenamento jurídico brasileiro, a exemplo dos instrumentos normativos internacionais e de outros textos constitucionais, reconhece o direito ao trabalho em sua dimensão coletiva no art. 170, inciso VIII da Constituição Federal de 1988, que deve ser analisado conjuntamente com os arts. 1º, inciso IV e 6º da mesma norma.

Existem muitos questionamentos quanto à realização dessa dimensão do direito ao trabalho, principalmente quanto à sua efetivação. Contudo, quando o constituinte

---

(42) SASTRE, Rafael Ibarreche. *El derecho al trabajo*. Madrid: Trota, 1996. p. 133. O direito ao trabalho transcende a uma visão individualista, possuindo um alcance geral e, por isso mesmo, é identificado com o pleno emprego.

(43) CANOTILHO, José Joaquim Gomes; MOREIRA, Vital. *Constituição da República Portuguesa e Lei do Tribunal Constitucional*. 6. ed., reimp. Coimbra: Coimbra Editora, 2003. p. 314-315.

brasileiro fez menção à "busca do pleno emprego" como um dos princípios a ser atendido pela ordem econômica, constitucionalizou esta ação como uma obrigação, e não como uma mera opção. Neste sentido, destaca-se que a coligação entre direito ao trabalho e pleno emprego gera uma obrigação do Estado de promover as condições que o faça efetivo. Sob esse enfoque, é perfeitamente possível se falar na obrigatoriedade do Estado em realizar políticas de trabalho e emprego como forma de se atender ao princípio da busca de pleno emprego e, consequentemente, dar efetividade ao direito ao trabalho em sua dimensão coletiva.

Já comentamos que a separação teórica entre um âmbito individual e um coletivo abre a possibilidade para outras formas de concretização do direito ao trabalho, que vai além do seu conceito histórico: um direito a exigir um posto de trabalho do Estado[44]. Sob esta perspectiva, pode-se questionar se o direito ao trabalho no ordenamento jurídico brasileiro, além de ser um direito fundamental e apresentar uma dimensão individual e uma coletiva, pode envolver interesses transindividuais (ou de grupo). É o que analisaremos a seguir.

5.2. O caráter transindividual do direito ao trabalho

Nos últimos anos, muito se tem discutido sobre a existência de uma categoria de interesses que embora não sejam propriamente estatais excedem o âmbito estritamente individual, uma vez que estes interesses são compartilhados por grupos, classes ou categorias de pessoas.

Foi por meio dos trabalhos de Mauro Cappelletti, a partir de 1974, que a doutrina despertou para o fato de que tais interesses apresentam notórias particularidades. Sua denominação inicial foi: "interesses difusos". Ainda hoje, esta matéria está permeada pela falta de clareza, sendo que representa um grande obstáculo o fato de a doutrina nem sempre utilizar o mesmo termo para se referir à mesma realidade[45].

No Brasil, a defesa dos interesses de grupos foi disciplinada primeiramente pela Lei n. 7.347/85 — Lei da Ação Civil Pública (LACP) e, posteriormente, pela Lei n. 8.078/90 — Código de Defesa do Consumidor (CDC) que "distinguiu os interesses *transindividuais* em *difusos, coletivos* e *individuais homogêneos*".

A expressão *transindividual* se trata de um "neologismo formado com um prefixo e um radical latinos". A doutrina e a jurisprudência utilizam-se também do termo *metaindividual* com a mesma significação; assim, as duas expressões dizem respeito aos interesses de grupos de um modo geral[46].

O interesse difuso pode se apresentar segundo diferentes formas e contextos; ele, portanto, contém uma área extensa de intrínseca conflituosidade. A doutrina destaca

---

(44) Advertimos também que estas dimensões apresentam um caráter complementar, o que não as impede de entrarem em conflito em um determinado caso concreto.
(45) MAZZILLI, Hugo Nigro. *A defesa dos interesses difusos em juízo*. 13. ed. São Paulo: Saraiva, 2001. p. 43.
(46) *Ibidem*, p. 46.

a existência de interesses difusos tão abrangentes que chegam a coincidir com o interesse público (o meio ambiente, por exemplo); outros se encontram em conflito com o interesse da coletividade como um todo; outros chegam a estar em conflito com o interesse do próprio Estado, enquanto pessoa jurídica[47].

O ordenamento jurídico brasileiro conferiu à expressão *interesses coletivos* dois sentidos: um sentido amplo e um restrito. Em sentido *lato*, a expressão refere-se a interesses transindividuais ou de grupos. O Código de Defesa do Consumidor, ao disciplinar a *ação coletiva* que se destina à defesa dos interesses transindividuais como um todo, trabalha com o sentido lato do termo; entretanto, não deixa de adotar um aspecto mais restrito quando determina no art. 81, parágrafo único, II, que *interesses coletivos* consistem em interesses "*transindividuais indivisíveis de um grupo determinado ou determinável, reunido por uma relação jurídica básica comum*"[48].

Conforme o parâmetro traçado pelo referido Código, pode-se afirmar que nos conflitos que envolvam interesses coletivos, em sentido estrito, "a lesão ao grupo não decorrerá propriamente da relação fática comum, e sim da própria relação jurídica viciada". Numa ação civil pública, por exemplo, que vise à nulificação de uma cláusula abusiva em contrato de adesão; o interesse em ver a ilegalidade da cláusula reconhecida é compartilhado pelos integrantes do grupo de forma não quantificável e, portanto, indivisível: a ilegalidade da cláusula será igual para todos eles[49].

Já o citado art. 81, parágrafo único, III, da Lei n. 8.078, de 11 de setembro de 1990 (CDC) se restringe a dizer: "III – interesses ou direitos individuais homogêneos, assim entendidos os decorrentes de origem comum." Hugo Nigro Mazzilli os conceitua como "aqueles pertencentes a um grupo, categoria ou classe de pessoas determinadas ou determináveis, que compartilhem prejuízos divisíveis, de origem comum, normalmente advindos da mesma circunstância de fato"[50].

Feitas estas considerações, podemos concluir que os interesses transindividuais são sentidos especialmente na vertente coletiva do direito ao trabalho, mas não se pode afastar a possibilidade de que se manifestem no campo da relação de trabalho, ou seja, em sua vertente individual[51]. Diante disso, pode-se pensar na hipótese de que uma convenção coletiva viesse a extinguir a estabilidade do dirigente sindical. Esta norma feriria frontalmente o direito a trabalhar de todos os dirigentes sindicais daquela categoria, pois, como veremos mais adiante, a estabilidade no emprego, ainda que temporária, é uma das formas de se proteger o direito ao trabalho em sua vertente individual.

Um exemplo concreto que demonstra de forma clara a natureza principiológica do direito ao trabalho e a possibilidade de que este envolva direitos transindividuais,

---

(47) Ibidem, p. 47.
(48) Ibidem, p. 48.
(49) MAZZILLI, Hugo Nigro. *A defesa dos interesses difusos em juízo*. 13. ed. São Paulo: Saraiva, 2001. p. 49.
(50) Ibidem, p. 50.
(51) SASTRE, Rafael Ibarreche. *El derecho al trabajo*. Madrid: Trota, 1996. p. 133-134.

em sua vertente individual, é a Ação Direta de Inconstitucionalidade n. 1969 MC/DF — Distrito Federal, cuja discussão envolve o direito ao trabalho de um grupo e a liberdade de expressão[52]. Esta ação foi dirigida contra o Decreto n. 20.098, de 15 de março de 1999, que proibiu a utilização de carros, aparelhos e objetos sonoros nas manifestações públicas a serem realizadas na Praça dos Três Poderes, na Esplanada dos Ministérios e na Praça do Buriti em Brasília, por atentar contra o direito ao trabalho em ambiente de tranquilidade daqueles que ali laboram. Sua Ementa tem o seguinte teor:

> "AÇÃO DIRETA DE INCONSTITUCIONALIDADE — OBJETO — DECRETO. Possuindo o decreto característica de ato autônomo abstrato, adequado é o ataque da medida na via da ação direta de inconstitucionalidade. Isso ocorre relativamente a ato do Poder Executivo que, a pretexto de compatibilizar a liberdade de reunião e de expressão com o direito ao trabalho em ambiente de tranquilidade, acaba por emprestar à Carta regulamentação imprópria, sob os ângulos formal e material. [...]."[53]

Nesta decisão, visualizou-se que o direito a trabalhar (em ambiente de tranquilidade) de um grupo não poderia anular a liberdade de reunião e de expressão por completo. Esta contraposição indica claramente que o direito ao trabalho impõe "direitos e deveres *prima facie*", exigindo, assim, a sua realização segundo as possibilidades fáticas e juridicamente previstas em determinado caso concreto, e que em determinadas circunstâncias envolve direitos transindividuais de uma coletividade, neste caso, os funcionários que trabalham na Praça dos Três Poderes, na Esplanada dos Ministérios e na Praça do Buriti, em Brasília[54].

No tocante à dimensão coletiva do direito ao trabalho, poderia se cogitar a sua lesão nos casos em que se constate inércia ou fraude na implementação de políticas públicas de trabalho e emprego pelo poder executivo, ou, ainda, quando estas sejam implementadas, mas não atendam aos seus objetivos iniciais por motivos de várias ordens, dentre os quais falhas estruturais e ineficiência dos programas ali previstos.

Mas não se deve desconsiderar a hipótese de que uma determinada política de trabalho e emprego viesse a ferir interesses de um grupo específico de trabalhadores, unidos por uma relação jurídica básica comum. Assim, hipoteticamente, se uma lei viesse a revogar as normas vigentes sobre contratação obrigatória de portadores de deficiência pelas empresas com mais de cem funcionários, poderia se cogitar a lesão do direito ao trabalho desta coletividade no campo da relação de trabalho.

Devemos advertir que, neste último exemplo, as análises devem averiguar se os Poderes Públicos desenvolvem ou não programas de ação que visem de fato a concretização do direito ao trabalho, e não se ele tem ou não condições para garantir um posto de trabalho a todos os cidadãos. Perspectiva que torna a questão inteiramente de direito e não mais de fato. Feitas essas considerações passaremos a analisar os sujeitos ativos e passivos do direito ao trabalho no ordenamento jurídico brasileiro.

---

(52) Disponível em: <www.stf.gov.br> Acesso em: 17 fev. 2006.
(53) Disponível em: <www.stf.gov.br> Acesso em: 17 fev. 2006.
(54) Disponível em: <www.stf.gov.br> Acesso em: 17 fev. 2006.

5.3. Os sujeitos ativos e passivos do direito ao trabalho

Quando se trata de examinar os possíveis sujeitos ativos do direito ao trabalho no texto de 1988, inicialmente, há que se verificar se os beneficiários deste direito podem ser todos os trabalhadores ou somente os trabalhadores subordinados, segundo a restrita concepção traçada por parte dos ordenamentos jurídico-trabalhistas.

Nos tempos atuais, seria um contrassenso encarar o direito a trabalhar como um direito destinado tão somente àqueles que se vinculam a uma relação de trabalho subordinada. Vivemos uma fase de transição, com decisiva influência nos hábitos culturais, na economia e no Direito. Com o Direito do Trabalho, não é diferente. A reestruturação proposta se dá, inclusive, quanto aos seus paradigmas estruturais, passando não só a analisá-lo como um direito protetor do trabalho subordinado, mas também como um direito que promova e viabilize o trabalho humano[55].

No cenário brasileiro, este exame deve ultrapassar as fronteiras dos preceitos constitucionais que regulamentam o direito ao trabalho em nosso ordenamento, para se fixar no art. 114 da Constituição de 1988, que antes das recentes alterações trazidas pela Emenda Constitucional n. 45/2004 já indicava claramente a adoção da tese extensiva em nosso ordenamento jurídico.

Mas, ainda assim, no tocante à nova competência da Justiça do Trabalho brasileira, tem se discutido sobre a necessidade da diferenciação entre as relações de consumo e as de trabalho. As primeiras envolvem o consumidor e o fornecedor e se submetem às diretrizes do Código do Consumidor e, nesta medida, devem ser excluídas do âmbito da Justiça do Trabalho.

De qualquer forma, esta é uma questão que não atinge diretamente o problema da titularidade ativa do direito ao trabalho, pois, ainda, que se adote a segunda tese, os indivíduos que movem sua força de trabalho no campo delimitado pela relação de consumo não deixam de ser sujeitos ativos deste direito. E aqui talvez se concentre um dos argumentos mais fortes contra a primeira tese: "o trabalho não é uma mercadoria. O trabalhador sobrevive de seu trabalho, por este motivo ele não é um fornecedor."[56]

Nesta direção, há quem identifique uma fase de transição para um Direito do Trabalho mais abrangente, exercendo sua força atrativa, a acolher outras relações de trabalho em que está presente a necessidade de uma maior proteção para o estabelecimento da igualdade substancial[57]. Por isso mesmo, pode-se afirmar que os sujeitos ativos do direito ao trabalho no ordenamento jurídico brasileiro são todos os trabalhadores, e não apenas aqueles que se inserem no quadro desenhado pelo art. 3º da Consolidação das Leis do Trabalho, que exterioriza o conceito de empregado em nosso país.

---

(55) ALMEIDA, Renato Rua de. É possível um direito do trabalho para os micro, pequeno e médio empregadores? *Arquivos do Instituto Brasileiro de Direito Social Cesarino Júnior*, São Paulo, v. 29, p. 117-127, 2005, p. 119.

(56) ROMITA, Arion Sayão. FÓRUM INTERNACIONAL SOBRE PERSPECTIVAS DO DIREITO E DO PROCESSO DO TRABALHO. *Relações de Trabalho e Relações de Consumo*, Brasília, TST, 2 fev. 2006.

(57) CUNHA, Maria Inês M. S. Alves da. Relações de trabalho e direito civil. A nova competência da Justiça do Trabalho. *Arquivos do Instituto Brasileiro de Direito Social Cesarino Júnior*, São Paulo, vol. 29, p. 61-71, 2005.

Uma vez estabelecido que o âmbito subjetivo ativo do direito ao trabalho no Brasil está vinculado à tese extensiva, é preciso fazer uma advertência quanto as suas respectivas dimensões. No âmbito individual, em que o direito ao trabalho se submete ao campo delimitado pelo contrato de trabalho, os seus titulares são todos os trabalhadores, em quaisquer das modalidades de trabalho atualmente previstas. Sem se excluir a possibilidade de que também nesta vertente o direito ao trabalho possa envolver interesses transindividuais, o que obviamente os autoriza a agir coletivamente; nestes casos, há que se destacar o papel essencial dos sindicatos e associações civis como órgãos representativos das classes trabalhadoras.

Quanto ao âmbito coletivo, em que o direito ao trabalho aparece integrado ao campo das políticas de pleno emprego, especialmente as de geração de trabalho e emprego, também são considerados como sujeitos ativos todos os trabalhadores, mas em função desta dimensão envolver essencialmente interesses transindividuais, estes trabalhadores se concentram em uma coletividade, atendendo-se aos critérios de identificação de suas espécies.

Existe, ainda, uma outra discussão de grande relevância, na qual se procura averiguar se todos os indivíduos que trabalham em nosso país podem ser considerados sujeitos ativos do direito ao trabalho ou se somente os trabalhadores brasileiros. Isto significa inquirir acerca de uma possível limitação do exercício do direito ao trabalho em razão da nacionalidade ou, ainda, sobre a aplicação do princípio de prioridade do mercado nacional.

Inúmeros países preveem normas restritivas ao trabalhador estrangeiro ante o trabalhador nacional como tentativa de se proteger o direito ao trabalho destes últimos, pois já se constatou que "o movimento migratório representa um fenômeno irreversível das civilizações, restando ao direito apenas enquadrá-lo e equacionar-lhe as consequências"[58].

No direito brasileiro, as regras sobre nacionalidade sempre foram enunciadas pela própria Constituição, pois, por se tratar de um país receptor e exportador de mão de obra, nunca desconsiderou a questão do imigrante[59]. Mesmo assim estas diretrizes constitucionais não deixaram de ser regulamentadas por leis ordinárias e Resoluções Normativas do Conselho Nacional de Imigração[60].

Na Constituição de 1988, o *caput* do art. 5º inclui "os estrangeiros residentes no País" no campo de proteção dos direitos fundamentais. Uma interpretação literal deste artigo levaria à afirmação de que somente os estrangeiros residentes no País estariam

---

(58) CAHALI, Yussef Said. *Estatuto do estrangeiro.* São Paulo: Saraiva, 1983. p. 71.

(59) SALES, Teresa; SALLES, Maria do Rosário R. (Orgs.). *Políticas migratórias: América Latina, Brasil e brasileiros no exterior.* Disponível em: <http://www.scielo.br/scielo.php?script=sci_arttext&pid=S0104-71832003000100013> Acesso em: 29 set. 2005.

(60) Atualmente, está em vigor a Lei n. 6.815, de 19 de agosto de 1980, alterada pela Lei n. 6.964/81; Decreto n. 86.715/81, existindo, porém, um novo projeto sobre o Estatuto do Imigrante que, uma vez superada a fase de sugestões, será encaminhado ao Congresso Nacional para votação final.

protegidos pelos direitos fundamentais, contudo, há quem sustente que essa expressão contempla "todos os estrangeiros que estejam sob as leis brasileiras, sob o território nacional, sejam eles residentes ou não no Brasil"[61].

Como foi visto, os direitos fundamentais estão sujeitos a certas restrições, desde que não haja ofensa ao seu núcleo fundamental. Esta diretriz tem sido aplicada por diversos países quanto ao direito ao trabalho, tendo em vista os problemas gerados pela entrada de estrangeiros nos países que integram as chamadas "rotas de imigração", notadamente, a inserção descontrolada de mão de obra e a saturação do mercado de trabalho.

Diante disso, quando se trata de examinar a aplicação do princípio de prioridade do mercado nacional em nosso país, como forma de se proteger o direito ao trabalho dos brasileiros, há que se considerar conjuntamente o *caput* do art. 5º da Constituição de 1988 e as normas que regulamentam o trabalho do estrangeiro.

Assim, voltando à questão anteriormente levantada, se se pode sustentar a aplicação do princípio de prioridade do mercado nacional no Brasil como forma de se proteger o direito ao trabalho dos nacionais, entende-se que este direito, tanto em sua vertente individual como na coletiva, deve ser estendido tão somente aos estrangeiros que se encontrem legalmente no território e desde que atendidas às normas de proteção ao trabalhador nacional previstas no âmbito infraconstitucional interno, especialmente no art. 352 da Consolidação das Leis do Trabalho (CLT). Obviamente, inserem-se neste contexto os casos regulados por Tratados Internacionais que amparam a igualdade no acesso ao emprego.

O contínuo deslocamento de indivíduos, determinado por fatores sociais, religiosos, políticos e principalmente econômicos, exige uma disciplina jurídica adequada de composição dos limites entre a possibilidade de acesso do imigrantes e preservação dos interesses nacionais por parte dos países que os acolhem, daí por que dois princípios devem ser considerados na aplicação desta matéria: a admissão do *ius communicationis* e o direito do Estado de regulamentar a imigração no seu território[62].

Por fim, cabe apontar as procedentes observações de Joseph Chamie, diretor da divisão de população do Departamento de Assuntos Econômicos e Sociais das Nações Unidas (ONU): "enquanto durarem as desigualdades econômicas dos países, os fluxos de migração continuarão aumentando, apesar das políticas restritivas dos governos", que nos permite concluir que a migração descontrolada pode afetar concretamente o direito ao trabalho dos nacionais de um país. Daí o destaque que deve ser dado ao "Protocolo contra o tráfico por terra, mar e ar de imigrantes", elaborado pela ONU com entrada em vigor em 28 de janeiro de 2004[63].

---

(61) MAIA, Juliana (Org.). *Aulas de direito constitucional de Vicente Paulo*. 4. ed. Niterói: Impetus, 2005. p. 115.
(62) CAHALI, Yussef Said. *Estatuto do estrangeiro*. São Paulo: Saraiva, 1983. p. 71.
(63) PORTAL TERRA. *ONU diz que migração continuará apesar de política*. Disponível em: <http://noticias.terra.com.br/mundo/interna/0,,OI261614-EI318,00.html> Acesso em: 29 set. 2005.

Quando nos concentramos na análise dos sujeitos passivos do direito ao trabalho, também se verifica uma contraposição entre posturas reducionistas, que limitam o elenco de possíveis sujeitos passivos a um — o Estado, diante de posições ampliadoras, que defendem a inclusão de todos os órgãos estatais e também de sujeitos privados.

Na vertente coletiva do direito ao trabalho, que se circunscreve às relações entre o Estado e seus cidadãos, a Constituição de 1988 não demarcou com clareza os sujeitos passivos dos direitos fundamentais, como o fez a Constituição alemã (seguida pela Constituição Espanhola)[64]. Entretanto, a **vinculação direta** dos poderes públicos, Executivo, Legislativo e Judiciário, aos direitos fundamentais se dá em função do disposto no § 1º, do art. 5º, da Constituição Federal de 1988[65].

Visto que o direito ao trabalho foi elevado à categoria de fundamental no referido texto, ele impõe ao poder legislativo obrigações tanto de caráter negativo — não derrogar normas já existentes dirigidas a provocar ou facilitar ocasiões de trabalho sem substituí-las por outras similares — como positivo — orientar as intervenções prescritas na Constituição até o objetivo do máximo emprego[66].

No que se refere à Administração, no tocante ao direito ao trabalho, o exercício de sua autoridade regulamentar e executiva se orienta em favor da ocupação e, nesta medida, também se submete à obrigação de implementar políticas eficazes de criação de postos de trabalho.

E, por último, em relação ao poder judiciário, obrigaria a interpretar as normas segundo o sentido mais favorável para satisfazer a pretensão ao trabalho, ou seja, a dar prioridade ao interesse relativo à exigência do trabalho e a não aplicar as normas contrárias ao direito constitucional. Além disso, não pode se furtar à tutela judicial das políticas públicas.

Especificamente quanto ao ordenamento jurídico brasileiro, já se viu que (i) a Constituição Federal de 1988 prevê "uma série de outros direitos fundamentais (sociais, econômicos, dos trabalhadores etc.), cuja razão de ser se encontra muito mais nas relações entre particulares do que na relação Estado-indivíduo"; e (ii) ela tampouco possui qualquer dispositivo que vincule expressamente apenas os poderes estatais às normas de direitos fundamentais, como se passa nos textos constitucionais alemão e espanhol[67].

---

(64) Disponível em: <www.constitucion.es/otras_constituciones/> Acesso em: 24 jul. 2004.
(65) SILVA, Virgílio Afonso da. *Constitucionalização do direito*. Os direitos fundamentais nas relações entre particulares. São Paulo: Malheiros, 2005. p. 68-70.
(66) Um exemplo de legislação que teve como pano de fundo a criação de mais empregos foi a Lei do Município de São Paulo n. 13.498, a "Lei das Filas". O objetivo principal é controlar a demora do atendimento bancário em 15 minutos. A instituição infratora está sujeita à multa, que será dobrada em caso de reincidência. Mas, hipoteticamente, para o cumprimento deste tempo de atendimento, os bancos deverão contratar mais funcionários.
(67) SILVA, Virgílio Afonso da. *Constitucionalização do direito*. Os direitos fundamentais nas relações entre particulares. São Paulo: Malheiros, 2005. p. 140.

Já em sua vertente individual, o direito ao trabalho se estende sobre toda a relação de trabalho e, nesta medida, impõe obrigações aos particulares, notadamente a todos aqueles que contratam trabalhadores. Seus efeitos serão sentidos em grande medida, indiretamente, via legislação infraconstitucional, mas nada impede que na ausência ou ineficiência destas mediações legislativas ele seja aplicado diretamente com base nos preceitos constitucionais já analisados.

Assim, conclusivamente, pode-se afirmar que o direito ao trabalho é endereçado aos Poderes Públicos, seja ao legislador (quando necessita de concreção legislativa), seja ao administrador (para a implementação de políticas públicas de trabalho e emprego), seja aos juízes (quando apreciam as demandas que visam garantir a sua aplicação), bem como aos particulares, sobretudo no âmbito social-trabalhista.

6. O direito ao trabalho e a problemática de sua efetivação no ordenamento jurídico brasileiro

Como visto, segundo as diretrizes traçadas pelo nosso ordenamento jurídico, o direito ao trabalho apresenta uma dimensão individual e uma dimensão coletiva. Tais dimensões se conectam com os distintos campos de aplicação dos direitos fundamentais, ou seja, o das relações entre os particulares e o das relações entre o Estado e seus cidadãos. Diante disso, esta análise procura avaliar diferentes mecanismos de efetivação, que se ajustam às circunstâncias fáticas presentes em cada uma destas dimensões.

Na vertente individual do direito ao trabalho, há uma prevalência de mecanismos jurídicos, eis que ele se vincula ao contrato de trabalho. Já na dimensão coletiva, os mecanismos de efetivação se voltam para o campo das políticas públicas de trabalho e emprego, pois elas podem se mostrar eficientes instrumentos na busca da empregabilidade ou pleno emprego. Mas não se pode afastar a aplicação de mecanismos jurídicos nesta vertente, tendo em vista que a atuação dos poderes públicos não é livre e irrestrita, principalmente quando se trata da concretização de um direito fundamental.

6.1. *A efetivação do direito ao trabalho em suas dimensões individual e coletivo*

No tocante ao **campo individual direito ao trabalho,** as suas clássicas manifestações se vinculam ao contrato de trabalho subordinado e podem se dar em três momentos distintos da relação de emprego: momentos anteriores à formação do contrato, no seu desenvolvimento e na sua extinção.

Nos momentos prévios ou constitutivos da relação de emprego, uma questão amplamente debatida pela doutrina quanto à manifestação do direito ao trabalho diz respeito à reserva legal de postos de trabalho a grupos com maiores dificuldades de inserção no mercado, seja por deficiências físicas ou outros motivos. O que, de fato, corresponde a uma obrigação de contratar[68].

---

(68) MARTÍN, Antonio Valverde. Pleno empleo, derecho al trabajo, deber de trabajar en la Constitución española de 1978, en AA.VV. *Derecho del trabajo y de la seguridad social en la Constitución.* Madrid: CEC, 1980. p. 201.

As admissões obrigatórias auxiliam aos referidos grupos de trabalhadores, na medida em que lhes restituem a posição de igualdade (material) em relação aos demais demandantes[69]. Um dos exemplos mais claros do que se está discutindo é a figura da reserva de postos de trabalho a pessoas portadoras de deficiência e a Convenção n. 159 da Organização Internacional do Trabalho (complementada pela Recomendação n. 168), em consonância com esta diretriz, destaca a necessidade de se assegurar "a igualdade de oportunidade e tratamento a todas as categorias de pessoas deficientes no que se refere a emprego e integração na comunidade" (art. 4º)[70].

No direito brasileiro, existem medidas concretas que procuram garantir a inserção de pessoas portadoras de deficiência no mercado de trabalho por meio da admissão obrigatória. Trata-se de uma ação afirmativa (positivamente discriminatória) protetora do direito ao trabalho desta coletividade[71].

Os fundamentos constitucionais destas ações advêm de uma interpretação sistemática do texto de 1988[72]. O art. 5º, *caput*, conjugado com os arts. 6º e 7º, inciso XXXI, determinam que "todos são iguais perante a lei, sem distinção de qualquer natureza, garantindo-se aos brasileiros e aos estrangeiros residentes no País a inviolabilidade do direito à (...) à igualdade". O trabalho é um direito social, sendo proibida "qualquer discriminação no tocante a salário e critérios de admissão do trabalhador portador de deficiência". Devem-se destacar ainda os arts. 3º, inciso IV e 37, inciso VIII, da Constituição Federal de 1988 e a legislação infraconstitucional[73].

Verifica-se, portanto, que a legislação brasileira protege o direito ao trabalho desta coletividade, vinculando tanto o setor público como o privado às admissões obrigatórias dos portadores de deficiência por meio de cotas. Mesmo assim, há quem destaque que "a inclusão social das pessoas portadoras de deficiência, através do trabalho, é uma tarefa complexa". Ela abrange a educação, a qualificação, a eliminação de barreiras arquitetônicas e a adequação do meio ambiente de trabalho, que em princípio não estão contemplados neste sistema. Por esta razão, a adoção de uma política isolada de cotas é insuficiente para garantir o exercício deste direito[74].

Outra manifestação do direito ao trabalho nos momentos prévios ou constitutivos da relação de emprego diz respeito ao processo admissional e o princípio da não

---

(69) SASTRE, Rafael Ibarreche. *El derecho al trabajo*. Madrid: Trota, 1996. p. 169-170 e 175.

(70) *Ibidem*, p. 365-369.

(71) MELO, Sandro Nahmias. *O direito ao trabalho da pessoa portadora de deficiência no Brasil e o princípio constitucional da igualdade (Ação afirmativa)*. Tese (Doutorado em Direito) – Pontifícia Universidade Católica de São Paulo, São Paulo, 2002. p. 87-96 e 224.

(72) ALVES, Rubens Valtecides. *Novas dimensões da proteção ao trabalhador*: o "deficiente físico". Dissertação (Mestrado em Direito das Relações Sociais, subárea de Direito do Trabalho) – Pontifícia Universidade Católica de São Paulo, São Paulo, 1991, p. 229.

(73) No âmbito infraconstitucional, faz-se referência às Leis ns. 7.853 de 1989 e 8.213 de 1991, art. 93 e ao Decreto n. 3.298 de 1999.

(74) MELO, Sandro Nahmias. *O direito ao trabalho da pessoa portadora de deficiência no Brasil e o princípio constitucional da igualdade (Ação afirmativa)*. Tese (Doutorado em Direito) – Pontifícia Universidade Católica de São Paulo, São Paulo, 2002, p. 225.

discriminação. Como destaca Rubens Valtecides, "no tocante à admissão, impera a subjetividade de critérios ditados por quem oferece o trabalho, tornando quase que impossível a legislação trabalhista prever seus casuísmos, ou seja, a quebra das 'condições de igualdade' nas oportunidades de emprego"[75].

Sob tal perspectiva, Martín Valverde lembra que as chamadas listas negras ou similares constituem uma forma corrente de discriminação e, consequentemente, uma ofensa ao direito ao trabalho nos momentos prévios ou constitutivos à relação de emprego (que obviamente se estende a qualquer outra modalidade de trabalho)[76]. No cenário brasileiro, um exemplo que se enquadra nesse contexto consiste na negativa de contratação de pessoas que têm o nome inscrito no SERASA e outros serviços vinculados à proteção de crédito. Mesmo assim, estas ações são de difícil comprovação pelo trabalhador, pois, na maioria das vezes, ocultam-se sob o critério subjetivo de escolha do empregador.

Nesta hipótese, ainda que a Constituição, em seu art. 7º, inciso XXX, e a legislação infraconstitucional[77] não tenham inserido como um dos motivos de discriminação na admissão do emprego, o "econômico-financeiro", é forçoso considerar que a não contratação de empregados que tenham o nome nos serviços vinculados à proteção de crédito é utilizada corriqueiramente e que se trata de um ato discriminatório e limitativo para efeito de ingresso na relação de emprego.

Nesta medida, a solução para tal questionamento adentra ao campo das colisões de direitos fundamentais, notoriamente entre a liberdade de empresa, o direito ao trabalho e o princípio da não discriminação no emprego. Como já se destacou, a decisão de tal litígio deve se dar prioritariamente via mediação legislativa, mas, na sua ausência ou quando esta se mostre ineficaz, tais princípios devem ser aplicados diretamente segundo as circunstâncias fáticas e juridicamente previstas em cada caso concreto. Respeitando-se, também, o núcleo essencial dos mesmos. Diante disso, pode-se concluir que o princípio da igualdade real (não discriminação no emprego) e o direito ao trabalho podem impor um tratamento diferenciado ao empregado nos momentos prévios ou constitutivos à relação de emprego.

Cuidaremos a seguir de algumas manifestações do direito ao trabalho no decorrer da relação contratual, cuja manifestação mais destacada se traduz no direito à ocupação efetiva do trabalhador, que o autoriza "a exigir que lhe exijam, valha a redundância, a execução dos serviços contratados"[78]. Está se falando do dever do empregador de assegurar que a prestação dos serviços seja efetiva, não bastando o mero pagamento

---

(75) ALVES, Rubens Valtecides. *Novas dimensões da proteção ao trabalhador:* o "deficiente físico". Dissertação (Mestrado em Direito das Relações Sociais, subárea de Direito do Trabalho) — Pontifícia Universidade Católica de São Paulo, São Paulo, 1991, p. 235.

(76) MARTÍN, Antonio Valverde. Pleno empleo, derecho al trabajo, deber de trabajar en la Constitución española de 1978. En: AA.VV. *Derecho del trabajo y de la seguridad social en la Constitución.* Madrid: CEC, 1980. p. 202-203.

(77) Ver as Leis ns. 7. 716, de 5.1.1989 e 9.029, de 13.4.1995.

(78) SASTRE, Rafael Ibarreche. *El derecho al trabajo.* Madrid: Trota, 1996. p. 183.

salarial para o cumprimento de sua obrigação contratual. Além disto, o empregador deve proporcionar uma "ocupação adequada" às qualificações do trabalhador, ou seja, que não lhe acarrete prejuízos econômicos e profissionais. Assim, como o trabalho é o principal meio de inserção social e de realização pessoal e material do indivíduo, a fundamentação teórica desta obrigação do empregador aparece vinculada ao direito ao trabalho e à dignidade do trabalhador[79].

Nessa direção, a jurisprudência vem coibindo as práticas unilaterais e discriminatórias do empregador que atentam contra a referida obrigação. O Tribunal Superior do Trabalho (TST) confirmou a decisão proferida em Acórdão Regional, condenando a Reclamada ao pagamento de indenização por dano moral, por reputar caracterizada **lesão aos atributos valorativos** do Reclamante, **consubstanciada na negativa de seu direito de prestar trabalho** após a determinação judicial de reintegração no emprego, existindo nexo causal entre a conduta ilícita patronal e a humilhação sofrida pela vítima (arts. 1º, III e IV, e 5º, X, da CF/88)[80].

É importante esclarecer que o descumprimento pelo empregador da obrigação de dar trabalho, em muitos casos, tem conexão com determinações judiciais de reintegração no emprego e, consequentemente, com o direito ao trabalho. O Tribunal Regional do Trabalho da 2ª Região manifestou-se nesse sentido: "Direito ao Trabalho. Mesmo que com fundamento na afirmativa de incompatibilidade gerada em decorrência do exercício das funções de dirigente sindical, o empregador não pode impedir o empregado de trabalhar por falta de amparo legal"[81].

Esta vinculação permite concluir que, em alguns casos concretos, o direito ao trabalho pode se manifestar em dois momentos distintos da relação individual de trabalho, como, por exemplo, na extinção do contrato, em eventual imposição da obrigação de reintegrar trabalhador estável e, após a reintegração, no desenvolvimento da relação contratual, caso haja descumprimento da obrigação de dar trabalho e de possibilitar a execução normal da prestação de serviços.

Agora cuidaremos de algumas manifestações do direito ao trabalho nos momentos extintivos da relação de emprego. Certamente, dentre as diversas formas de extinção do contrato de trabalho subordinado a de maior complexidade é aquela que se dá por iniciativa do empregador. Neste ponto, também se constata um choque entre o princípio de liberdade de empresa (que, por sua vez, envolve a "teoria do direito potestativo do empresário para dispensar seus empregados") e o direito ao trabalho como uma possibilidade concreta de se reagir a possíveis arbitrariedades do empregador[82].

---

(79) ALVAREZ, Manuel Alcolea. Los derechos individuales en el estatuto de los trabajadores. En: A.A.V.V., *El desarrollo de la Constitución de 1978*. Zaragoza: Libros Pórtico, 1982. p. 85.

(80) Número único Proc.: AIRR – 1495/2001-008-17-40/Publicação: DJ – 17.2.2006. Proc. n. TST-AIRR-1495/2001-008-17-40.6. Disponível em: <http://www.tst.gov.br> Acesso em: 21 mar. 2006.

(81) Acórdão n.: 02910024231 - Processo n.: 02890161859 – Data de publicação: 7.3.1991 – Turma: 8ª.

(82) MARTÍN, Antonio Valverde. Pleno empleo, derecho al trabajo, deber de trabajar en la Constitución española de 1978. En: AA.VV. *Derecho del trabajo y de la seguridad social en la Constitución*. Madrid: CEC, 1980. p. 202.

Diante disso, grande parte dos estudos sobre o direito ao trabalho destaca a sua correlação com o direito à garantia no emprego, uma vez que a perda do posto de trabalho pode impedir a realização efetiva daquele. Para Juan Rivero Lamas, "tratar das 'técnicas modernas de garantia do emprego' é o mesmo que se referir à instrumentalização jurídica, na presente conjuntura histórica, do 'direito ao trabalho'", como um bem jurídico protegido no plano constitucional[83].

É preciso lembrar que "a proteção do direito ao trabalho, aliada à teoria institucional da empresa, preconizando a integração do trabalhador, resultou, já no século XX, na ideia da *estabilidade no emprego*"[84]. Contudo, após o término da Segunda Guerra Mundial, "abandonou-se a concepção estática da estabilidade no emprego e foi adotada uma concepção dinâmica, traduzida pela ideia da garantia do emprego, que assegura ao trabalhador uma certa proteção no emprego por ele ocupado. Mas, não sendo possível mantê-lo no mesmo emprego, por algum motivo justificável (não mais apenas a falta disciplinar, mas também outros motivos, como os econômicos e tecnológicos), permite-lhe a continuidade do emprego em outra empresa"[85].

Nesta medida, os doutrinadores advertem que os termos "garantia de emprego" e "estabilidade" não são sinônimos. O primeiro envolve uma noção muito mais ampla do que o segundo. Amauri Mascaro Nascimento anota que "garantia de emprego quer dizer também direito de obter emprego e direito de conservá-lo. Seu princípio maior é o direito ao trabalho, de nível constitucional"[86].

A complexidade da matéria se acentua quando se constata que nos dias de hoje a adoção de um sistema rígido de extinção do contrato de trabalho por iniciativa do empregador pode ferir diretamente o direito ao trabalho daqueles que não possuem um emprego[87]. A Organização Internacional do Trabalho (OIT) tem realizado inúmeros esforços no sentido de que os países alcancem lugares comuns entre os dois extremos da extinção do contrato de trabalho por iniciativa do empregador: direito potestativo do empregador para dispensar seus empregados *versus* direito do trabalhador a obter e a conservar um posto de trabalho.

Uma das normativas mais importantes da OIT sobre este tema é a Convenção n. 158, cuja ideia central é a de que "um trabalhador não deverá ser despedido sem que exista um motivo válido ligado à aptidão ou conduta do trabalhador, ou fundado nas necessidades de funcionamento da empresa, do estabelecimento, ou do serviço"[88]. Verifica-se, portanto,

---

(83) RIVERO, Juan Lamas. Técnicas modernas de garantía del empleo. *Revista Española de Derecho del Trabajo*, Madrid, v. 33, p. 25-35, ene./mar. 1988, p. 25.

(84) ALMEIDA, Renato Rua de. A estabilidade no emprego num sistema de economia de mercado. *Revista LTr*, São Paulo, v. 63, n. 12, p. 1.600-1.604, dez. 1999, p. 1.600.

(85) *Ibidem*, p. 1.601.

(86) NASCIMENTO, Amauri Mascaro. *Direito do trabalho na Constituição de 1988*. São Paulo: Saraiva, 1989. p. 47-49.

(87) RIVERO, Juan Lamas. Técnicas modernas de garantía del empleo. *Revista Española de Derecho del Trabajo*, Madrid, v. 33, p. 27-35, ene./mar. 1988, p. 28.

(88) Disponível em: <www.ilo.org> Acesso em: 1º fev. 2006.

que neste instrumento normativo "a garantia do emprego tem duas características complementares: uma relativa garantia do trabalhador no emprego ocupado e, em caso de perda do emprego por algum motivo justificável, a continuidade do emprego em outra empresa"[89].

No que se refere à proteção do empregado contra a dispensa sem motivo justo, o Direito do Trabalho vem adotando uma distinção muito importante entre dispensa individual e dispensa coletiva, imprimindo um tratamento diferenciado para cada uma delas[90]. Esta dicotomia é reconhecida no cenário internacional, sobretudo na citada Convenção n. 158. No tocante às despedidas individuais, apontam-se técnicas jurídicas de controle *a priori*, que dificultem ou impeçam a dispensa sem justo motivo", como outras técnicas de controle *a posteriori*, que consistem no exame da decisão do empregador por um organismo judicial ou extrajudicial[91]. Mas é a dispensa coletiva que traz maiores repercussões de ordem socioeconômica nos mercados de trabalho, principalmente quando envolve um número significativo de empregados.

No direito brasileiro, quando se trata de analisar a proteção do empregado contra a dispensa sem motivo justo, é necessário nos concentrarmos nas determinações contidas nos arts. 7º, incisos I e III e 10 do Ato das Disposições Transitórias — ADCT.

O inciso I faz menção à proteção contra a despedida arbitrária ou sem justa causa, que deverá ser regulamentada por lei complementar que preverá indenização compensatória, dentre outros direitos. E o inciso III do art. 7º juntamente com o art. 10 do ADCT afirmam a natureza pecuniária da proteção contra a despedida arbitrária ou sem justa causa. Por sua vez, a nova Lei do FGTS — Lei n. 8.036, de 11 de maio de 1990, incorporou tal diretriz e equiparou os efeitos da dispensa arbitrária a a dispensa sem justa causa, que se traduz no pagamento da referida multa.

Ainda assim, o inciso II do art. 10 do ADCT, enumera duas hipóteses de estabilidade provisória, quais sejam: do "empregado eleito para o cargo de direção de comissões internas de prevenção de acidentes, desde o registro de sua candidatura até um ano após o final de seu mandato" (letra *"a"*) e da "empregada gestante, desde a confirmação da gravidez até cinco meses após o parto" (letra *"b"*). Além disso, o art. 8º, inciso VIII da Constituição de 1988, veda a dispensa do empregado sindicalizado a partir do registro de sua candidatura a cargo de direção ou representação sindical, inclusive como suplente; e, se eleito, até um ano após o término de seu mandato, salvo hipótese de falta grave.

Quanto à estabilidade acidentária, prevista em legislação infraconstitucional no art. 118 da Lei n. 8.213/91, a jurisprudência do Tribunal Regional do Trabalho da 3ª Região aponta claramente a conexão entre direito ao trabalho e estabilidade no emprego ao esclarecer que "esta figura legal se define como o direito de o trabalhador permanecer no

---

(89) ALMEIDA, Renato Rua de. A estabilidade no emprego num sistema de economia de mercado. *Revista LTr*, São Paulo, v. 63, n. 12, p. 1.600-1.604, dez. 1999, p. 1.601-1.602.

(90) *Ibidem*, p. 1.602.

(91) *Ibidem*, p. 1.601-1.602.

emprego, mesmo contra a vontade do empregador. Vale dizer, é o **direito ao trabalho** e à consequente inclusão e permanência do empregado acidentado no mercado, garantia essencial prevista pelo legislador em face da onda de desemprego, a cada dia maior, que assola o país. Exatamente por se tratar de uma garantia do posto de trabalho e do exercício da atividade profissional desenvolvida perante um determinado empregador, não se justifica a indenização substitutiva quando não obstaculizada a permanência ou continuidade do vínculo"[92].

No tocante ao regime de proteção da relação de emprego contra despedida arbitrária ou sem justa causa previsto na Constituição Federal, há quem destaque, ainda, como corolário desta proteção, o aviso prévio proporcional ao tempo de serviço de no mínimo trinta dias[93]. Nesta medida, a jurisprudência tem indicado também que o direito ao trabalho pode ser ferido quando o empregador nega ao empregado o direito de cumprimento ao aviso prévio[94].

Outra conjuntura em que se faz sentir a irradiação do direito ao trabalho nos momentos extintivos da relação de emprego diz respeito à dispensa discriminatória por doença do empregado. Novamente a jurisprudência do TRT da 3ª Região apontou claramente tal conexão ao decidir que "se o empregado é dispensado sob a alegação de que, em tendo sido portador de câncer, a doença poderá retornar, verifica-se a insatisfação da empresa com a deficiência da saúde do trabalhador, a ponto de cortá-lo de seus quadros funcionais, o que significa diminuir- lhe ou vedar-lhe o **direito ao trabalho**, em face do preconceito exteriorizado. O dano moral, na espécie, é flagrante e independe de prova, já que implícita no ato do empregador a afronta à sensibilidade moral do laborista"[95].

Por fim, cabe uma última observação quanto à proteção do empregado nos casos de despedida coletiva em nosso ordenamento. Como se viu, este tipo de dispensa, em função dos graves reflexos socioeconômicos que produz, deve se sujeitar ao cumprimento de rigorosos trâmites formais; contudo, no Brasil, o tema não é objeto de regulamentação sistemática e eficaz[96].

A solução para tal questionamento adentra ao campo das colisões de direitos fundamentais, notoriamente entre a liberdade de empresa e o direito ao trabalho, pois, como já se destacou, a decisão de tal litígio deve se dar prioritariamente via mediação

---

(92) Processo: 01117-2004-001-03-00-2 RO – Data de Publicação: 4.2.2005 – Órgão Julgador: Segunda Turma – Juiz Relator: Fernando Antonio Viegas Peixoto – Juiz Revisor: Hegel de Brito Bóson.

(93) ALMEIDA, Renato Rua de. *Proteção contra a despedida arbitrária*. Aviso-prévio proporcional ao tempo de serviço, p. 1.201.

(94) Recurso Ordinário – Data de julgamento: 19.9.1995 – Acórdão n.: 02950448709 – Processo n.: 02940100696 – Ano: 1994 – Data de publicação: 18.10.1995 – Turma: 6ª.

(95) TRT 3ª Região – Processo: 00114-2002-055-03-00-1 RO – Data de Publicação: 9.11.2002 – Local de Publicação: DJMG – Órgão Julgador: Oitava Turma – Juíza Relatora: Denise Alves Horta – Juiz Revisor: José Miguel de Campos.

(96) ALMEIDA, Renato Rua de. Proteção contra a despedida arbitrária. Aviso-prévio proporcional ao tempo de serviço. *Revista LTr*, São Paulo, v. 56, n. 10, p. 1.199-1.202, out. 1992, p. 1.603.

legislativa, mas, na sua ausência, ou quando esta se mostre ineficaz, tais princípios devem ser aplicados diretamente segundo as circunstâncias fáticas e juridicamente previstas em cada caso concreto.

Mas é preciso lembrar que, "ao contrário do que ocorre com a atividade legislativa diretamente vinculada à constituição, é na atividade judiciária, especialmente na aplicação, na interpretação e no controle dos atos entre particulares que envolvam direitos fundamentais, que todas as dificuldades e peculiaridades da constitucionalização do direito se revelam com clareza e profundidade"[97].

Verifica-se, portanto, que no ordenamento jurídico brasileiro as manifestações do direito ao trabalho nos momentos extintivos da relação de trabalho subordinada vão além das fronteiras da estabilidade no emprego, centrando na ampla ideia de garantia de emprego, que procura imprimir uma proteção de natureza pecuniária ao trabalhador contra a despedida arbitrária ou sem justa causa e, ao mesmo tempo, promover a continuidade do emprego por meio de medidas que se enquadram no campo das políticas públicas de trabalho e emprego.

Entretanto, estas últimas manifestações dizem respeito à **dimensão coletiva do direito ao trabalho** e a sua efetivação, que nos impõe e estudo da conexão do direito ao trabalho com as políticas públicas, principalmente com as políticas de trabalho e emprego (em suas formas passiva e ativa). O poder público conta com distintas formas de intervenções nos níveis de emprego, que se materializam nas chamadas políticas de emprego passivas e ativas[98]. As políticas passivas de emprego "consideram o nível de emprego (ou desemprego) como dado, e o seu objetivo é assistir financeiramente ao trabalhador desempregado ou reduzir o 'excesso de oferta de trabalho'"[99]. Na execução dessas políticas, são utilizados instrumentos como o seguro-desemprego, o adiantamento da aposentadoria e a expulsão de população (imigrantes ilegais)[100].

Diferentemente, as políticas ativas "visam exercer um efeito positivo sobre a demanda de trabalho" e "os instrumentos clássicos desse tipo de políticas são: a criação de empregos públicos, a formação e reciclagem profissional, a intermediação de mão de obra, a subvenção ao emprego e, em geral, as medidas que elevem a elasticidade emprego--produtivo". Quanto a estas últimas, a mais popular é o apoio à micro e pequena empresa[101].

No tocante às políticas passivas de emprego, historicamente, o seguro-desemprego foi considerado o instrumento mais importante. Justamente em função do não cumprimento do Estado de sua obrigação de proporcionar trabalho aos cidadãos, discute-se

---

(97) SILVA, Virgílio Afonso da. *Constitucionalização do direito*. Os direitos fundamentais nas relações entre particulares. São Paulo: Malheiros, 2005. p. 44.
(98) AZEREDO, Beatriz; RAMOS, Carlos A. Políticas públicas de emprego: experiências e desafios. *PPP – Planejamento e Políticas Públicas*, Brasília, p. 91-116, v. 12, p. 92, jun./dez. 1995, p. 94.
(99) Idem.
(100) Idem.
(101) Ibidem, p. 95.

sobre a configuração da proteção por desemprego como um direito substitutivo ao direito ao trabalho[102].

Sob esta ótica, Philippe Texier, membro do Comitê de Direitos Econômicos, Sociais e Culturais das Nações Unidas, defende a aplicação pelos Estados de "distintas medidas complementares para se conseguir a realização do direito ao trabalho, em especial a formulação de políticas de formação, acesso ao emprego, luta contra o desemprego, indenização por desemprego, tal como tem elaborado e recomendado a OIT, ou a adoção de instrumentos jurídicos específicos"[103]. Em sentido contrário, no marco do ordenamento jurídico espanhol, Rafael Sastre Ibarreche nega a possibilidade dessa substituição, afirmando que se trata de questões distintas. Não é possível configurar a proteção por desemprego com um substitutivo do direito ao trabalho, ou melhor, como uma eventual compensação por parte do Estado advinda do não cumprimento de sua obrigação de proporcionar trabalho aos cidadãos. A própria sistemática da Constituição (CE), que reserva um espaço concreto à situação de desemprego no art. 41, contribui para a referida separação[104].

No contexto das chamadas "medidas passivas" ou "assistenciais" do Estado e da sua vinculação com o direito ao trabalho, ainda se discute sobre a obrigação do Estado de prover uma renda mínima ao cidadão que se encontra em situação de desamparo, seja pela impossibilidade física ou psíquica para exercício do trabalho, seja pela impossibilidade do Estado de fornecer ou gerar postos de trabalho a quem necessite (materializar o pleno emprego).

Nesta análise, há que se considerar duas variáveis importantes. A primeira é que o objeto do direito ao trabalho é o *trabalho*, e a segunda é que o pagamento de parcelas de seguro-desemprego (ou de rendas mínimas) se insere nos quadros das políticas passivas de emprego adotadas pelo Estado e, nesta medida, conecta-se à dimensão coletiva do direito ao trabalho.

No tocante às políticas ativas de emprego, é preciso considerar também que a chamada era tecnológica gera a necessidade de uma mão de obra cada vez mais qualificada, chegando, até mesmo, à exigência de que um único trabalhador concentre o exercício de diversas funções. A Organização Internacional do Trabalho há tempos vem destacando que a formação e a educação são cruciais para assegurar um desenvolvimento econômico e social sustentável. Nesta medida, investir em qualificação significa promover a empregabilidade da força de trabalho de um país, pois contribui para a melhoria da produtividade e da competitividade e aos objetivos sociais de equidade e inclusão.

---

(102) SASTRE, Rafael Ibarreche. *El derecho al trabajo*. Madrid: Trota, 1996. p. 144.

(103) TEXIER, Philippe. *Observación general sobre el derecho al trabajo (artículo 6) del Pacto Internacional de Derechos Económicos, Sociales y Culturales*. Disponível em: <www.unhchr.ch/tbs/doc.nsf/0/a9693e0f2ad 718b4c1256ddb004f7750/$FILE/G0343883.doc> Acesso em: 23 maio 2005, p. 4.

(104) SASTRE, Rafael Ibarreche. *El derecho al trabajo*. Madrid: Trota, 1996. p. 144.

No panorama internacional, uma alternativa largamente utilizada contra o desemprego foi a criação dos chamados Sistemas Públicos de Emprego, que combinaram medidas de política passiva (que se fundamentam essencialmente na assistência financeira ao desempregado) com instrumentos de política ativa (que consistem na intermediação, formação e reciclagem profissional)[105].

No Brasil, pode-se afirmar que o conceito de política social é relativamente recente e, consequentemente, o caráter e a dimensão que a problemática das políticas públicas de emprego assumem atualmente no Brasil são inéditos[106]. Durante décadas acreditou-se que a melhoria das condições de vida da população e do perfil de distribuição de renda seria uma consequência direta e inevitável do crescimento econômico[107].

Foi justamente com a primeira grande recessão da economia brasileira, sofrida na década de oitenta (1981-1983) e nos anos seguintes, com o acentuado crescimento das taxas de desemprego urbano, que se iniciou um intenso debate sobre o papel governamental na formulação e execução de políticas sociais, dentre elas, as políticas públicas dirigidas ao mercado de trabalho[108].

Há quem aponte que o aumento da vulnerabilidade externa do país, o insuficiente crescimento econômico e do mercado de trabalho, o aumento do desemprego e da precarização dos empregos, bem como da informalidade, são reflexos do preço social que se está pagando pela estabilização monetária[109]. Esta análise permite concluir que no Brasil "as políticas sociais continuam subjugadas às diretrizes e políticas macroeconômicas"[110]. Mesmo assim, ainda que se leve em consideração apenas o segmento de emprego e renda, não se pode negar que o volume de recursos destinados a programas sociais aumentou expressivamente desde 1995[111]. Com a aprovação da Lei n. 7.998, de 11 de janeiro de 1990, que criou o FAT, verifica-se uma destinação expressiva de recursos ao programa do seguro-desemprego e, a partir de 1995, aos programas de geração de emprego e renda e formação profissional.

Decorridos mais de quinze anos da criação do fundo (1985-1986), verificou-se que o patrimônio individual acumulado pelo assalariado (independentemente de seu

---

(105) AZEREDO Beatriz; RAMOS, Carlos A. Políticas públicas de emprego: experiências e desafios. *PPP — Planejamento e Políticas Públicas*, Brasília, p. 91-116, v. 12, p. 92, jun./dez. 1995, p. 95 .

(106) ARAÚJO, Tarcisio Patrício de; LIMA, Roberto Alves de. Avanços e impasses da política de emprego no Brasil: discussão com foco no Proger e no Planfor. In: ARAÚJO, Tarcisio Patrício de; LIMA, Roberto Alves de (Orgs.). *Ensaios sobre mercado de trabalho e políticas de emprego*. Recife: Universitária da UFPE, 2001. p. 382.

(107) AZEREDO Beatriz; RAMOS, Carlos A. Políticas públicas de emprego: experiências e desafios. *PPP — Planejamento e Políticas Públicas*, Brasília, p. 91-116, v. 12, p. 92, jun./dez. 1995, p. 45.

(108) ARAÚJO, Tarcisio Patrício de; LIMA, Roberto Alves de. Avanços e impasses da política de emprego no Brasil: discussão com foco no Proger e no Planfor. In: ARAÚJO, Tarcisio Patrício de; LIMA, Roberto Alves de (Orgs.). *Ensaios sobre mercado de trabalho e políticas de emprego*. Recife: Universitária da UFPE, 2001. p. 382.

(109) *Ibidem*, p. 383.

(110) *Idem*.

(111) *Ibidem*, p. 383-384.

nível de renda) era insignificante, e que único benefício significativo se concentrava no abono salarial (um salário mínimo), pago anualmente aos trabalhadores que recebiam até cinco salários mínimos[112].

Com a promulgação da Constituição Federal de 1988, no art. 239, a arrecadação do Fundo PIS-PASEP foi vinculada ao custeio do seguro-desemprego e do abono salarial (pago aos empregados que recebem em média até dois salários mínimos de remuneração mensal), bem como ao financiamento de programas de desenvolvimento econômico por intermédio do BNDES.

Com o art. 239 da Constituição Federal de 1988, deixou a regulamentação do programa do seguro-desemprego e do abono salarial a critério do legislador ordinário, que traçou suas diretrizes iniciais e instituiu o Fundo de Amparo ao Trabalhador (FAT) e o Conselho Deliberativo do Fundo de Amparo ao Trabalhador (CODEFAT) na Lei n. 7.998, de 11 de janeiro de 1990, trazendo, portanto, importantes inovações à forma de financiamento do sistema.

O FAT é um fundo especial, de natureza contábil-financeira, vinculado ao MTE, destinado ao custeio do Programa do Seguro-Desemprego, do Abono Salarial e ao financiamento de Programas de Desenvolvimento Econômico. Como visto, sua principal fonte de recursos advém das contribuições para o Programa de Integração Social — PIS e para o Programa de Formação do Patrimônio do Servidor Público — PASEP. É administrado pelo Conselho Deliberativo do Fundo de Amparo ao Trabalhador — CODEFAT, órgão colegiado, de caráter tripartite e paritário, composto por representantes dos trabalhadores, dos empregadores e do governo[113].

Dentre as suas funções mais importantes estão inseridas: (*i*) a elaboração de diretrizes dos programas a serem financiados pelo FAT e a alocação dos recursos; (*ii*) o acompanhamento e avaliação de seu impacto social; (*iii*) a proposição e o aperfeiçoamento da legislação referente às políticas públicas de emprego e renda; e (*iv*) a fiscalização da administração do FAT[114].

Também por determinação do art. 239 da Constituição de 1988, pelo menos 40% dos recursos do FAT são destinados ao financiamento de programas de desenvolvimento econômico por intermédio do BNDES, e a parcela restante destina-se ao custeio do programa de seguro-desemprego e de abono salarial.

Atualmente, conforme as diretrizes da Lei n. 8.352/91, os recursos do FAT destinados constitucionalmente ao BNDS (também denominados recursos ordinários) ultrapassam o mínimo de 40% e são complementados pelos depósitos especiais provenientes dos rendimentos financeiros das aplicações deste fundo[115]. Periodicamente,

---

(112) AZEREDO Beatriz; RAMOS, Carlos A. Políticas públicas de emprego: experiências e desafios. *PPP – Planejamento e Políticas Públicas*, Brasília, p. 91-116, v. 12, p. 92, jun./dez. 1995, p. 105.
(113) Idem.
(114) Idem.
(115) Disponível em: <http://www.bndes.gov.br/empresa/fundos/fat/default.asp> Acesso em: 3 jul. 2005.

o BNDES presta contas sobre as transferências dos recursos ordinários do FAT e dos depósitos especiais à Secretaria Executiva do Conselho Deliberativo do Fundo de Amparo ao Trabalhador (CODEFAT), mediante relatórios gerenciais[116]. De todas as formas, é preciso esclarecer que, em decorrência das transferências para o Fundo de Estabilização Fiscal (FEF), o fluxo de recursos do FAT não apresenta o equilíbrio de antes, mas pode-se considerar que este ainda possui um considerável excedente em seu fluxo de caixa[117].

Segundo informações do BNDES, as principais ações de emprego financiadas com recursos do FAT estão estruturadas em torno de dois programas: (*i*) o **Programa do Seguro-Desemprego** que abrange as ações de pagamento do benefício do seguro--desemprego, de qualificação e requalificação profissional e de orientação e intermediação do emprego; e (*ii*) os **Programas de Geração de Emprego e Renda** (com a execução de programas de fortalecimento de micro e pequenos empreendimentos), cujos recursos são alocados por meio dos depósitos especiais, criados pela Lei n. 8.352, de 28 de dezembro de 1991[118].

Por meio destes programas, buscou-se estruturar um sistema de políticas públicas de trabalho e emprego. Isto demonstra (por mais deficiente que possa ser) que o Brasil vem procurando maximizar as oportunidades de empregos e democratizar as possibilidades de acesso a essas vagas, pela combinação de instrumentos de políticas ativas e passivas[119].

Nessa medida, o Estado brasileiro vem adotando como forma passiva de política pública de emprego por excelência o pagamento de parcelas de seguro-desemprego, que "objetivam assistir financeiramente o trabalhador desempregado". Entretanto, há que se considerar uma falha importante desse sistema, que consiste em não vincular o recebimento deste benefício à postura ativa do trabalhador em conseguir um novo posto de trabalho e à aceitação de uma colocação que se ajuste às suas qualificações, por intermédio de sistemas públicos de emprego e assinatura de termo de compromisso de atividade.

No tocante aos principais instrumentos de política ativa adotados no Brasil, pode-se citar os **Programas de Geração de Emprego e Renda** e os **Programas de Qualificação Profissional**. E quanto aos primeiros, vale destacar que o elevado número desses programas via crédito demonstra a magnitude de recursos do FAT destinados a seus financiamentos, sem quaisquer mecanismos de controle objetivo de seus resultados. Sem falar que, "neste contexto, é muito forte a hipótese de intermediação política na destinação desses recursos"[120].

---

(116) Idem.
(117) AZEREDO Beatriz; RAMOS, Carlos A. Políticas públicas de emprego: experiências e desafios. *PPP – Planejamento e Políticas Públicas*, Brasília, p. 91-116, v. 12, p. 92, jun./dez. 1995, p. 109.
(118) Disponível em: <http://www.bndes.gov.br/empresa/fundos/fat/default.asp> Acesso em: 3 jul. 2005.
(119) AZEREDO Beatriz; RAMOS, Carlos A. Políticas públicas de emprego: experiências e desafios. *PPP – Planejamento e Políticas Públicas*, Brasília, p. 91-116, v. 12, p. 92, jun./dez. 1995, p. 112.
(120) ARAÚJO, Tarcisio Patrício de; LIMA, Roberto Alves de. Avanços e impasses da política de emprego no Brasil: discussão com foco no Proger e no Planfor. In: ARAÚJO, Tarcisio Patrício de; LIMA, Roberto Alves

Assim, concluímos com as observações de Roberto Lima e Tarcisio Araújo, quando comentam que é preciso "inserir a política de emprego e renda em uma estratégia maior de desenvolvimento, que leve em conta diferenças regionais e, no caso do meio rural, a criação de uma agricultura familiar moderna e sustentável. O complemento indispensável de tal estratégia é desenvolver sistemas permanentes de monitoramento da execução dos programas e de avaliação dos impactos de emprego. A ampliação e o aperfeiçoamento dos mecanismos de apoio na sociedade civil, para o monitoramento, são peças indispensáveis (...)"[121].

Já os Programas de Formação e Qualificação Profissional desenvolvidos no cenário nacional são originários da transição da sociedade tradicional agrária para a sociedade industrial urbana em função da falta de capacitação da mão de obra migrante daquele período. Na década de 1940, criou-se o Serviço Nacional de Aprendizagem Industrial (SENAI) e o Serviço Nacional de Aprendizagem Comercial (SENAC) e, no início de 1970, deu-se início ao ensino profissionalizante[122]. Em 1975, criou-se o Sistema Nacional de Emprego (SINE) e, em 1976, o Sistema Nacional de Aprendizagem Rural (SENAR) e o Sistema Nacional de Formação de Mão de obra (SNFMO), que objetivava aglutinar e coordenar todos os órgãos de formação profissional[123].

Entretanto, o SINE perdeu suas referências e entrou em processo de desagregação, mas ainda hoje existe em poucos Estados, embora de forma muito precária. No caso das entidades privadas de formação profissional, que não deixam de receber recursos públicos, como, por exemplo, o SENAI e o SENAC[124], destaca-se a falta de articulação dessas instituições, que poderiam ser um elemento importante neste processo, mas pouco colaboraram (e colaboram) para uma melhoria no atendimento e apoio ao desempregado e sua qualificação, pois os serviços ali prestados, de modo geral, são precários[125].

No tocante às Políticas de Qualificação adotadas no Brasil, ao se traçar um paralelo entre passado e futuro, é possível concluir que o programa de qualificação atualmente implementado no Brasil não tem alcançado os seus objetivos iniciais e, além disso, também apresenta problemas concretos no que diz respeito à otimização e ao controle social dos recursos públicos advindos do FAT para a sua execução.

Como se pode notar, diferentemente de outros âmbitos das políticas sociais, que enfrentam sérias dificuldades de financiamento, o país conta com uma fonte sólida e considerável de recursos a ser destinada inteiramente a uma política de trabalho e

---

de (Orgs.). *Ensaios sobre mercado de trabalho e políticas de emprego*. Recife: Universitária da UFPE, 2001. p. 410.

(121) *Ibidem*, p. 416.

(122) AZEREDO Beatriz; RAMOS, Carlos A. Políticas públicas de emprego: experiências e desafios. *PPP – Planejamento e Políticas Públicas*, Brasília, p. 91-116, v. 12, p. 92, jun./dez. 1995, p. 102.

(123) *Idem*.

(124) *Ibidem*, p. 110.

(125) *Idem*.

emprego, pois além dos recursos acumulados (o patrimônio do FAT), a arrecadação do PIS-PASEP representa 1% do PIB. Isto, por si só, coloca o Brasil em posição igual ou superior a muitas economias desenvolvidas[126]. Entretanto, a ausência de uma articulação institucional que viabilize a estruturação de um sistema público de emprego, associada à citada folga financeira do FAT, fez com que este fundo se tornasse prisioneiro dos chamados *lobbies* no interior do governo federal[127].

Conclui-se, assim, que apesar de existirem vultosos recursos para a implementação de políticas públicas de trabalho e emprego (em suas formas ativa e passiva), estas são ineficazes, seja por incompetência em sua gestão, seja por desvio dos recursos a outras áreas, eleitas "discricionariamente" pelo administrador como mais relevantes. Isto quando não se constata o desvio destes recursos para obtenção de vantagens próprias ou corporativas, como, por exemplo, nos casos dos cursos-fantasma e das dissimulações nas bases de dados dos registros dos cursos de qualificação profissional. A estes fatores, deve-se conjugar o precário sistema público educacional vigente no país, pois ele tem influência direta na qualidade da força de trabalho brasileira, que é seriamente deficitária. Neste ponto, deve-se considerar que a ideia de se sanar deficiências do ensino básico via cursos considerados profissionalizantes, embora sejam apenas de formação básica, não parece o caminho adequado para a qualificação profissional no País.

Nesta medida, a organização de um Sistema Público de Emprego é um passo indispensável para estruturar uma política que, de forma eficaz e eficiente (princípio da eficiência da administração pública), associe o auxílio financeiro ao desempregado com a intermediação e reciclagem. As fraudes ao Programa do Seguro-Desemprego devem ser combatidas por ações que associem de forma obrigatória, benefício, qualificação e intermediação[128]. Mas na prática esse processo de reestruturação dos SINEs com financiamento do FAT mostra-se lento e desigual em face das disparidades regionais. Para alguns autores, isso denota a necessidade de descentralização desse sistema e a possibilidade de o poder Federal induzir, mas nunca impor, as mudanças necessárias em cada âmbito[129].

Diante disso, percebe-se que a eficácia dos programas sociais depende fortemente da relação entre Estado e sociedade na formulação e na implementação desses programas e, portanto, do **grau de controle social sobre a destinação e o uso dos recursos disponíveis**[130]. Certamente, insere-se neste contexto a fiscalização das ações dos poderes públicos pela sociedade via Poder Judiciário, especialmente neste campo de políticas públicas de trabalho e emprego, em que se verifica uma considerável reserva de dinheiro público à sua disposição.

---

(126) *Ibidem*, p. 113.
(127) *Ibidem*, p. 111.
(128) *Ibidem*, p. 113.
(129) *Idem*.
(130) ARAÚJO, Tarcisio Patrício de; LIMA, Roberto Alves de. Avanços e impasses da política de emprego no Brasil: discussão com foco no Proger e no Planfor. In: ARAÚJO, Tarcisio Patrício de; LIMA, Roberto Alves de (Orgs.). *Ensaios sobre mercado de trabalho e políticas de emprego*. Recife: Universitária da UFPE, 2001. p. 384.

6.2. A necessária fiscalização das políticas públicas de trabalho e emprego no Brasil

Como visto, muitos direitos de natureza econômica, social e cultural, apesar de estarem previstos em normas constitucionais e/ou infraconstitucionais não possuem efetividade. Este é o caso do direito ao trabalho em sua vertente coletiva no Brasil, que, apesar de ser reconhecido como um direito fundamental na Constituição Federal de 1988 e ser regulamentado por legislação infraconstitucional, tem se sujeitado a políticas públicas de trabalho e emprego ineficazes, conforme já demonstrado.

Por essa razão, cabe ajustar o estudo já realizado sobre a omissão ou ação ineficaz da Administração na efetivação das políticas públicas de direitos econômicos, sociais e culturais para o campo concreto das políticas de trabalho e emprego no Brasil, notadamente, no que diz respeito à utilização dos recursos do Fundo de Amparo ao Trabalhador.

Lembramos que o direito ao trabalho, quer em suas dimensões individual ou coletiva, mostra-se como um direito transindividual, e a sua titularidade ativa e passiva se delineará segundo cada caso concreto. Assim, nos casos de lesões do direito ao trabalho, especialmente em sua dimensão coletiva, visualiza-se a possibilidade de sua defesa mediante Ação Civil Pública, nos termos da Lei n. 7.347, de 24 de julho de 1985, e do Código de Defesa do Consumidor (Lei n. 8.078/90), que acrescentou o inciso IV ao art. 1º da referida Lei da Ação Civil Pública, permitindo a tutela de *qualquer outro interesse difuso ou coletivo*, ainda que não especificamente previstos em lei, mas decorrentes do sistema.

Desta forma, na medida em que os poderes públicos vinculam-se concretamente à "busca do pleno emprego", mediante políticas públicas de trabalho em emprego (ativas e passivas), entendemos ser perfeitamente possível se falar na proteção do direito ao trabalho por meio da ação civil pública, quando ele envolva interesses transindividuais.

Neste sentido, Diomar Ackel Filho defende a propositura da Ação Civil Pública, "inclusive em casos em que a conduta administrativa é discricionária"[131]. Por sua vez, Rodolfo destaca claramente:

> "Por conta das normas de extensão antes referidas, abre-se o ensejo para o exercício da ação civil pública na defesa de valores ligados a segmentos marginalizados na sociedade, genericamente referidos à rubrica dos excluídos, tais os desempregados (a Constituição quer o pleno emprego — art. 170, VIII). (...) um rol, não exaustivo, de temas concernentes às políticas públicas, suscetíveis de controle judicial: (...) Pleno emprego — CF, art. 7º, I; art. 170, VIII, c/c o art. 120, VIII[132]."

---

[131] ACKEL FILHO, Diomar. Discricionariedade administrativa e ação civil pública. *Revista dos Tribunais*, São Paulo, v. 657, p. 50-59, jul. 1990, p. 51-59.

[132] MANCUSO, Rodolfo de Camargo. A ação civil pública como instrumento de controle das chamadas políticas públicas, p. 748, 750-751. In: MILARÉ, Édis (Coord.). *Ação civil pública*: Lei n. 7.347/1985 – 15 anos. 2. ed. São Paulo: Revista dos Tribunais, 2002.

Neste contexto, a Constituição Federal de 1988, no art. 127, incumbe ao Ministério Público a defesa da ordem jurídica, do regime democrático e dos interesses sociais e individuais indisponíveis, e no art. 129, traça as suas funções institucionais. Dentre elas, estão a de zelar pelo efetivo respeito dos Poderes Públicos e dos serviços de relevância pública aos direitos assegurados na Constituição, promovendo as medidas necessárias a sua garantia (inciso II), a promoção do inquérito civil e da ação civil Pública, para a proteção do patrimônio público e social, do meio ambiente e de outros interesses difusos e coletivos (inciso III).

A atuação do MP pode se dar de forma extrajudicial ou judicialmente. Na primeira, a forma típica de atuação é a instauração do Inquérito Civil Público, que poderá colher elementos de convicção que darão ou não ensejo à propositura de Ação Civil Pública. Há também a possibilidade de se firmar, no curso do Inquérito, um Termo de Ajustamento de Conduta entre a administração pública e o Ministério Público, cujo objetivo principal é o cumprimento de seu dever pelo administrador[133].

Mesmo assim, entende-se que a interferência do Poder Judiciário no campo político há de se dar em caráter excepcional, somente quando comprovada a inércia dos poderes competentes e a negativa do cumprimento de seu dever de agir, pois a atuação dos poderes legislativo e executivo não pode se traduzir em ofensa deliberada aos direitos fundamentais. Feitas estas considerações, resta-nos dizer que essa seção, ao se centrar na problemática que envolve a efetivação do direito ao trabalho, teve como objetivo principal demonstrar que as análises que lhe concedem um conteúdo meramente programático e, portanto, carente de eficácia social (efetividade), quando não lhe intitulam uma "quimera irrealizável", são parciais e, por isso mesmo, necessitam ser revisitadas.

7. Notas conclusivas

Este trabalho procurou demonstrar que o direito ao trabalho assume o caráter de fundamental no ordenamento jurídico brasileiro e a sua efetivação é consequência necessária do regime de proteção especial que a Constituição Federal de 1988 impôs a estes direitos.

Nesta medida, adotou-se a teoria sobre regras e princípios, nos moldes desenvolvidos por Robert Alexy, que aparece no cenário jurídico trazendo novas luzes para o debate dos direitos fundamentais e, consequentemente, para o direito ao trabalho.

O direito ao trabalho, na medida em que assume a estrutura de um princípio em nosso ordenamento jurídico, ou seja, constitui-se em um mandamento de otimização, impõe direitos e deveres *prima facie*, cujo grau de realização pode variar em cada caso concreto, segundo a exigência de otimização de outro princípio colidente.

---

(133) SILVA, Cátia Aida. Promotores de justiça e novas formas de atuação em defesa de interesses sociais e coletivos. *Revista Brasileira de Ciências Sociais*, São Paulo, v. 16, n. 45, p. 127-144, fev. 2001, p. 129.

A partir deste enfoque, verificou-se que o direito ao trabalho pode ser analisado sob dois âmbitos distintos, mas complementares — um âmbito individual e um âmbito coletivo. Isto, porém, não exclui a possibilidade de que em determinadas circunstâncias estas duas vertentes venham a se chocar. Além disso, detectou-se também que o direito ao trabalho pode envolver interesses transindividuais, que são sentidos especialmente em sua vertente coletiva, o que não afasta a possibilidade de que estes interesses se façam presentes em sua vertente individual.

No âmbito individual, o direito ao trabalho aparece circunscrito ao contrato de trabalho. Contudo, a análise aqui desenvolvida se fixou tão somente nos limites do contrato de trabalho subordinado, detectando uma significativa abertura para aplicação do direito ao trabalho em nosso ordenamento jurídico ante a sua irradiação pela legislação infraconstitucional. Fato que se nota claramente ao compararmos o número de julgados, relativamente recentes, que abordam sobre o tema em nosso país. Nesta medida, constatou-se que a sua efetivação se dá por mecanismos eminentemente jurídicos.

Tais decisões devem se dar via mediação legislativa, mas, na sua ausência, ou quando esta se mostre ineficaz, o direito ao trabalho e os princípios que com ele eventualmente colidam devem ser aplicados diretamente segundo as circunstâncias fáticas e juridicamente previstas em cada caso concreto.

Já no âmbito coletivo, o direito ao trabalho está associado ao objetivo do pleno emprego, especialmente às políticas públicas de trabalho e emprego. Diante disso, cuidou-se dos principais programas de política de emprego no Brasil, verificando-se que, apesar de existirem vultosos recursos para a implementação de políticas em suas formas ativa e passiva, estas são ineficazes.

Nesta medida, detectou-se claramente que o direito ao trabalho, em sua vertente coletiva, não tem sido encarado como um caminho para se alcançar melhores patamares de empregabilidade da força de trabalho brasileira. Também não tem sido utilizado como um meio concreto para se combater a "inatividade", quando não muito distante, a "ilegalidade" da Administração Pública.

Comprovou-se, ainda, que o problema na implementação das políticas públicas de trabalho e emprego em nosso país não é a falta de recursos, pois as quantias decorrentes do Fundo de Amparo ao Trabalhador (FAT), principal fonte de financiamento destas políticas, extrapolam em muito o valor destinado às demais áreas sociais do país. Nesta medida, o sistema de políticas públicas de trabalho e emprego é ineficaz, estando muito longe de atacar a base do problema, que é a baixa escolaridade e, consequentemente, a falta de qualificação do trabalhador brasileiro.

Destacou-se, ainda, que os recursos acumulados no FAT representam um patrimônio dos trabalhadores, apresentando uma natureza difusa, e, atualmente, não estão sujeitos a uma análise mais criteriosa daquela realizada pelo CODEFAT, que, apesar de ser um órgão tripartite, não está isento de transações políticas nas suas decisões.

Assim, constatou-se que a Administração Pública de nosso país, na medida em que não vem cumprindo a sua obrigação de implementar políticas públicas de trabalho e emprego eficazes, pode e deve ser compelida pela sociedade, diretamente ou por meio de seus represents legais, a cumpri-la. Ainda que seja mediante imposição de obrigação de fazer pelo Poder Judiciário, que, por sua vez, não pode ser furtar ao seu papel institucional de traçar limites entre a "discricionariedade", a "inatividade" e a "ilegalidade". Sob tal perspectiva, detectaram-se mecanismos políticos e jurídicos de efetivação do direito ao trabalho em sua dimensão coletiva, dentre estes últimos, a ação civil pública.

Todas as questões, outrora levantadas, pareceram-nos muito importantes para o desenvolvimento do país e caminham diretamente no sentido de se reconhecer um "direito a trabalhar" como um direito universal e, mais, como um direito fundamental no ordenamento jurídico brasileiro.

8. Referências bibliográficas

ACKEL FILHO, Diomar. Discricionariedade Administrativa e Ação Civil Pública. *Revista dos Tribunais*, São Paulo, v. 657, p. 50-59, jul. 1990.

ALARCÓN, Manuel-Ramón Caracuel. Derecho al trabajo, libertad profesional y deber de trabajar. *Revista de Política Social*, Madrid, v. 121, p. 15-25, ene./mar. 1979.

ALEXY, Robert. *Teoría de los derechos fundamentales.* Madrid: Centro de Estudios Constitucionales, 1993.

ALEXY, Robert. Colisão de direitos fundamentais e realização de direitos fundamentais no Estado de Direito Democrático. *Revista de Direito Administrativo*, Madri, p. 67-79, jul./set. 1999, p. 74.

ALMEIDA, Renato Rua de. A Estabilidade no emprego num sistema de economia de mercado. *Revista LTr*, São Paulo, v. 63, n. 12, p. 1.600-1.604, dez. 1999.

_____. É possível um direito do trabalho para os micro, pequeno e médio empregadores? *Arquivos do Instituto Brasileiro de Direito Social Cesarino Júnior*, São Paulo, v. 29, p. 117-127, 2005.

_____. Proteção contra a despedida arbitrária. Aviso-prévio proporcional ao tempo de serviço. *Revista LTr*, São Paulo, v. 56, n. 10, p. 1.199-1.202, out. 1992.

ALVAREZ, Manuel Alcolea. Los derechos individuales en el estatuto de los trabajadores. En: A.A.V.V., *El desarrollo de la Constitución de 1978*. Zaragoza: Libros Pórtico, 1982.

ALVES, Rubens Valtecides. *Novas dimensões da proteção ao trabalhador:* o "deficiente físico". Dissertação (Mestrado em Direito das Relações Sociais, subárea de Direito do Trabalho) — Pontifícia Universidade Católica de São Paulo, São Paulo, 1991.

_____. *O princípio da não discriminação no emprego*. Tese (Doutorado em Direito) — Pontifícia Universidade Católica de São Paulo, São Paulo, 2001.

ARAÚJO, Tarcisio Patrício de; LIMA, Roberto Alves de. *Ensaios sobre mercado de trabalho e políticas de emprego*. Recife: Universitária da UFPE, 2001.

AZEREDO Beatriz; RAMOS, Carlos A. Políticas públicas de emprego: experiências e desafios. *PPP — Planejamento e Políticas Públicas*, Brasília, p. 91-116, v. 12, p. 92, jun./dez. 1995.

BANDRÉS, José Manuel Sánches-Cruzat. *Constitución y control de la actividad administrativa*. Madrid: Lerko Print, 2003.

BOROWSKI, Martin. *La estructura de los derechos fundamentales*. Colombia: Universidad Externado de Colombia, 2003.

CAHALI, Yussef Said. *Estatuto do estrangeiro*. São Paulo: Saraiva, 1983.

CANOTILHO, José Joaquim Gomes; MOREIRA, Vital. *Constituição da República portuguesa e Lei do Tribunal Constitucional*. 6. ed., reimp. Coimbra: Coimbra Editora, 2003.

CUNHA, Maria Inês M. S. Alves da. Relações de trabalho e direito civil. A nova competência da Justiça do Trabalho. *Arquivos do Instituto Brasileiro de Direito Social Cesarino Júnior*, São Paulo, vol. 29, p. 61-71, 2005.

GRAU, Eros Roberto; CUNHA, Sérgio Sérvulo da (Orgs.). *Estudos de direito constitucional em homenagem a José Afonso da Silva*. São Paulo: Malheiros, 2003.

JACCARD, Pierre. *Historia social del trabajo*. Barcelona: Plaza y Janés, 1971.

MAIA, Juliana (Org.). *Aulas de direito constitucional de Vicente Paulo*. 4. ed. Niterói: Impetus, 2005.

MARTÍN, Antonio Valverde. Pleno empleo, derecho al trabajo, deber de trabajar en la Constitución española de 1978. En: AA.VV. *Derecho del trabajo y de la seguridad social en la Constitución*. Madrid: CEC, 1980.

MAZZILLI, Hugo Nigro. *A defesa dos interesses difusos em juízo*. 13. ed. São Paulo: Saraiva, 2001.

MELO, Sandro Nahmias. *O direito ao trabalho da pessoa portadora de deficiência no Brasil e o princípio constitucional da igualdade (Ação afirmativa)*. Tese (Doutorado em Direito) — Pontifícia Universidade Católica de São Paulo, São Paulo, 2002.

MILARÉ, Édis (Coord.). *Ação civil pública:* Lei n. 7.347/1985 — 15 anos. 2. ed. São Paulo: Revista dos Tribunais, 2002.

MIRANDA, Jorge. *Manual de direito constitucional*. Tomo IV — Direitos Fundamentais. Coimbra: Coimbra Editora, 1988. 4 v., p. 48-49.

NASCIMENTO, Amauri Mascaro. *Direito do trabalho na Constituição de 1988*. São Paulo: Saraiva, 1989.

PORTAL TERRA. *ONU diz que migração continuará apesar de política*. Disponível em: <http://noticias.terra.com.br/mundo/interna/0,,OI261614-EI318,00.html> Acesso em: 29 set. 2005.

RIVERO, Juan Lamas. Técnicas modernas de garantía del empleo. *Revista Española de Derecho del Trabajo*, Madrid, v. 33, p. 27-35, ene./mar. 1988.

ROMITA, Arion Sayão. FÓRUM INTERNACIONAL SOBRE PERSPECTIVAS DO DIREITO E DO PROCESSO DO TRABALHO. *Relações de trabalho e relações de consumo*, Brasília: TST, 2 fev. 2006.

SALES, Teresa; SALLES, Maria do Rosário R. (Orgs.). *Políticas migratórias:* América Latina, Brasil e brasileiros no exterior. Disponível em: <http://www.scielo.br/scielo.php?script=sci_arttext&pid=S0104-71832003000100013>.

SANTOS, Marília Lourido dos. Políticas públicas (econômicas) e controle. *Revista de Informação Legislativa*, Brasília, v. 158, ano 40, p. 265-278, abr./jun. 2003.

SARLET, Ingo Wolfgang (Org.). *Direitos fundamentais sociais*: estudos de direito constitucional, internacional e comparado. Rio de Janeiro: Renovar, 2003.

SASTRE, Rafael Ibarreche. *El derecho al trabajo*. Madrid: Trota, 1996.

SCHALLER, Francisco. A propósito del derecho al trabajo. *Revista de Trabajo*, Madrid, v. 5, p. 385-390, mayo 1948.

SILVA, Cátia Aida. Promotores de justiça e novas formas de atuação em defesa de interesses sociais e coletivos. *Revista Brasileira de Ciências Sociais*, São Paulo, v. 16, n. 45, p. 127-144, fev. 2001.

SILVA, José Afonso da. *Comentário contextual à Constituição*. São Paulo: Malheiros, 2005.

SILVA, Virgílio Afonso da. *Constitucionalização do direito*. Os direitos fundamentais nas relações entre particulares. São Paulo: Malheiros, 2005.

TEXIER, Philippe. *Observación general sobre el derecho al trabajo (artículo 6) del Pacto Internacional de Derechos Económicos, Sociales y Culturales*. Disponível em: <www.unhchr.ch/tbs/doc.nsf/0/a9693e0f2ad718b4c1256ddb004f7750/$FILE/G0343883.doc> Acesso em: 23 maio 2005.

TORRES, Ricardo Lobo. *Tratado de direito constitucional financeiro e tributação*. O orçamento na Constituição. Rio de Janeiro: Renovar, 2000. v. 5.

Assédio Moral e a Dignidade da Pessoa Humana do Trabalhador

Nordson Gonçalves de Carvalho[*]

Introdução

Tem o presente estudo o objetivo de analisar — sem a pretensão de esgotar o tema — o fenômeno do assédio moral no ambiente de trabalho e suas consequências.

De modo que se pretende analisar os principais pontos acerca do terror psicológico no âmbito do Direito do Trabalho.

Procura-se também abordar, embora de maneira sucinta, os aspectos ligados aos direitos fundamentais do trabalhador, de modo que são feitos comentários acerca do princípio da dignidade da pessoa humana, direitos de personalidade, meio ambiente laboral e indenização por danos morais.

Ao final, apresentam-se algumas propostas com o intuito de colaborar na busca de meios para a prevenção e erradicação do assédio moral no ambiente de trabalho.

1. Aspectos gerais dos direitos fundamentais

Os estudos e debates sobre direitos fundamentais, seja no meio jurídico, seja no meio social, vêm recebendo cada vez maior ênfase.

Desde seu reconhecimento nas primeiras Constituições, os direitos fundamentais experimentaram algumas mutações, "tanto no que diz com o seu conteúdo, quanto no que concerne à sua titularidade, eficácia e efetivação"[1].

De tal maneira que, neste contexto marcado por transformações históricas vivenciadas pelos direitos fundamentais, costuma-se falar na existência de três dimensões de direitos fundamentais[2].

---

[*] Mestre em Direitos Fundamentais (UNIFIEO). Especialista em Direito do Trabalho (UNIFIEO). Professor de Direito do Trabalho na Faculdade Anhanguera de Taboão da Serra – FTS e na Faculdade Anhanguera de Osasco – FIZO. Professor visitante nos cursos de pós-graduação *lato sensu* em Direito Desportivo na EPD, de Direito e Processo do Trabalho no UNIRP (São José do Rio Preto) e no Instituto Apromax – AIDTSS (São José do Rio Preto). Membro da *Asociación Iberoamericana de Derecho del Trabajo y de la Seguridad Social – AIDTSS*. Membro do *Instituto Iberoamericano de Derecho Deportivo – IIDD*. Membro da Associação dos Advogados Trabalhistas de São Paulo – AATSP. Advogado.

[1] SARLET, Ingo Wolfgang. *A eficácia dos direitos fundamentais*, p. 54.

[2] De notar que BONAVIDES, Paulo, *Curso de direito constitucional*, p. 524 e ss., defende o reconhecimento dos direitos fundamentais de quarta dimensão, que corresponderiam aos direitos à democracia, à informação e ao pluralismo. Também, BOBBIO, Norberto, *A era dos direitos*, p. 6, menciona os direitos de quarta dimensão como sendo aqueles ligados à biogenética e ao patrimônio genético.

Passamos a expor, de modo sucinto, as três dimensões dos direitos fundamentais:

Os alicerces dos direitos fundamentais de primeira dimensão, também denominadas de liberdades públicas, situam-se na doutrina iluminista e jusnaturalista dos séculos XVII e XVIII, pela qual a finalidade do Estado consistia na efetivação da liberdade do indivíduo.

Conforme leciona Ingo Wolfgang Sarlet, o pensamento liberal-burguês do século XVIII foi marcado por um forte caráter individualista, nascendo e afirmando-se como direitos do indivíduo perante o Estado, "mais especificamente como direitos de defesa, demarcando uma zona de não intervenção do Estado e uma esfera de autonomia individual em face de seu poder"[3].

Pedro Lenza ressalta que, nas Declarações de Direito do século XVIII, destaca-se o fato de o Estado se abster de intervir nas relações dos indivíduos, reconhecendo-se os direitos civis e políticos[4].

Após o gigantesco impacto da Revolução Industrial e as graves consequências sociais e econômicas que a acompanharam, além da constatação de que a consagração formal de liberdade e igualdade não produzia a garantia eficaz de seu gozo, despontam no século XIX movimentos reivindicatórios e o reconhecimento progressivo de direitos, atribuindo ao Estado uma prestação positiva para a concretização da justiça social[5].

A segunda dimensão dos direitos fundamentais, denominada pela doutrina de direitos sociais, está ligada a um comportamento ativo do Estado, como o direito ao trabalho, à educação, à saúde, à assistência social etc., enfatizados no início do século XX.

O objetivo dos direitos fundamentais de segunda dimensão é a correção das desigualdades sociais e econômicas, na tentativa de solucionar os graves problemas da denominada "questão social".

No que se refere aos direitos fundamentais de terceira dimensão, também denominados de direitos de fraternidade ou de solidariedade, Ingo Wolfgang Sarlet assevera que:

> Trazem como nota distintiva o fato de se desprenderem, em princípio, da figura do homem-indivíduo como seu titular, destinando-se à proteção de grupos humanos (famílias, povo, nação), e caracterizando-se, consequentemente, como direitos de titularidade coletiva ou difusa.[6]

Os principais direitos de solidariedade, na visão de Manoel Gonçalves Ferreira Filho, correspondem ao direito à paz, o direito ao desenvolvimento, o direito ao meio ambiente e o direito ao patrimônio comum da humanidade[7].

Somam-se aos direitos supramencionados o direito à autodeterminação dos povos e o direito de comunicação.

---

(3) SARLET, Ingo Wolfgang, *op. cit.*, p. 55-56.
(4) LENZA, Pedro. *Direito constitucional esquematizado*, p. 526.
(5) Nesse sentido, SARLET, Ingo Wolfgang, *op. cit.*, p. 56; COMPARATO, Fábio Konder. *A afirmação histórica dos direitos humanos*, p. 53-54.
(6) SARLET, Ingo Wolfgang, *op. cit.*, p. 58.
(7) FERREIRA FILHO, Manoel Gonçalves. *Direitos humanos fundamentais*, p. 58.

Os direitos de terceira dimensão têm por escopo cuidar do "resultado de novas reivindicações fundamentais do ser humano, geradas, dentre outros fatores, pelo impacto tecnológico, pelo estado crônico de beligerância"[8].

In summa, podemos dizer que os direitos fundamentais de primeira dimensão se referem aos direitos do indivíduo; os de segunda dimensão tratam dos direitos da coletividade; e os de terceira dimensão estão ligados ao próprio gênero humano.

2. Direitos humanos fundamentais do trabalho

Não obstante o foco do presente artigo seja a prática do assédio moral no ambiente de trabalho e suas consequências, indispensável se afigura uma análise, ainda que sucinta, acerca das garantais fundamentais do trabalhador, ou seja, sua dignidade humana e, por consequência, seus direitos de personalidade e a garantia a um meio ambiente do trabalho sadio.

2.1. Trabalho e dignidade da pessoa humana do trabalhador

O trabalho humano produtivo é essencial ao desenvolvimento econômico, político e social de um Estado, uma vez que é por meio da produção, distribuição e circulação de bens e serviços que se alcança o progresso.

A Declaração Universal dos Direitos Humanos, em seus arts. I a XXIII, 1, ressalta ser o trabalho humano livre e digno inerente à pessoa humana. É pelo trabalho que o ser humano produz riquezas e alcança meios para sua própria subsistência.

A Carta Política ao reconhecer a pessoa humana como elemento nuclear do Direito, o inestimável valor do trabalho humano, bem como o desenvolvimento econômico e social, alçou a dignidade humana e o trabalho como pilares do Estado Democrático de Direito (art. 1º, III e IV, respectivamente), tendo proclamado na ordem econômica a valorização do trabalho (art. 170) e o objetivo do bem-estar e a justiça sociais (art. 193)[9].

Vemos que a Constituição da República de 1988 atribuiu à dignidade a categoria de princípio fundamental. José Afonso da Silva afirma que "a dignidade da pessoa humana é um valor supremo que atrai o conteúdo de todos os direitos fundamentais do homem, desde o direito à vida"[10].

Ainda, a Lei Fundamental instituiu os denominados direitos e garantias fundamentais, além de prever como fundamento constitucional os denominados direitos sociais, que correspondem às prestações positivas proporcionadas pelo Estado, cuja finalidade é a correção das injustiças sociais e econômicas.

2.2. Direitos de personalidade

Os direitos de personalidade, conforme doutrina de Amauri Mascaro Nascimento, correspondem àqueles de natureza extrapatrimonial que se referem "aos atributos

---

(8) SARLET, Ingo Wolfgang, *op. cit.*, p. 58.
(9) CARVALHO, Nordson Gonçalves de. *Assédio moral na relação de trabalho*, p. 33.
(10) SILVA, José Afonso da. *Curso de direito constitucional positivo*, p. 92-93.

essenciais definidores da pessoa, e dentre todos os direitos são aqueles que mais perto procuram valorizar a dignidade do ser humano"[11].

Nossa legislação cuida da proteção aos direitos de personalidade, reprimindo e prevendo meios de reação a qualquer tipo de conduta que lese os referidos direitos, impondo sanções ao transgressor na esfera cível (art. 12, CC) e também penal (arts. 138 *usque* 145, CP), prevendo a Constituição Federal o direito à indenização pelo dano moral e ou material (art. 5º, X).

No campo das relações de trabalho, importa destacar que o reconhecimento dos direitos de personalidade implica em uma limitação ao exercício do poder de direção do empregador, sendo certo que este deve se abster de qualquer comportamento que resulte em violação aos direitos de personalidade do trabalhador e, por corolário, sua dignidade[12].

2.3. Meio ambiente do trabalho

Considera-se meio ambiente do trabalho o local onde o trabalhador exerça suas atividades profissionais.

A proteção ao meio ambiente sadio e equilibrado encontra respaldo na Constituição Federal (arts. 7º, XXII, 200, VIII, 225), assim como na CLT (arts. 155 *usque* 199), além das Normas Regulamentadoras expedidas pelo Ministério do Trabalho e Emprego (Portaria n. 3.214/1978).

Ademais, o Estado brasileiro ratificou importantes Convenções da OIT que versam sobre proteção da saúde e meio ambiente do trabalho.

Dessa forma, é essencial para a garantia da dignidade da pessoa humana que o meio ambiente laboral seja sadio e equilibrado, proporcionando assim efetiva proteção à vida, à saúde e à dignidade da pessoa humana do trabalhador.

3. Assédio moral

3.1. Aspectos gerais

O assédio moral é um tema novo, porém, somente no que se tange ao seu estudo pelo Direito, uma vez que a humanidade convive com referido fenômeno desde os primeiros contatos da vida familiar e social.

A prática de tal agressão psicológica pode provocar doenças e, até mesmo, levar à morte. Dos males causados pelo terror psicológico, destacam-se as denominadas doenças psicossomáticas, as quais segundo leciona a Linda Davidoff, correspondem:

> A distúrbios resultantes de respostas físicas (somáticas) do animal à tensão, uma condição fisiológica (...) são, de fato, distúrbios reais que causam prejuízos reais ao tecido e sofrimentos reais. Pessoas podem até morrer dessas doenças.[13]

---

(11) NASCIMENTO, Amauri Mascaro. *Curso de direito do trabalho*, p. 468.
(12) CARVALHO, Nordson Gonçalves de, *op. cit.*, p. 31.
(13) DAVIDOFF, Linda L. *Introdução à psicologia*, p. 402.

Em geral, na vida privada, a prática do assédio moral é acobertada e entendida como mera relação de dominação. De notar que — como ressalva Marie-France Hirigoyen, nem mesmo a Psicanálise tem conseguido colaborar no sentido de auxiliar as vítimas a se defenderem[14].

O assédio moral também se revela nas instituições de ensino, sendo frequentes os casos de professores que perseguem e humilham constantemente determinado aluno, chegando até mesmo, em alguns casos, a obstar-lhe o desenvolvimento intelectual.

Como bem observa Regina Célia Pezzuto Rufino, em outras situações, o professor se torna vítima do assédio moral, em regra praticado pela figura do "aluno-cliente que as instituições privadas fazem questão de preservar", o que dificulta sobremaneira a participação do mestre no desenvolvimento pedagógico e profissional do aluno[15].

O terror psicológico é uma realidade que se faz presente em toda parte, com repercussões negativas na esfera familiar, estudantil e com maior intensidade no ambiente de trabalho, em razão da relação de subordinação existente entre capital e força de trabalho.

Inúmeras organizações empresariais adotaram a produtividade e competitividade como regra, buscando, assim, a todo o momento o aumento da produção e dos lucros, exigindo do trabalhador empenho e capacitação exacerbada.

De tal forma que, neste cenário de "guerra empresarial" onde todos competem contra todos, surge um ambiente propício à prática do assédio moral.

3.2. Pesquisas na área da medicina e psicologia do trabalho

Os primeiros estudos acerca do fenômeno em análise são atribuídos ao psicólogo Heinz Leymann — pesquisador alemão, radicado na Suécia — que publicou em 1984 o resultado de uma longa pesquisa sobre as consequências da exposição da pessoa a situações degradantes no ambiente de trabalho durante determinado espaço de tempo.

Outro pesquisador alemão, Harald Ege, especialista em relações industriais e do trabalho, foi o pioneiro dos estudos sobre assédio moral na Itália, desenvolvendo seus estudos na Universidade de Bolonha.

A divulgação do assédio moral ao público em geral se deve à psicóloga e vitimóloga francesa Marie-France Hirigoyen, a qual por meio da obra *Assédio moral — a violência perversa do cotidiano*, publicada em 2000, divulgou e denunciou o fenômeno ao mundo. Dois anos mais tarde, publica a obra *Mal-estar no trabalho*: redefinindo o assédio moral, direcionada ao estudo do assédio moral na organização empresarial.

No Brasil, o primeiro trabalho foi realizado pela psicóloga Margarida Maria Silveira Barreto, que analisou as consequências das humilhações sofridas no ambiente de trabalho na vida dos trabalhadores e as sequelas dessa humilhação.

---

(14) HIRIGOYEN, Marie-France. *Assédio moral:* a violência perversa no cotidiano, p. 21.
(15) RUFINO, Regina Célia Pezzuto. *Assédio moral no âmbito da empresa*, p. 47.

3.3. Conceito

Até o presente momento, não temos em nosso ordenamento jurídico previsão específica sobre o conceito de assédio moral, sendo certo que a doutrina e a jurisprudência também não se desincumbiram de estabelecer uma conceituação para o fenômeno em apreço.

De tal modo que, a fim de identificar o fenômeno e analisar suas consequências jurídicas, socorremo-nos da conceituação desenvolvida pela área da Psicologia, que é fonte material do Direito do Trabalho.

Apresenta-se, assim, o conceito elaborado pela psicóloga francesa Marie-France Hirigoyen, que define o assédio moral como:

> Qualquer conduta abusiva (gesto, palavra, comportamento, atitude...) que atente, por sua repetição ou sistematização, contra a dignidade ou integridade psíquica ou física de uma pessoa, ameaçando seu emprego ou degradando o clima de trabalho.[16]

Logo, assédio moral no trabalho corresponde a uma forma de agressão psíquica praticada no ambiente laboral, caracterizado pela prática de atos, gestos, palavras, atitudes abusivas e comportamentos humilhantes, degradantes, constrangedores, de maneira sistemática e prolongada, com objetivo discriminatório e perseguidor, cuja finalidade é a exclusão da vítima do meio ambiente do trabalho[17].

Verifica-se, portanto, que a prática do terror psicológico no ambiente laboral degrada e destrói o ambiente de trabalho, prejudicando a vítima, provocando nesta um desgaste emocional que pode evoluir para doenças de ordem psíquica e física, resultando em graves prejuízos à saúde mental e física do trabalhador.

Desse modo, referida conduta ofende o princípio da dignidade da pessoa humana do trabalhador, violando seus direitos de personalidade, além de causar prejuízos à sua integridade psicofísica, revelando-se assim como uma conduta contrária não só à moral, mas também contrária à própria Constituição da República, posto que agride tanto a dignidade humana como os direitos de personalidade, além de infringir também as normas celetistas, em especial os arts. 482 e 483 da Consolidação.

3.4. Elementos caracterizadores do assédio moral

Considerando o conceito apresentado pela vitimóloga Marie-France Hirigoyen, é possível definir os seguintes elementos como caracterizadores do assédio moral: sujeito ativo (agressor ou perverso) e sujeito passivo (vítima); conduta degradante; reiteração ou sistematização.

O agressor é classificado pela vitimologia como um sujeito perverso, cujo perfil é desequilibrado. Seus comportamentos inadmissíveis configuram verdadeiras regras de

---

(16) HIRIGOYEN, Marie-France. *Mal-estar no trabalho*, p. 17.
(17) CARVALHO, Nordson Gonçalves de, *op. cit.*, p. 61.

conduta, valendo-se da sua perversidade como estratégia para utilização e posterior destruição de seu semelhante, sem qualquer resquício de culpa ou sentimento de remorso.

O sujeito passivo do assédio moral é o empregado que sofre reiteradas ou sistemáticas agressões morais, que tem por objetivo isolá-lo e excluí-lo da organização empresarial.

Não é demais ressaltar que a exposição da vítima ao assédio moral compromete sua própria identidade, sua dignidade pessoal e profissional, provocando reflexos negativos no seu desempenho dentro da organização empresarial e, principalmente, acarretando danos pessoais à sua integridade psicofísica, podendo até mesmo levar à depressão e ao suicídio.

Entende-se por conduta degradante aquela contrária à ética, aos bons costumes e à boa-fé que deve imperar em quaisquer relações sociais e jurídicas. Em outras palavras, trata-se de qualquer conduta capaz de degradar o ambiente de trabalho de forma a provocar prejuízos à saúde psíquica da vítima.

Ao tratar da questão da reiteração ou sistematização, a vitimóloga Marie-France Hirigoyen ressalta que o referido fenômeno não se reduz apenas à insistência incômoda e perseguição em relação a alguém, mas necessariamente pela repetição ou sistematização desta conduta perversa, caracterizando a prática do terror psicológico no meio ambiente laboral[18].

Não há um período delimitado de tempo para que se configure a reiteração da conduta degradante. Desse modo, deve-se verificar se a repetição da conduta degradante é capaz de desestabilizar o meio ambiente do trabalho e provocar danos à vítima. Sendo a reposta afirmativa, necessário se faz admitir a caracterização do assédio moral.

3.5. Classificação

O assédio moral se classifica em: vertical descendente, vertical ascendente, horizontal e indireto.

O assédio moral vertical descendente é a forma mais frequente da prática do terror psicológico. Trata-se daquele decorrente do comando hierárquico, ou seja, é o assédio moral praticado pelo próprio empregador ou algum de seus superiores hierárquicos (diretor, gerente, chefe de setor, supervisor) contra um de seus subordinados.

Situação menos frequente se verifica no chamado assédio moral vertical ascendente, caracterizando-se pela agressão de um ou de vários empregados contra o superior hierárquico.

Assédio moral horizontal é aquele em que a conduta perversa é praticada pelos próprios colegas de serviço, com idêntico grau de hierarquia, manifestando-se por meio de brincadeiras maliciosas, gracejos, piadas, gestos obscenos, menosprezo, entre outros.

---

(18) HIRIGOYEN, Marie-France. *Mal-estar no trabalho*, p. 17.

No que se refere ao assédio moral indireto, o agressor para alcançar seus objetivos imputa terror psicológico contra algum empregado muito próximo da vítima que pretende excluir da organização de trabalho, como por exemplo: algum familiar ou amigo que trabalhe no mesmo local, a fim de fazer com que a vítima se sinta culpada pela violência que a outra pessoa vem sofrendo e se demita do emprego.

Independentemente da hipótese apresentada, caracteriza-se o descumprimento do contrato individual de trabalho por parte do empregador, bem como a violação ao princípio da dignidade da pessoa humana, sendo passível de rescisão indireta do contrato de trabalho, inclusive com indenização pelos danos morais que tenham sido ocasionados.

4. Distinção entre assédio sexual e assédio moral

Não obstante haja certa similitude entre assédio sexual e assédio moral, os fenômenos se distinguem, sendo importante esclarecer as diferenças entre os conceitos.

A princípio, no assédio sexual, o agressor tem por escopo dominar a vítima sexualmente, em geral por meio de chantagens, com o intuito de obter favorecimento sexual, sendo referida conduta tipificada no Código Penal (art. 216-A).

O tipo penal mencionado traz três elementos básicos para a caracterização do assédio sexual. O primeiro diz respeito ao constrangimento consciente e contrário ao ordenamento jurídico, tendo em vista que impõe à vítima uma atitude contrária à sua vontade. O segundo elemento se refere à finalidade de obtenção de vantagem ou favorecimento sexual. Por fim, o terceiro requisito trata do abuso de poder hierárquico.

Em relação ao assédio moral, já se verificou que o objetivo do agressor é a eliminação da vítima do ambiente de trabalho por intermédio do terror psicológico, além do que inexiste em nosso ordenamento jurídico legislação (em âmbito federal) acerca do fenômeno em questão.

5. Consequências do assédio moral

O assédio moral acarreta consequências desastrosas a toda sociedade, em especial ao trabalhador vítima da agressão.

A vítima é atingida diretamente pelos efeitos nocivos do terror psicológico, seja no aspecto pessoal em razão dos problemas de saúde que podem ser ocasionados pela exposição à violência perversa decorrentes do assédio moral, seja no aspecto profissional em razão do desemprego ou afastamento para tratamento junto à Previdência Social.

A organização empresarial também é prejudicada, eis que sofrerá com a diminuição da produtividade, o alto índice de absenteísmo, os custos com indenizações decorrentes de reclamações trabalhistas, além de ter a imagem de seu empreendimento ligada a uma conduta abominável como o terror psicológico.

E não somente as partes diretamente envolvidas sofrem prejuízos, mas toda a sociedade, uma vez que — em última análise — é esta quem arca com o custeio do tratamento de saúde da vítima, bem como com o pagamento de benefícios previdenciários, tais como: seguro-desemprego ou aposentadorias precoces decorrentes do terror psicológico[19].

6. Assédio moral e indenização por danos morais

Verificamos que o assédio moral consiste na prática de condutas degradantes que por sua repetição provocam danos à saúde da vítima, uma vez que agridem sua dignidade e integridade psicofísica, ameaçando seu posto de trabalho, com o objetivo de eliminar o trabalhador da organização empresarial.

Referida conduta viola o princípio da dignidade da pessoa humana do trabalho, bem como seus direitos de personalidade, além de configurar o descumprimento — por parte do empregador — de suas obrigações contratuais.

Portanto, configurada a prática do assédio moral, a vítima faz jus à reparação dos prejuízos sofridos, inclusive aqueles de ordem extrapatrimonial, também denominados de dano moral.

Yussef Said Cahali conceitua dano moral como tudo aquilo que:

> Molesta gravemente a alma humana, ferindo-lhe gravemente os valores fundamentais inerentes à sua personalidade ou reconhecidos pela sociedade em que está integrado, qualifica-se, em linha de princípio, como dano moral; não há como enumerá-los exaustivamente, evidenciando-se na dor, na angústia, no sofrimento, na tristeza pela ausência de um ente querido falecido; no desprestígio, na desconsideração social, no descrédito à reputação, na humilhação pública, no devassamento da privacidade; no desequilíbrio da normalidade psíquica, nos traumatismos emocionais, na depressão ou no desgaste psicológico, nas situações de constrangimento moral.[20]

Uma vez caracterizado o terror psicológico, necessário se faz a quantificação da indenização pelo dano moral sofrido.

Não se trata, contudo, de estabelecer um *pretium doloris*, pois como bem observa Valdir Florindo, "essa verdadeiramente nenhum dinheiro paga". Busca-se apenas amenizar os prejuízos causados à vítima[21].

Leciona Alexandre Agra Belmonte que na indenização "deve ser buscado um montante capaz de dar uma resposta social à ofensa, para servir de lenitivo para o ofendido, de exemplo no plano social e de desestímulo a novas investidas do ofensor"[22].

---

(19) Para análise mais detalhada sobre os efeitos nocivos do terror psicológico no ambiente laboral, consultar CARVALHO, Nordson Gonçalves de, *op. cit.*, p. 95-101.
(20) CAHALI, Yussef Said. *Dano moral*, p. 20-21.
(21) FLORINDO, Valdir. *Dano moral e o direito do trabalho*, p. 188.
(22) BELMONTE, Alexandre Agra. *Danos morais no direito do trabalho:* identificação e composição dos danos morais trabalhistas, p. 175.

Afirma Alice Monteiro de Barros que a indenização por dano moral pode ser estabelecida levando-se em consideração "a intensidade do sofrimento do ofendido, a gravidade e repercussão da ofensa, a intensidade do dolo ou da culpa, a situação econômica do ofensor e a extensão do prejuízo causado"[23].

Embora inexista norma que trate do assédio moral no ambiente de trabalho, advogamos no sentido de que a prática do assédio moral é vedada pela legislação trabalhista, bem como outras formas de violência contra o trabalhador e sua dignidade, uma vez que "o comportamento perverso pode enquadrar-se perfeitamente no que o Consolidador definiu como incontinência de conduta ou mau procedimento — art. 482, 'b', CLT"[24].

Assim, configurado o assédio moral, deve o empregador indenizar a vítima, em montante a ser fixado pelo prudente senso do magistrado, a fim de se amenizar os efeitos nocivos do assédio moral, bem como servir de desestímulo à continuidade da conduta perversa.

7. Propostas de prevenção

Em geral, o assédio moral se instala e se desenvolve em razão da inexistência de diálogo, quando a voz da vítima não é ouvida.

A fim de prevenir e erradicar o fenômeno do ambiente de trabalho, necessário se faz agir antecipadamente, obrigando as organizações empresariais, bem como Estado, a colocar em prática políticas de prevenção eficazes.

Dentre as referidas políticas, destacamos a implementação de melhorias nas condições de trabalho aos empregados, cuja finalidade é evitar o estresse profissional, tendo em vista que esta doença cria condições favoráveis à prática do terror psicológico no ambiente laboral.

Outra proposta é a conscientização dos trabalhadores em todos os níveis da empresa, para que atuem diariamente de maneira ética, respeitando seus companheiros de trabalho, independentemente da posição que ocupem dentro da organização empresarial.

Interessante destacar, ainda, a proposta apresentada por Luiz Carlos Amorim Robortella (para a erradicação do assédio sexual, mas que pode perfeitamente ser utilizada no caso do fenômeno em estudo), no sentido de uma colaboração entre o Estado — por intermédio dos fiscais do Ministério do Trabalho e Emprego, dos médicos do trabalho e dos integrantes do Ministério Público — e entidades privadas para a realização de condutas preventivas, bem assim a participação ativa das entidades sindicais no que se tange à conscientização dos trabalhadores acerca do assédio moral, competindo ao representante sindical atuar no local de trabalho a fim de prestar assistência às vítimas[25].

---

(23) BARROS, Alice Monteiro de. *Proteção à intimidade do empregado*, p. 172.
(24) GUEDES, Márcia Novaes. *Terror psicológico no trabalho*, p. 103.
(25) ROBORTELLA, Luiz Carlos Amorim. *Assédio sexual no emprego*. Repressão penal e reparação civil, p. 46.

Portanto, se nos apresenta indispensável a implantação de políticas preventivas no sentido de eliminar do meio ambiente de trabalho qualquer tipo de conduta degradante, em especial pela consciência de que o assédio moral é uma prática danosa e desumana que agride a dignidade da pessoa humana, ou, ao menos, pelo senso de manutenção da própria organização do trabalho.

8. Conclusões

O assédio moral não é um fenômeno novo, pelo contrário, a humanidade convive com tal prática desde os primeiros contatos da vida familiar e social.

A moderna organização empresarial pautada pelo aumento da produção e a diminuição dos custos a qualquer preço, bem como as questões econômicas e sociais que se instauraram no mundo globalizado, produziram um campo fértil para a prática do terror psicológico dentro do ambiente laboral.

É pelo trabalho que o homem alcança meios para satisfazer suas necessidades básicas, sendo também o trabalho um mecanismo de reconhecimento do ser humano perante a sociedade, em razão das atividades que exerce.

Contudo, o trabalhador passou a ser ignorado como pessoa humana, tendo sido constantemente humilhado, exposto aos mais variados tipos de constrangimentos para manter seu emprego e seu salário.

Defende-se que a melhor maneira de combate à prática do terror psicológico é a prevenção. É necessário se adotar medidas preventivas que primem pela qualidade de vida do trabalhador dentro e fora do ambiente de trabalho, com o objetivo de excluir do meio ambiente laboral qualquer espécie de conduta degradante.

Indispensável se nos afigura encerrar esse círculo vicioso no qual o trabalhador não passa de um mero objeto para a obtenção de lucro, e criarmos um círculo virtuoso, em que todos os trabalhadores — sem distinção de cargo ou função exercida dentro da organização empresarial — sejam tratados como pessoa humana, tendo seus direitos de personalidade respeitados, podendo assim, por intermédio do trabalho em condições decentes, obter meios para sua subsistência e produzir riquezas para toda a sociedade.

Afinal, uma prática perversa que pode ocasionar doenças, levando inclusive à morte, como é o caso do assédio moral no ambiente de trabalho, não pode ser aceita em uma sociedade que tem como fundamento a dignidade da pessoa humana.

9. Referências bibliográficas

BARRETO, Margarida Maria Silveira. *Violência, saúde e trabalho:* uma jornada de humilhações. São Paulo: EDUC, 2006.

BARROS, Alice Monteiro de. *Proteção à intimidade do empregado*. São Paulo: LTr, 1997.

BELMONTE, Alexandre Agra. *Danos morais no direito do trabalho:* identificação e composição dos danos morais trabalhistas. 3. ed. rev. e atual. Rio de Janeiro: Renovar, 2007.

BOBBIO, Norberto. *A era dos direitos.* Rio de Janeiro: Elsevier, 2004.

BONAVIDES, Paulo. *Curso de direito constitucional.* 7. ed. São Paulo: Malheiros, 1997.

CAHALI, Yussef Said. *Dano moral.* 2. ed. rev., atual. e ampl. São Paulo: RT, 1998.

CARVALHO, Nordson Gonçalves de. *Assédio moral na relação de trabalho.* São Paulo: Rideel, 2009.

COMPARATO, Fábio Konder. *A afirmação histórica dos direitos humanos.* 5. ed. rev. e atual. São Paulo: Saraiva, 2007.

DAVIDOFF, Linda L. *Introdução à psicologia.* 3. ed. São Paulo: Makron Books, 2001.

FERREIRA FILHO, Manoel Gonçalves. *Direitos humanos fundamentais.* 5. ed. São Paulo: Saraiva, 2002.

FLORINDO, Valdir. *Dano moral e o direito do trabalho.* 3. ed. rev. e ampl. São Paulo: LTr, 1999.

GUEDES, Márcia Novaes. *Terror psicológico no trabalho.* São Paulo: LTr, 2003.

HIRIGOYEN, Marie-France. *Assédio moral:* a violência perversa no cotidiano. 9. ed. Rio de Janeiro: Bertrand Brasil, 2007.

_____. *Mal-estar no trabalho:* redefinindo o assédio moral. 2. ed. Rio de Janeiro: Bertrand Brasil, 2005.

LENZA, Pedro. *Direito constitucional esquematizado.* 10. ed. São Paulo: Método, 2006.

NASCIMENTO, Amauri Mascaro. *Curso de direito do trabalho:* história e teoria geral do direito do trabalho: relações individuais e coletivas de trabalho. 20. ed. rev. e atual. São Paulo: Saraiva, 2005.

ROBORTELLA, Luiz Carlos Amorim. "Assédio sexual no emprego. Repressão pena e reparação civil". In: *Revista do Advogado*, ano XXII, n. 66, jun. 2002.

RUFINO, Regina Célia Pezzuto. *Assédio moral no âmbito da empresa.* 2. ed. São Paulo: LTr, 2007.

SARLET, Ingo Wolfgang. *A eficácia dos direitos fundamentais.* 8. ed. rev. e atual. Porto Alegre: Livraria do Advogado, 2007.

SILVA, José Afonso da. *Curso de direito constitucional.* 26. ed. São Paulo: Malheiros, 2005.

O Tribunal Superior do Trabalho e a Unifomização da Jurisprudência

Pedro Paulo Teixeira Manus[*]

I. Introdução

O ordenamento jurídico tem como verdade a premissa de que a vocação das decisões judiciais é de que sejam mantidas e cumpridas. Assim, uma vez solucionado determinado litígio, devem as partes submeter-se à decisão judicial, dando cumprimento ao seu comando.

Não obstante, o mesmo ordenamento prevê a possibilidade de certa decisão judicial merecer anulação ou reforma. Isso por algumas razões como, no caso de anulação, por exemplo, a identificação de defeitos intransponíveis que impeçam o julgador de examinar o mérito. Já no caso de reforma, também exemplificativamente, pode ocorrer a não aplicação adequada da regra jurídica ao caso concreto, ou má apreciação da prova produzida, dentre outras hipóteses.

Em tais casos, afasta-se a regra da manutenção da decisão judicial, cabendo à parte interessada recorrer para a instância superior, a fim de postular a anulação ou reforma da decisão recorrida.

Eis porque se pode conceituar o recurso com uma faculdade conferida à parte de revisão total ou parcial das decisões judiciais que lhe sejam total ou parcialmente contrárias, a fim de que a instância julgadora, reconhecendo o acerto das razões do recorrente, anule a decisão, determinando a baixa dos autos para novo julgamento, ou, no caso de discussão de mérito, reforme o decidido, proferindo nova decisão.

Na fase administrativa da Justiça do Trabalho, especificamente no período de 1932 a 1946, as decisões da então Junta de Conciliação e Julgamento, que eram os órgãos decisórios de 1º grau, eram irrecorríveis.

Remanesce como lembrança saudável daquele período a regra do § 1º do art. 893 da CLT, que determina que as decisões interlocutórias são irrecorríveis de imediato, só comportando revisão como preliminar de eventual recurso após a decisão definitiva. Havia, contudo, recurso de embargos para a própria Junta de Conciliação e Julgamento, no prazo de 5 dias.

O ordenamento jurídico, como dito, tem como premissa a manutenção das sentenças. Portanto, é de se perquirir qual o fundamento para reconhecer o direito de recurso às partes, denominado duplo grau de jurisdição.

A doutrina aponta alguns fundamentos para o direito de recorrer, como a necessidade psicológica que temos da revisão da decisão que nos é desfavorável; a falibilidade

---

[*] Ministro do Tribunal Superior do Trabalho. Professor Titular de Direito do Trabalho da PUC/SP.

do ser humano, o que justifica a revisão das decisões; a conveniência da uniformização de entendimentos jurisdicionais e a maior segurança na revisão, uma vez que os juízos de 1º grau são singulares e os juízos de revisão são colegiados.

Não obstante, afirma-se, em sentido contrário à conveniência da possibilidade de recorrer, o eventual desprestígio do Judiciário, na medida em que uma decisão venha a ser modificada, bem como a morosidade na solução dos conflitos judiciais.

Atualmente, em nosso ordenamento jurídico-trabalhista, são recorríveis somente as decisões terminativas e definitivas, sendo que as decisões interlocutórias só podem ser revistas na oportunidade de recurso para apreciação daquelas decisões, a teor do que dispõe o art. 893, § 1º, da Consolidação das Leis do Trabalho.

Os recursos, a teor do art. 899 da CLT, podem ser interpostos por simples petição, o que demonstra não haver rigidez quanto à forma, sendo interpostos sempre perante a autoridade recorrida, que tem como função processá-lo e proceder ao primeiro juízo de admissibilidade. Seu efeito é em regra apenas devolutivo, salvo exceções, o que possibilita desde logo a execução provisória do decidido, se for o caso.

Adotamos o denominado sistema ampliativo de recursos, denominando a CLT, em seu art. 893, quais os recursos cabíveis. Há outros sistemas processuais que são limitativos, para os quais a regra é não recorrer, o que prestigia o 1º grau e a celeridade processual.

No que respeita aos princípios, assim entendidas as regras básicas do sistema recursal, aponta Amauri Mascaro Nascimento o princípio da concentração, segundo o qual não há recurso durante a fase de conhecimento (CLT, art. 893, § 1º); o princípio da manutenção dos efeitos da sentença, além do efeito apenas devolutivo.

Para Nelson Nery Junior, são princípios recursais o duplo grau de jurisdição; a taxatividade (CLT, art. 893 e CPC, art. 496); a fungibilidade dos recursos; e a garantia de *non reformatio in pejus*.

Afinal, assinale-se que há pressupostos subjetivos recursais, que dizem respeito à pessoa do recorrente e pressupostos objetivos, que referem-se ao próprio recurso.

São pressupostos subjetivos a legitimação e o interesse processual (CPC, art. 499). Ressalve-se que a Fazenda Pública tem direito à remessa necessária de decisões total ou parcialmente contrária a seus interesses, por força do Decreto-lei n. 779/69.

Configuram pressupostos objetivos a lesividade, que significa decisão contrária aos interesses do recorrente, a observância do prazo e o preparo, que é a comprovação do recolhimento de custas processuais e do depósito prévio, quando são devidos e fixados em sentença.

II. O sistema recursal trabalhista brasileiro

Como já referido, nosso sistema recursal é ampliativo, consagrando a recorribilidade das decisões terminativas e definitivas. Assim, o art. 893 da CLT enumera os recursos cabíveis no processo do trabalho:

Art. 893. Das decisões são admissíveis os seguintes recursos:

I – embargos;

II – recurso ordinário;

III – recurso de revista;

IV – agravo.

Os embargos a que se refere o inciso I são aqueles cabíveis das decisões de turma do Tribunal Superior do Trabalho para a Seção de Dissídios Individuais II do mesmo tribunal, já que se limita o art. 893 a enumerar os recursos em sentido estrito.

Cabem no processo do trabalho os embargos declaratórios, conforme expresso no art. 897-A da CLT, e que embora a doutrina contemporânea lhes empreste natureza recursal, não são recurso em sentido estrito.

Assim, os embargos de que cogita o art. 893, I, são aqueles previstos no art. 894 da CLT e que são cabíveis para a Seção de Dissídios Coletivos do TST, em dissídios coletivos de sua competência originária (letra *"a"*) e os embargos cabíveis para a Seção de Dissídios Individuais I do TST em caso de divergência entre turmas do TST ou de uma desta com a jurisprudência sumulada ou orientação jurisprudencial (letra *"b"*).

> Cabe recurso ordinário, a teor do art. 895 da CLT, das decisões terminativas e definitivas (a despeito do texto expresso da lei, como resulta pacífico na doutrina e na jurisprudência) das Varas do Trabalho, na fase de conhecimento (letra *"a"*) e das decisões terminativas ou definitivas dos Tribunais Regionais do Trabalho e ações individuais ou coletivas de sua competência originária (mandado de segurança, ação rescisória, *habeas corpus*, *habeas data* e dissídio coletivo), para o TST, (letra *"b"*).

O recurso de revista de que se ocupa o art. 893, III, da CLT será tratado no item a seguir.

Afinal, refere-se o art. 893, IV, ao agravo de petição, que é o recurso próprio da execução trabalhista, igualmente cabível das decisões terminativas ou definitivas do juízo da execução.

Alcança o mesmo dispositivo também o agravo de instrumento que possibilita a única exceção de recurso imediato de decisão interlocutória, qual seja, a denegação de seguimento a recurso interposto.

III. O recurso de revista

III-a. Fundamento legal

Previsto o recurso de revista pelo mencionado art. 893, III, da CLT, é regulado pelos arts. 896 e 896-A, tendo por finalidade precípua a uniformização da jurisprudência pelo TST, processo este que se inicia na Turma e se aperfeiçoa na SDI-I, naqueles casos em que for cabível o recurso de agravo, previsto pelo art. 894 da CLT, que anteriormente referimos.

O recurso de revista só tem cabimento nos processos de competência originária da Vara do Trabalho e não tem por finalidade cumprir o duplo grau de jurisdição, pois este terá sido aperfeiçoado com o recurso ordinário julgado pelo Tribunal Regional do Trabalho.

Já vimos que é possível o cabimento de recurso ordinário para o Tribunal Superior do Trabalho, mas aí estaremos tratando de ações trabalhistas de competência originária do Tribunal Regional do Trabalho, como a ação rescisória, o mandado de segurança, o *habeas corpus*, o *habeas data* ou o dissídio coletivo.

E, nessas hipóteses, o recurso ordinário do Tribunal Regional do Trabalho para o Tribunal Superior do Trabalho terá sim a finalidade de cumprir o duplo grau de jurisdição, não se caracterizando como recurso diverso daquele cabível da Vara do Trabalho para o Tribunal Regional do Trabalho.

Desse modo, podemos afirmar que o recurso de revista tem sempre natureza de recurso especial, pois cabível somente nos casos de divergência jurisprudencial e ofensa à lei ou à Constituição Federal.

III-b. Cabimento

Possibilita o legislador a interposição de recurso de revista em três hipóteses, como se vê do texto do dispositivo legal:

> Art. 896. Cabe recurso de revista para o Tribunal Superior do Trabalho das decisões proferidas em grau de recurso ordinário, em dissídio individual, pelos Tribunais Regionais do Trabalho, quando:
>
> a) derem ao mesmo dispositivo de lei federal interpretação diversa da que lhe houver dado outro Tribunal Regional, no seu Pleno ou Turma, ou a Seção de Dissídios Individuais do Tribunal Superior do Trabalho, ou a Súmula de Jurisprudência Uniforme dessa Corte;
>
> b) derem ao mesmo dispositivo de lei estadual, Convenção Coletiva de Trabalho, Acordo Coletivo de Trabalho, sentença normativa ou regulamento empresarial de observância obrigatória em área territorial que exceda a jurisdição do Tribunal Regional prolator da decisão recorrida, interpretação divergente, na forma da alínea a;
>
> c) proferidas com violação literal de disposição de lei federal ou afronta direta e literal à Constituição Federal.
>
> § 1º O Recurso de Revista, dotado de efeito apenas devolutivo, será apresentado ao Presidente do Tribunal recorrido, que poderá recebê-lo ou denegá-lo, fundamentando, em qualquer caso, a decisão.
>
> § 2º Das decisões proferidas pelos Tribunais Regionais do Trabalho ou por suas Turmas, em execução de sentença, inclusive em processo incidente de embargos de terceiro, não caberá Recurso de Revista, salvo na hipótese de ofensa direta e literal de norma da Constituição Federal.
>
> § 3º Os Tribunais Regionais do Trabalho procederão, obrigatoriamente, à uniformização de sua jurisprudência, nos termos do Livro I, Título IX, Capítulo I do CPC, não servindo a súmula respectiva para ensejar a admissibilidade do Recurso de Revista quando contrariar Súmula da Jurisprudência Uniforme do Tribunal Superior do Trabalho.

§ 4º A divergência apta a ensejar o Recurso de Revista deve ser atual, não se considerando como tal a ultrapassada por súmula, ou superada por iterativa e notória jurisprudência do Tribunal Superior do Trabalho.

§ 5º Estando a decisão recorrida em consonância com enunciado da Súmula da Jurisprudência do Tribunal Superior do Trabalho, poderá o Ministro Relator, indicando-a, negar seguimento ao Recurso de Revista, aos Embargos, ou ao Agravo de Instrumento. Será denegado seguimento ao Recurso nas hipóteses de intempestividade, deserção, falta de alçada e ilegitimidade de representação, cabendo a interposição de Agravo.

§ 6º Nas causas sujeitas ao procedimento sumaríssimo, somente será admitido recurso de revista por contrariedade a súmula de jurisprudência uniforme do Tribunal Superior do Trabalho e violação direta da Constituição da República.

Art. 896-A – O Tribunal Superior do Trabalho, no recurso de revista, examinará previamente se a causa oferece transcendência com relação aos reflexos gerais de natureza econômica, política, social ou jurídica.

A leitura atenta dos arts. 896 e 896-A da CLT deixam clara a natureza especial do recurso de revista, que só é cabível nas hipóteses de divergência jurisprudencial e ofensa à lei ou à Constituição Federal.

E esta limitação nada tem de irregular, pois as partes já tiveram assegurado o direito ao duplo grau de jurisdição pelo manejo do recurso ordinário, daí por que é constitucional a limitação feita pelo legislador, não se cogitando de eventual ofensa quer ao devido processo legal (CF, art. 5º, LIV) ou ao contraditório e ampla defesa (CF, art. 5º, LV).

O art. 896 da CLT prevê o cabimento do recurso de revista, inicialmente, pela letra "a", nos casos de divergência na interpretação de lei federal, desde que a decisão paradigma seja de outro tribunal regional, ou da SDI-I do TST, ou, ainda, súmula do TST.

Não cabe, pois, recurso de revista por divergência fundado em decisão paradigma do mesmo tribunal regional, pois esta divergência há de ser desfeita pela súmula do próprio tribunal regional, como previsto pelo art. 896, § 3º, acima transcrito. Igualmente não serve para demonstração de divergência acórdão da turma do TST, pois este não é de última instância, já que desta decisão cabe agravo para a SDI-I. Esta sim, produz decisão que fundamenta eventual recurso de revista por divergência, tanto quanto a súmula do TST, que é a consolidação da uniformização do entendimento a respeito do tema.

Cabível também o recurso de revista por divergência jurisprudencial fundado não em texto de lei federal, como a hipótese da letra "a", mas fundado na interpretação divergente de lei estadual, convenção ou acordo coletivo de trabalho, sentença normativa ou regulamento de empresa, como prevê o art. 896, letra "b", da CLT, mas desde que o instrumento tenha aplicação em área territorial que exceda a jurisdição do tribunal regional prolator da decisão recorrida.

Veja-se que a possibilidade de existência de lei estadual em matéria trabalhista resulta da faculdade que possui o Estado-membro de admitir pessoal pelo regime da

CLT e editar lei que venha regular os contratos de trabalho. Assim, não há ofensa à competência privativa da União para legislar em matéria trabalhista (CF, art. 22, I), já que a referida lei estadual tem aplicação somente aos servidores celetistas, tendo o *status* de norma contratual.

E o cabimento de recurso de revista por divergência jurisprudencial fundada na interpretação da referida lei estadual, norma coletiva ou sentença normativa e regulamento de empresa só se dá se o instrumento jurídico que originou a decisão recorrida tiver aplicação em área geográfica que ultrapasse a jurisdição do tribunal regional prolator. Isso porque se o conflito circunscrever-se à jurisdição do Tribunal Regional do Trabalho caberá a ele em última instância uniformizar o entendimento. Buscou o legislador com a criação da letra "*b*" do art. 896 em exame resolver o problema da divergência não fundada em lei, mas em norma contratual, criando esta hipótese intermediária de cabimento, desde que os efeitos se façam sentir na jurisdição de mais de um tribunal regional, como objetivou a Lei n. 9.756/98, que trouxe a inovação.

Por fim, o cabimento do recurso de revista por ofensa à lei ou à norma constitucional supõe a demonstração de ofensa frontal e não mera interpretação desfavorável ou de ofensa reflexa. É preciso, em síntese, que a decisão recorrida tenha negado vigência ao dispositivo constitucional ou legal, a fim de que se reconheça a hipótese de que cuida o art. 896, letra "*c*", da CLT.

Diga-se, ainda, na seara do cabimento do recurso de revista, que o legislador inseriu o § 2º do art. 896, por força da já referida Lei n. 9.756/98, para pôr fim às tentativas de fazer chegar ao TST as discussões frequentes na fase de execução de sentença sobre a alegada condição de terceiro estranho ao litígio. Assim, ingressava o interessado com embargos de terceiro e buscando ver reconhecida a condição de ação autônoma dos mesmos, ingressava com recurso ordinário e recurso de revista, procrastinando a solução do feito.

O legislador sacramentou o entendimento doutrinário e jurisprudencial de que a competência é do juiz da execução para conhecer e decidir os embargos de terceiro, pois ainda que cuidem de posse ou propriedade de bens, trata-se de mero incidente na execução trabalhista. Ademais, determinou que da decisão desfavorável nos embargos de terceiro só caberá agravo de petição, reservando o recurso de revista só no caso de ofensa direta e literal à norma constitucional.

III-c. Processamento

O recurso de revista é interposto perante o juízo recorrido, isto é, o Tribunal Regional do Trabalho que produziu o acórdão desfavorável ao recorrente. Esta regra da interposição do recurso perante o juízo de origem, que é aplicada a todos os recursos judiciais, tem a finalidade tanto de viabilizar o aparelhamento do recurso, com a notificação para as contrarrazões, quanto permitir ao Presidente do TRT exercer o primeiro juízo de admissibilidade.

Interposto o recurso de revista, caberá ao Presidente do TRT examinar os pressupostos de admissibilidade, verificando o respeito ao prazo de oito dias, o recolhimento de custas e de depósito prévio, nos valores devidos, na forma e prazo corretos, quando for o caso, além do exame do preenchimento das hipóteses previstas nas letras "a", "b" ou "c", do art. 896 da CLT, conforme alegue o recorrente divergência jurisprudencial ou ofensa à lei ou norma constitucional.

Constatado o preenchimento dos pressupostos de cabimento, o Presidente do TRT receberá o recurso de revista, determinando a notificação do recorrido para apresentar as contrarrazões e, findo o prazo para tanto, remeterá os autos ao TST para distribuição e julgamento.

Na hipótese do Presidente do TRT concluir pela intempestividade, deserção, não preenchimento das hipóteses legais de cabimento, denegará seguimento ao recurso de revista, cientificando o recorrente, que poderá ingressar com agravo de instrumento.

Vê-se, portanto, que a decisão do Presidente do TRT, que não vincula a turma julgadora do TST, poderá ser objeto de impugnação pelo recorrido, quando for recebido o recurso, por meio das contrarrazões ao recurso de revista. E, no caso de ser o mesmo denegado, poderá ser discutida pela via do agravo de instrumento.

Remetido o recurso de revista ao TST, será distribuído a um dos Ministros integrantes de turma julgadora, já que se trata de recurso da competência funcional das turmas, como previsto no regimento interno do TST, em seu art. 74, I.

O Ministro relator tem a faculdade de negar seguimento ao recurso de revista, por despacho monocrático, como prevê o art. 896, § 5º, da CLT, nas hipóteses de a decisão recorrida estar em consonância com enunciado da Súmula da Jurisprudência do Tribunal Superior do Trabalho, bem como nas hipóteses de intempestividade, deserção, falta de alçada e ilegitimidade de representação, cabendo a interposição de Agravo.

Encontrando-se em termos o recurso de revista, o Ministro relator, após elaborar seu voto, encaminhará os autos à Secretaria da Turma, que deverá incluí-lo em seguida em pauta. Publicada a pauta de julgamento os advogados das partes poderão inscrever-se para sustentação oral de suas razões, ato este atualmente possível via internet. Julgado o recurso de revista o acórdão será publicado, podendo as partes interpor embargos para a SDI-I, se for o caso, nos termos do art. 894 da CLT.

III-d. Jurisprudência

Dada a relevância do tema do recurso de revista pela quantidade enorme de recursos interpostos, cuidou o TST, ao longo do tempo, de fixar regras para seu cabimento, processamento e apreciação, que hoje se encontram consubstanciadas em súmulas de jurisprudência, bem como nas orientações jurisprudenciais das Seções em que se subdivide o TST.

Referido conjunto de súmulas e orientações jurisprudenciais ocupa-se do cabimento e de regras de processamento, mas também espelham o entendimento fixado pelo TST sobre temas que estimulam maior número de recursos, servindo como orientação a todos.

Assim, fixadas as premissas quanto ao direito material e processual, passam a ter uniformidade as decisões dos órgãos fracionários e do Plenário do TST, cumprindo o Tribunal sua função de uniformizar a jurisprudência trabalhista no país.

Eis porque é essencial que internamente haja estrita observância da jurisprudência pacífica, pois esta serve de balizamento da ação das empresas, sindicatos, empregados e empregadores, além da fiscalização trabalhista. E só na medida que o próprio TST se submete às suas decisões sumuladas é que tem autoridade para exigir igual postura dos Tribunais Regionais dó Trabalho e das Varas do Trabalho, o que resulta na harmonia nas relações de trabalho.

III-e. A transcendência

Quanto às tentativas de uniformização da jurisprudência, foi inserido o art. 896-A no texto da CLT, que cuida do tema, determinando que o TST examine previamente se a causa oferece transcendência com relação aos reflexos gerais de natureza econômica, política, social, ou jurídica. E só em caso positivo é que o recurso deverá ser examinado.

Mas, embora a inserção do novo dispositivo legal tenha ocorrido em 2001, até hoje, o TST não logrou regulamentá-lo, por razões variadas, ligadas às convicções dos seus integrantes, assim como às peculiaridades dos processos trabalhistas, que cuidam sempre de vários temas.

Note-se, ademais, que o STF e o STJ já cuidaram de regulamentar os respectivos para tentar reduzir o número de recursos a eles submetidos a julgamento.

Os arts. 543-A e 543-B, do CPC cuidam da repercussão geral, que é o instrumento processual que permite ao STF julgar determinado tema e dar ao julgamento efeito que repercute em todos os processos que versem idêntica matéria, produzindo decisões no mesmo sentido pelo próprio STF, ou pelos demais tribunais quando o recurso ainda ali se encontra.

Com igual propósito, o art. 543-C do CPC regulamenta o procedimento do STJ de criação de súmula obstativa de recursos, o que tem sido aplicado com resultados positivos.

Atualmente, há em tramitação no Poder Legislativo um projeto de reforma do CPC, que contempla em seus arts. 895 a 906 o incidente de resolução de demandas respectivas, que tem igual finalidade àquela buscada pelos citados arts. 543-A a 543-C do CPC, e que supletivamente poderá, se aprovado o projeto, ser aplicado ao nosso processo.

IV. Conclusões

Verifica-se, assim, que a situação do TST, quanto ao volume de processos, é preocupante, não obstante várias medidas tenham sido tomadas, como informatização do processo, dedicação extrema de Ministros e servidores, além de mutirões, sempre com o objetivo de diminuir o tempo de espera do jurisdicionado para solução de seu processo.

Não obstante, acreditamos que tais medidas não serão, ao longo do tempo, eficazes e que é necessário reverter a concepção de que o recurso precisa obrigatoriamente de apreciação pelo TST.

Paralelamente, do ponto de vista pragmático, é imperioso impedir a subida de recursos àquela Corte, pois mesmo que o recurso de revista seja incabível o agravo de instrumento leva o feito até ele, retardando por largo período, no mais das vezes sem fundamento, a solução judicial.

Afinal, acreditamos que mesmo com todas estas medidas, observando o crescimento vegetativo da população e o aumento da atividade empresarial e do contingente de trabalhadores, o Poder Judiciário não pode ser a única instância para compor os conflitos decorrentes do trabalho, pois por melhor que seja sua estrutura não dará resposta satisfatória e ágil à demanda.

Para uma pronta e eficiente solução do problema, é preciso que tenhamos instâncias extrajudiciais, seguras e competentes, que permitam o acesso de todos, com a finalidade de solucionar conflitos que na realidade não necessitam de apreciação estatal.

Não se tratando de temas que reclamam uma interpretação jurídica, mas sim mero acertamento entre empregados e empregadores, sua submissão a um procedimento de conciliação, de mediação, ou mesmo de arbitragem, que decidam efetivamente a divergência, teremos a composição satisfatória do conflito, sem que as partes recorram ao Poder Judiciário em tais circunstâncias, o que permitirá àquelas demandas que reclamam decisão estatal tenham tramitação célere, com duração razoável, como determina o art. 5º, LXXVIII da Constituição Federal.

Trabalho e Lazer[(*)]

Roberto Norris[(**)]

"Quem não dispõe de dois terços do próprio dia é um escravo!" Começo esta minha participação com o pensamento de Nietzche para demonstrar que, já naquela época, existia uma grande preocupação com a questão referente à duração do trabalho. Se o "ter trabalho" representa aspecto muito importante para o indivíduo, e, como consequência disto, o tempo de trabalho constitui-se em um marco a balizar a atuação da pessoa perante a sociedade, cada vez mais vem surgindo uma preocupação no que concerne ao "tempo de não trabalho", uma vez que este também se encontra umbilicalmente ligado a diversas questões igualmente importantes.

Abro aqui os necessários parênteses para mencionar que não podemos jamais ignorar uma sempre presente preocupação com a condição dos que não possuem sequer a oportunidade de trabalhar, o que deixa ociosa boa parte da população, e que, em razão deste sério problema do não emprego, não tem nem a possibilidade de viver o lazer como respaldo da liberação do trabalho. Ainda mais por estarmos vivendo em uma sociedade que possui uma tendência histórica de não precisar mais do trabalho da maioria da população.

Mas, continuando, se, na época de Nietzche, a preocupação estava voltada principalmente para a quantidade de tempo livre, atualmente os estudos encontram-se — ainda que preocupados também com o aspecto quantitativo — muito voltados ao elemento qualitativo, ou seja: não somente ter o tempo livre, mas importa saber o que se está efetivamente fazendo com este tempo livre. Em outras palavras, o que estou procurando demonstrar é a importância em uma alteração de foco: da predominância da preocupação com o trabalho para a predominância com a questão do tempo livre, para que todos possamos meditar acerca de uma assertiva, relacionada ao que se costuma denominar de "sociedade do lazer", no sentido de que as pessoas ainda não saberiam concretamente o que fazer com o tempo livre.

Para que seja possível tratar deste tema, e tendo em vista o reduzido tempo para a sua abordagem, permito-me então indicar alguns dos aspectos a partir dos quais desenvolverei esta minha breve apresentação:

a) não se deve esquecer de que o regime econômico eleito na Constituição Federal é o capitalista, conforme se depreende, dentre outros, de seus arts. 170, 173 e 174;

b) temos que estar conscientes, ao contrário do que muitos ainda pensam neste país, que nem todas as necessidades sociais serão supridas, e que nem todas as

---

(*) Palestra proferida no I Congresso Sul-Americano de Direito do Trabalho e Seguridade Social – Homenagem ao Professor Doutor Cássio de Mesquita Barros, Aracaju (SE), setembro de 2010.1

(**) Juiz do Trabalho na 1ª Região (RJ), Doutor em Direito pela Universidade de São Paulo (SP), Professor da disciplina "Análise econômica do Direito" no Programa de Mestrado da Universidade Candido Mendes (RJ).

injustiças serão resolvidas, pelo ordenamento jurídico e pelas decisões proferidas nos tribunais; e

c) devemos estar atentos à afirmação de Dumazedier, apresentada em seu livro "Sociologia empírica do lazer", de que o lazer pode até possuir uma parcela majoritária do tempo livre, mas que não corresponde inteiramente ao tempo de não trabalho, uma vez que diversas obrigações da pessoa, além de não constituírem tempo de trabalho, também não constituem tempo de lazer.

Adotando-se estes pontos de partida, já se pode então passar à caracterização do que tende a ser a problemática central posta (e proposta) para a sociedade do Século XXI a respeito do tema, e que, mais uma vez diante da premência do tempo, pretendo sintetizar em duas perspectivas a serem consideradas:

a) uma primeira, a que chamarei de perspectiva positiva, que afirma existir uma nova concepção de uma sociedade não mais fundamentada no tempo do trabalho, mas justamente no tempo livre, ou seja, a civilização encontra-se a caminho de dedicar a sua especial atenção ao lazer. Adotar-se esta concepção conduziria a dedicar um aumento do tempo livre ao que se costuma denominar de melhor qualidade de vida, com um aumento do tempo de descanso, reaproximação com a família, além de muitas outras coisas que caracterizariam a verdadeira emancipação humana; e

b) por outro lado, também se pode apresentar uma outra visão existente, à qual denominarei de perspectiva negativa, afirmadora de que o tempo livre não se destinaria ao verdadeiro lazer, mas apenas se caracterizaria como um tempo de consumo e de revitalização para um novo dia de trabalho, isto é, o tempo livre seria um mero tempo de revigoramento para a perpetuação do tempo dominado pelo capital, e, portanto, a serviço exclusivamente da reprodução do sistema capitalista. Os seguidores desta segunda perspectiva defendem, então, ser necessário que uma ruptura cultural acompanhe todo o processo de mudança nessa área.

Diante desses quadros que ora se pinta, não posso deixar de ver uma realidade: há muito tempo o consumo vem passando a representar, de fato, de maneira concreta, a porta de entrada para que o trabalhador se sinta socialmente integrado. Valquíria Padilha, por exemplo, chega a afirmar que o lazer incorporou-se aos *shoppings centers* de maneira tão significativa que hoje se confunde centro de compras com centro de lazer. E esta realidade de consumismo encontra-se bem visível quando se observa o grau de endividamento, principalmente junto a instituições financeiras, relativamente àqueles que trabalham. À guisa de exemplificação, a *Revista Time*, em sua edição *on-line* no princípio deste mês de setembro, apresentou resultados de uma pesquisa onde se constatou que os trabalhadores americanos, diante da recente crise, estavam mais preocupados com as medidas de alteração de crédito junto às instituições financeiras do que com as providências que poderiam ser adotadas pelos seus empregadores em razão da crise! E olha que uma dessas providências previsíveis, quanto a estes últimos, consistia em dispensas, e, portanto, na perda do próprio emprego relativamente aos entrevistados!

Mas, se a questão referente ao consumo apresenta-se bastante clara, como fica a situação envolvendo a produção? Defende-se abertamente, em diversos setores, uma redução programada da duração do trabalho, sem perda de renda real, aliada a um conjunto de políticas que permitam que o período de descanso seja um tempo de aperfeiçoamento.

Embora continuemos, em estudos, conversas e palestras envolvendo matérias trabalhistas, muito a mencionar o "fordismo", devemos atentar para o fato de que foi o "toyotismo", ou modelo japonês, que trouxe o maior impacto ao mercado de trabalho mundial, uma vez que, não somente flexibilizou o aparato produtivo, mas também, e pelo fenômeno da horizontalização, alterou a organização do trabalho desde a linha de produção até a cadeia de fornecedores. Apenas à guisa de exemplificação, menciono alguns dos elementos que permitiram essa flexibilização: *kanban, just in time*, terceirização, subcontratação, controle de qualidade total e eliminação do desperdício.

No que diz respeito à flexibilização a ser aplicada às relações do trabalho no Brasil, por exemplo, durante muito tempo buscou-se atingi-la "via alteração legislativa". Mas a análise econômica do Direito nos mostra que, diante da enorme dificuldade em se obter êxito neste aspecto, considerando-se o desgaste político, relativamente aos legisladores, que tais alterações podem provocar, o mercado descobriu, como rota de fuga, uma outra maneira de flexibilizar: o toyotismo passou a dispor da força de trabalho, na mesma cadência da produção e do mercado consumidor, fazendo uso de um número mínimo de trabalhadores que passaram a ser contratados para mais trabalho segundo o regime de horas extras, e, sempre que isto for possível e necessário, pela subcontratação de mais trabalhadores, de caráter temporário e em épocas de alta demanda. Com isto se reduz, e muito, o elo que se possa fazer entre o tempo de lazer e a qualificação, embora a vertente de maior desqualificação do trabalho decorra da não especialização do trabalhador, que acaba por aderir à forma terceirizada, temporária, subcontratada e parcial.

Finalmente, e para que não me "acusem" de ter vindo a um Congresso de Direito sem tratar especificamente de normas, faço aqui menção ao art. 7º, inciso IV, da Constituição Federal para perguntar a todos se, em um país onde o valor do salário mínimo atualmente é de R$ 622,00, e após o trabalhador efetuar os gastos, consigo mesmo e com a sua família, referentes a moradia, alimentação, saúde, educação, higiene e transporte, ainda sobrará algum centavo para ser gasto com o lazer?

Pela atenção, muito obrigado.

Trabalho Decente e a Proteção contra a Discriminação de Gênero[*]

Vilma Leite Machado Amorim[**]

1. Introdução

O objetivo do presente trabalho é estudo do trabalho decente e da proteção contra a discriminação de gênero. Para tanto, faz-se-á, inicialmente, uma retrospectiva histórica do trabalho humano no mundo e no Brasil.

Para abordar o tema, entende-se indispensável uma análise acerca da dignidade da pessoa humana, enquanto norma-princípio que fundamenta o Estado Democrático de Direito, servindo de base a diversos direitos humanos trazidos à Carta Cidadã de 1988.

Tratar-se-á do Trabalho Decente, enquanto direito fundamental de toda pessoa humana, apresentando conceitos, doutrina, normas internacionais, constitucionais e infraconstitucionais que versam sobre a questão. Passar-se-á, então, a uma reflexão no tocante às diversas formas de trabalho indigno, demonstrando-se, ainda, embora de maneira superficial, a atuação do Ministério Público do Trabalho na promoção do trabalho decente.

Nas considerações finais, será feita uma análise crítica da efetivação do direito constitucional ao trabalho decente e da norma-princípio da dignidade humana.

2. Desenvolvimento

2.1. O trabalho desenvolvido pelo homem – Aspectos históricos

O trabalho realizado pelo ser humano é um dos elementos mais importantes para compreensão da história dos povos. A maneira pela qual se busca o próprio sustento e o da sua família revela muitos aspectos da sua comunidade, no tocante às relações sociais, econômicas, políticas e culturais. O vocábulo trabalho tem sua origem no latim *"tripalium"*[1], nome dado a instrumento de tortura ou, ainda, cavalete de três paus, usado em animais e palavra *"tripaliare"*[2] significa trabalhar.

---

[*] Palestra proferida no I Congresso Sul-americano de Direito do Trabalho e Seguridade Social, realizado em setembro de 2010, em Aracaju/SE.

[**] Mestranda em Direito pela Universidade Federal de Sergipe. Especialista em Negociação Coletiva pela OIT – Organização Internacional do Trabalho. Pós-graduada *lato sensu* em Direito do Trabalho e Previdência Social e em Direito Público, ambas pela Universidade Tiradentes. Coordenadora Nacional da Coordigualdade – Coordenadoria Nacional de Promoção de Igualdade de Oportunidades e Eliminação da Discriminação no Trabalho, do Ministério Público do Trabalho. Procuradora do Ministério Público do Trabalho.

(1) CASSAR, Vólia Bonfim. *Direito do trabalho*. Niterói: Impetus, 2008. p. 3.

(2) MARTINS, Sergio Pinto. *Direito do trabalho*. 25. ed. São Paulo: Atlas, 2009. p. 4.

Portanto, "certo é que o vocábulo trabalho apresentou, desde o seu nascimento, um sentimento de expiação, de castigo ou de fadiga"[3]. Note-se que tais atributos já encontramos no Antigo Testamento, quando Adão fora expulso do paraíso, tendo que a partir de então, sobreviver do suor do seu rosto[4].

O Direito do Trabalho tem como objeto de estudo a energia desprendida em favor de outra pessoa. O trabalho durante as Idades Antiga e Média esteve atrelado à mão de obra que não era livre juridicamente[5]. Somente a partir da Idade Moderna que a mão de obra passa a ser, predominantemente, assalariada.

Na Baixa Idade Média, "[...] o crescimento demográfico e o renascimento urbano, com emancipação pacífica ou não das cidades onde mais florescia a atividade comercial, deram origem a uma nova sociedade agora estruturada em classe e a habitar cidades ou burgos"[6], as corporações de mercadores e as de ofício, estabeleciam estrutura hierárquica, regulando a capacidade produtiva, regulamentando a técnica de produção.

A Revolução Francesa do ano de 1789 suprimiu as corporações, com base nos princípios da liberdade, da igualdade e da fraternidade, trazendo ao centro do poder uma nova classe, a burguesia, sedenta do poder econômico e político, formando monarquias nacionais que dominaram toda a Idade Moderna, inaugurando a produção de bens em larga escala. As Revoluções Industriais iniciadas na Inglaterra transformaram o trabalho em emprego, predominantemente, remunerado e subordinado, trazendo a mecanização da produção em série, exigindo técnica no processo produtivo e concentração do elemento humano, em torno das unidades onde se instalaram as máquinas, provocando a urbanização da sociedade, com cidades, metrópoles e megalópoles[7].

O Estado passou a intervir nas novas relações laborais, fruto, também, da pressão exercida pela classe operária, para a criação de normas destinadas à proteção dos trabalhadores, em especial, a menores de idade e às mulheres, considerados meia força. Em 1802, surge na Inglaterra norma proibindo o trabalho noturno de menores e fixando jornada de trabalho de doze horas.

Na França, em 1841, o trabalho de menores de oito anos de idade foi proibido. A Igreja Católica preocupada com as precárias condições de trabalho, falta de repouso e baixa remuneração, em 1891 publicou a Encíclica Papal *Rerum Novarum*[8], da autoria de Leão XIII. Relevante ressaltar o surgimento, nesse período, de várias normas destinadas à proteção da liberdade e organização sindical.

A Idade Contemporânea, marcada por duas grandes guerras, 1914/1918 e 1939/1945, assiste à constitucionalização do direito do trabalho. Em 1917, no México,

---

(3) SOUZA, Otávio Augusto Reis de; CARNEIRO, Ricardo José Mercês. *Direito e processo do trabalho*. Rio de Janeiro: Forense, 2008. p. 1.
(4) "No suor do seu rosto, comerás o teu pão, até que te tornes à terra." Gênese, 3:19.
(5) CASSAR, Vólia Bonfim, *op. cit.*, p. 14.
(6) CARVALHO, Augusto César Leite de. *Direito individual do trabalho*. Rio de Janeiro: Forense, 2004. p. 6.
(7) GODINHO, Mauricio Delgado. *Curso de direito do trabalho*. 5. ed. São Paulo: LTr, 2006. p. 88.
(8) *Op. cit.*, p. 93.

surgiu a primeira Constituição que tratou de temas relativos ao Direito do Trabalho. Em 1919, na Alemanha Constituição de Weimar, e, ainda, no mesmo ano, Tratado de Versalhes, que fixou princípios sobre duração de trabalho, diária e semanal, repouso, isonomia salarial, proteção especial ao menor e à mulher e direito de associação.

Em 1921, durante a Convenção de Genebra, foi criada a OIT — Organização Internacional do Trabalho, que passa a ter papel fundamental no mundo do trabalho, disciplinando as relações laborais. Não poderia deixar de mencionar a *Carta del Lavoro*, de 1927, da Itália, que muito influenciou o direito do trabalho brasileiro, no tocante ao Direito Sindical e Organização da Justiça do Trabalho[9].

Após a segunda grande guerra, os países se voltaram para a construção de normas de proteção à pessoa, a exemplo da Declaração Universal dos Direitos Humanos, em 1948, com limitação de jornada, férias remuneradas, repouso e lazer.

No Brasil, normas de natureza trabalhista foram contempladas na Constituição do Império, de 1824, as quais asseguravam ampla liberdade para o trabalho e extinguiu as Corporações de Ofício, na trilha dos acontecimentos da Revolução Francesa. A Constituição da República de 1891 garantiu o livre exercício de qualquer profissão e assegurou liberdade de associação.

A Constituição de 1934 foi a primeira a elevar direitos trabalhistas ao patamar constitucional. A Carta de 1937 marcou uma fase intervencionista do Estado, decorrente do golpe de Getúlio Vargas. O Decreto-lei n. 5.452, de 1º.5.1943, aprovou a Consolidação das Leis do Trabalho (CLT), tendo como objetivo reunir as leis esparsas existentes à época, consolidando-as, embora inovando em alguns aspectos as relações trabalhistas.

A Constituição da República de 1946 é considerada uma norma democrática e nela podem ser encontrados diversos direitos trabalhistas, a exemplo da participação dos trabalhadores nos lucros da empresa, repouso semanal remunerado, estabilidade, direito de greve e outros direitos que estavam na norma constitucional anterior, bem como a inclusão da Justiça do Trabalho no Poder Judiciário. Em 1967, foram mantidos os direitos trabalhistas estabelecidos nas Constituições anteriores.

A atual Constituição da República, promulgada em 1988, que também versa sobre direitos trabalhistas, enquanto direitos fundamentais, é considerada a Constituição Cidadã, que é um marco na história do país, pois avançou na proteção aos direitos e garantias individuais, na supremacia do regime democrático e, para salvaguardar todos esses direitos, elevou a dignidade da pessoa humana a valor fundamental do Estado Brasileiro, expressamente proclamado em seus arts. 1º, inciso III, 170, inciso III e 226, § 7º.

2.2. *A dignidade da pessoa humana*

O estudo da norma-princípio da dignidade da pessoa humana é resultado da constitucionalização dos chamados direitos humanos e trouxe à sociedade e aos governos

---

(9) CASSAR, Vólia Bonfim, *op. cit.*, p. 18.

a necessidade de se buscar a igualdade material, considerando os mais diversos grupos vulneráveis.

Em sua tese de doutorado, Luciana Aboim Machado Gonçalves da Silva[10] assevera que "com a qualificação da dignidade da pessoa humana como princípio fundamental, tornou-se evidente que a Lei Maior não contém apenas uma declaração de conteúdo ético e moral, constituindo, também, uma norma jurídica, e, como tal, dotada de coercibilidade".

Nessa linha de pensamento, Jussara Maria Morena Jacinto[11] chega à seguinte conclusão: "que a dignidade humana é valor que informa toda a ordem jurídica inaugurada com a Constituição Federal de 1988. Nesse diapasão, a dignidade da pessoa vai orientar toda a interpretação possível das normas constitucionais."

Flávia Moreira Guimarães Pessoa,[12] em sua obra *Curso de direito constitucional do trabalho*, leciona que:

> [...] o princípio da dignidade da pessoa humana é essencial dentro do contexto de análise dos direitos fundamentais. Ela, como valor fundamental, exerce uma atração no conteúdo dos demais direitos fundamentais, pressupondo o reconhecimento de todos eles, independentemente de suas dimensões.

Assim, notamos uma mudança substancial de paradigma, pois, no passado, o trabalho era, essencialmente, caracterizado pela tortura, dor, sofrimento, atribuído sempre aos membros das classes menos favorecidas economicamente. Hoje, o trabalho prestado pelo homem, no dizer de José Cláudio Monteiro de Brito Filho[13]:

> [...] deveria também ser considerado meio de realização do indivíduo. Para isso, é preciso que alguns preceitos mínimos sejam observados; o primeiro deles, premissa de todos, é que exista liberdade na ação de emprestar a força de trabalho. Negar o trabalho livre, então, é negar o próprio direito ao trabalho e, portanto, um dos direitos inerentes à pessoa humana.

Basta, portanto, a condição humana para ter direito à dignidade, por ser essa um atributo intrínseco à pessoa, independentemente de religião, da moral ou de crença.

Finalmente, cabe ressaltar que o princípio da não discriminação é considerado a vertente negativa do princípio da igualdade[14], como o da dignidade humana, tam-

---

(10) SILVA, Luciana Aboim Machado Gonçalves da. *Direito social do trabalhador ao salário justo*. Tese de Doutorado, Faculdade de Direito da USP, São Paulo, 2008. p. 120.
(11) JACINTO, Jussara Maria Morena. *Dignidade humana – princípio constitucional*. Curitiba: Juruá, 2006. p. 253.
(12) PESSOA, Flávia Moreira Guimarães. *Curso de direito constitucional do trabalho*. Bahia: JusPodivm, 2009. p. 28-29.
(13) BRITO FILHO, José Cláudio Monteiro de. *Trabalho decente*: análise jurídica da exploração, trabalho forçado e outras formas de trabalho indigno. 2. ed. São Paulo: LTr, 2010. p. 12.
(14) GURGEL, Yara Maria Pereira. *Direitos humanos, princípio da igualdade e não discriminação*: sua aplicação às relações de trabalho. São Paulo: LTr, 2010. p. 29.

bém possui carga normativa. Para Gurgel[15], "deriva da própria axiologia do direito ao tratamento isonômico, não sem possível qualquer tratamento excludente em razão de gênero, raça, cor, orientação sexual, aparência, estado civil," por exemplo.

2.3. Trabalho decente

Primeiramente, urge trazer à baila o significado da palavra decente, para, logo a seguir, ser analisada o termo trabalho decente.

O Dicionário de Houaiss da língua portuguesa[16] define o vocábulo decente como "o que está em conformidade com os padrões morais e éticos da sociedade; digno, correto, decoroso".

Para o já citado Brito Filho,[17] "trabalho decente é aquele que garante os Direitos Humanos do Trabalhador". E esse mesmo doutrinador, em outra obra, define Direitos Humanos como sendo:

> [...] o conjunto de direitos e garantias conferidos à pessoa humana enquanto indivíduo, coletividade e gênero, oponíveis e exigíveis contra o Estado e outras pessoas, visando a igualdade, o respeito e o estabelecimento de condições mínimas de vida e desenvolvimento de todos.[18]

Segundo a Organização Internacional do Trabalho — OIT[19]:

> [...] decente é um trabalho produtivo e adequadamente remunerado, exercido em condições de liberdade, equidade, e segurança, sem quaisquer formas de discriminação, e capaz de garantir uma vida digna a todas as pessoas que vivem de seu trabalho.

Em razão disso, foi elaborada uma Agenda do Trabalho Decente, figurando o Brasil como país signatário, tendo sido fixados os quatro eixos centrais: a criação de emprego de qualidade para homens e mulheres, a extensão da proteção social, a promoção e fortalecimento do diálogo social e o respeito aos princípios e direitos fundamentais no trabalho, expressos na Declaração dos Direitos e Princípios Fundamentais no Trabalho da OIT, adotada em 1998, com liberdade de associação e de organização sindical e reconhecimento efetivo do direito de negociação coletiva[20]; eliminação de todas as formas de trabalho forçado ou obrigatório[21]; abolição efetiva do trabalho infantil[22]; e eliminação da discriminação em matéria de emprego e ocupação[23].

---

(15) *Op. cit.*, p. 48.
(16) Instituto Antônio Houaiss de Lexicografia. Rio de Janeiro: Objetiva, 2004, p. 918.
(17) BRITO FILHO, *op. cit.*, p. 25.
(18) BRITO FLHO, José Cláudio Monteiro de. *Discriminação no trabalho*. São Paulo: LTr, 2002. p. 20.
(19) Organização Internacional o Trabalho. Disponível em: <http://www.oit.org.br/agenda_trabalho_decente> Acesso em: 20 ago. 2010.
(20) Convenções ns. 87 e 98, da OIT.
(21) Convenções ns. 29 e 105, da OIT.
(22) Convenções ns. 138 e 182, da OIT.
(23) Convenções ns. 100 e 111, da OIT.

A promoção do trabalho decente passou a ser um compromisso assumido entre o Governo Brasileiro e a Organização Internacional do Trabalho, tendo como metas o combate ao trabalho infantil e proteção ao trabalhador adolescente, ao trabalho escravo, ao assédio moral, seja interpessoal, seja organizacional, a todo tipo de fraudes nas relações de emprego, a toda forma de discriminação nas relações de trabalho, ao meio ambiente de trabalho inadequado, é tarefa que se impõe para a efetivação da nossa Constituição da República de 1988.

Destarte, diante do estudo do tema abordado, Caroline Delevati Colpo[24], professora do curso de Relações Públicas das Faculdades Integradas Univest, chegou à seguinte conclusão:

> [...] Assim, o chamado trabalho decente é perspectiva futura, no qual o empregado terá equilíbrio entre o trabalho e a vida familiar. Terá possibilidade de enviar seus filhos para as escolas e retirá-los do trabalho infantil. Cada mulher e cada homem poderão ascender a um trabalho decente e produtivo em condições de liberdade, equidade, segurança e dignidade. Não serão discriminados e terão voz dentro do local de trabalho e na sociedade, poderão desenvolver suas capacidades pessoais para competir no mercado de trabalho, além de ter saúde, ou seja, um meio para garantir a própria dignidade humana.

2.4. Da discriminação de gênero nas relações de trabalho

A discriminação de gênero[25] é tão antiga quanto a história da humanidade. Ela perdura no tempo, nos diversos espaços, nas mais diferentes formas, variando das mais cruéis às mais sutis, da violência doméstica, física e psicológica, à discriminação indireta, velada, nas seleções para os mais altos escalões das grandes empresas, apesar do fato de a mulher possuir mais anos de estudo do que o homem[26]. Por outro turno, jamais o ordenamento jurídico pátrio possuiu a quantidade de normas protetivas para a mulher, como acontece nos dias atuais. Essa assertiva pode ser confirmada nos textos internacionais, constitucionais e infraconstitucionais, repletos de igualdade jurídica formal.

Não se pode duvidar que grande passo foi dado para vincular pessoas, instituições, empresas, o próprio legislador, e até o judiciário, enfim, toda a sociedade, no cumprimento dos fundamentais princípios da igualdade e da não discriminação. No entanto, a realidade demonstra, ainda, um longo caminho a ser trilhado para a obtenção da igualdade material em relação a gênero nas relações de trabalho.

---

(24) COLPO, Caroline Delevati. *Responsabilidade social e trabalho decente no paradigma organizacional*. In: V Encontro dos Núcleos de Pesquisa da INTERCOM. Trabalho apresentado ao NP 05 – Relações Públicas e Comunicação Organizacional, Faculdades Integradas Univest.

(25) O termo gênero é aqui utilizado enquanto construção social e histórica para identificar a diversidade biológica, portanto, mais amplo que o termo sexo.

(26) IPEA – Instituto de Pesquisa Econômica Aplicada. Relatório de 8 de março de 2010. Disponível em: <http://www.ipea.gov.br> Acesso em: 14 jul. 2010.

Discriminar, em sentido neutro, significa distinguir ou diferenciar. Impõe ressaltar que a mulher é sempre alvo da discriminação, conotação negativa, ou seja, a que desfavorece a pessoa ou o grupo de pessoas unidas por um traço comum, sem motivo razoável[27]. Já o preconceito enquanto atitude interior do indivíduo ou grupo, ou uma ideia pré-concebida acerca de algo ou alguém, pode conduzir à discriminação, vez que essa *é a* materialização, exteriorização daquele.

Para Egídia Maria de Almeida Aeixe, citada por Thereza Cristina Gosdal[28]:

[...] o ato de discriminar compõe-se, antes de tudo, de uma generalização dos atributos extrínsecos das pessoas de um grupo como sinônimos de uma ou mais qualidades vistas como negativas. O efeito é a negação da individualidade de cada componente do grupo e sua dissolução em um todo imaginário, que recebe uma categorização estigmatizante a partir dos valores daquele que discrimina.

Discriminação é toda distinção, exclusão ou preferência fundada na raça, cor, sexo, religião, opinião política, ascendência nacional ou origem social que tenha por efeito destruir ou alterar a igualdade de oportunidades ou de tratamento em matéria de emprego ou profissão, conforme definição dada pela Convenção n. 111, da Organização Internacional do Trabalho (OIT), ratificada pelo Brasil no ano de 1968 e cristalizada no Decreto n. 62.150/1968.

A discriminação da mulher no mercado de trabalho, nas lições de Thereza Cristina Gostal[29] "[...] surge historicamente legitimada por um conjunto de 'leis' biológicas e de mercado, consolidadas nas relações de gênero", o que condiciona tal discriminação à natureza, seja do trabalhador, seja da atividade a ser desenvolvida, desconsiderando-se, assim, os aspectos históricos, sociológicos e antropológicos".

Alice Monteiro de Barros, citada por Thereza Gosdal[30], conceitua a discriminação direta como sendo aquela que "[...] pressupõe um tratamento desigual fundado em razões proibidas; e a discriminação indireta, um tratamento formalmente igual, mas que produz efeito diverso sobre determinados grupos."

Se a discriminação direta de gênero é tema que já não traz à baila muita polêmica no mundo acadêmico e jurídico, a indireta, a velada, por seu turno, tem na sua negação o maior obstáculo, inexistindo, muitas vezes, o reconhecimento dessas manifestações por parte das empresas.

A discriminação indireta está "[...] relacionada com situações, regulamentações ou práticas aparentemente neutras, mas que, na realidade, criam desigualdades em relação a pessoas que têm as mesmas características"[31]. Essa, sem conflitos abertos,

---

(27) GOSDAL, Tereza Cristina. *Discriminação da mulher no emprego*: relações de gênero no direito do trabalho. Curitiba: Genesis, 2003. p. 92.
(28) *Op. cit.*, p. 94.
(29) *Op. cit.*, p. 83.
(30) *Op. cit.*, p. 83.
(31) *Op. cit.*, p. 83.

caracteriza-se pela maior dificuldade de ser identificada, sendo esse tipo a que gera as piores consequências, pois pretere grupos mais vulneráveis, a exemplo do de mulheres, sem, muitas vezes, deixar rastros.

Além dos tipos de discriminação acima explicitados, direta e indireta, existem na doutrina outras classificações, a exemplo daquela feita por Eva Saldaña Valderas[32], ou seja, discriminação vertical e horizontal:

> *"La discriminación vertical se manifiesta a través de sus dificultades en el acceso a los empleos que ocupan altas posiciones en el escafón de las empresas y, vencida esta barrera, de forma específica, en la minusvaloración salarial subsiguiente. La preterición horizontal muestra como un hecho suficientemente constatable que los empleos ocupados mayoritaria y tradicionalmente por mujeres suelen estar peor remunerados que aquellos que son ocupados predominantemente por hombres."*

Joaquim B. Barbosa Gomes[33] manifestou-se sobre discriminação, afirmando que:

> Toda e qualquer prática empresarial, política governamental ou semigovernamental, de cunho legislativo ou administrativo, ainda que não provida de intenção discriminatória no momento de sua concepção, deve ser condenada por violação do princípio constitucional da igualdade material se, em consequência de sua aplicação, resultarem efeitos nocivos de incidência especialmente desproporcional sobre certas categorias de pessoas.

Alexandre Silva[34] classifica a discriminação em dois tipos: intencionais (explícitas e implícitas) e as não intencionais. Nas intencionais explícitas, o critério discriminatório exsurge com nitidez do veículo normativo ou do ato que introduziu a exclusão. Nas intencionais implícitas, o critério discriminatório não é intencionalmente declarado, havendo um desvio de finalidade do legislador, sub-repticiamente, sob o pálio de um critério aparentemente neutro. No que se refere às discriminações não intencionais, também chamada discriminação de fato, decorre da indiferença e postura passiva do poder público a determinados grupos sociais vulneráveis.

O Manual de Procedimento do Programa de Promoção da Igualdade de Oportunidades para Todos, do Ministério Público do Trabalho[35], assevera que a discriminação indireta é a mais comum e se expressa de maneira sutil por meio de padrões institucionais de desigualdade que vão além das condutas dos indivíduos. A desigualdade permanece mesmo quando todos os indivíduos recebem tratamento igual. É o caso das mulheres ou dos membros de uma categoria racial, que enfrentam barreiras invisíveis, porém, intransponíveis, para alcançar ocupações de maior prestígio social, recompensa econômica e posições socialmente mais valorizadas.

---

(32) VALDERAS, Eva Saldana, citada por Thereza Cristina Gosdal, *op. cit.*, 100.
(33) GOSDAL, Thereza Cristina, *op. cit.*, p. 100.
(34) SILVA, Alexandre Vitorino. O desafio das ações afirmativas no direito brasileiro. Revista *Jus Navegandi*, p. 4.
(35) Coordenadoria Nacional de Promoção da Igualdade de Oportunidades para Todos. Disponível em: <http://www.mpt.gov.br> Acesso em: 2 ago. 2010.

Na discriminação indireta, a empresa simula respeitar o direito à igualdade de oportunidades, porém, na prática, a sua conduta produzirá efeito diverso sobre determinado grupo, como ocorre na do processo de recrutamento e seleção do candidato ao emprego, bem como no momento de realizar a ascensão profissional.

Os modelos utilizados para combater a discriminação são o repressor, que se caracteriza pela imposição de normas que vedam a discriminação e, contra ela impõem sanções, de naturezas penal, civil e trabalhista, e as ações afirmativas, para chamar atenção ao fato de medidas políticas, com o objetivo de corrigir distorções que foram produzidas historicamente, não são privilégios.

2.5. Proteção legal à não discriminação de gênero

Após a Segunda Grande Guerra, o mundo necessitou combater a discriminação em relação à raça, que causou o extermínio de milhões de judeus. Os direitos humanos passaram a fazer parte de normas protetivas internacionais.

Vale ressaltar que a Declaração Universal dos Direitos Humanos, de 1948, promulgada pela Organização das Nações Unidas — ONU (1945), dispõe que todos os seres humanos nascem livres e iguais em dignidade e em direitos. Dotados de razão e de consciência, devem agir uns para com os outros em espírito de fraternidade, pois todos são iguais perante a lei e, sem distinção, têm direito à igual proteção da lei. Todos têm direito à proteção igual contra qualquer discriminação que viole a presente Declaração e contra qualquer incitamento a tal discriminação. Nasce, portanto, um sistema internacional de proteção aos direitos essenciais da pessoa humana.

A partir de então, a ONU passou a combater, efetivamente, a discriminação por meio dos Pactos Internacionais de Direitos Humanos – Pacto Internacional de Direitos Civis e Políticos e Pacto Internacional de Direitos Econômicos, Sociais e Culturais (1966). Em 1965, a ONU adotou a Convenção sobre a Eliminação de Todas as Formas de Discriminação Racial, ratificada pelo Brasil em 1968.

A Convenção das Nações Unidas sobre a Eliminação de Todas as Formas de Discriminação contra Mulheres, de 1974, ratificada pelo Brasil em 1984, define discriminação contra as mulheres como qualquer distinção, exclusão ou restrição baseada em gênero, cujo efeito ou propósito seja o de enfraquecer ou anular o reconhecimento ou pleno exercício das mulheres de seus direitos humanos e liberdades fundamentais nos campos político, econômico, social, cultural ou outro qualquer, independentemente de seus estados civis, com base na igualdade entre homens e mulheres.

No âmbito da Organização Internacional do Trabalho — OIT, da qual o Brasil é um dos fundadores, as Convenções ns. 110 e 111, de 1958, têm como objeto a igualdade de remuneração entre homem e mulher e de discriminação, respectivamente, ambas ratificadas pelo Brasil em 1968, são as primeiras a tratar do tema discriminação de gênero.

Em seu art. 1º, a Convenção n. 111 declara que todos os seres humanos, sem distinção de raça, crença ou de sexo, têm direito a perseguir seu bem-estar material e desenvolvimento espiritual em condições de liberdade e dignidade, de segurança econômica e em igualdade de oportunidade e diz o que seja discriminação.

Nesse diapasão, a OIT, por meio das Convenções n. 122, que trata de política de emprego, proibindo a discriminação por gênero, e da de n. 159, de 1983, ratificada pelo Brasil em 28.8.1989, impõe ao Estado o dever de formular e aplicar uma política nacional sobre readaptação profissional e emprego de pessoas com deficiência, política essa baseada no princípio de igualdade de oportunidades

No plano nacional, o princípio da igualdade aparece no texto constitucional de 1891, quando declara a igualdade formal de todas as pessoas. A Constituição de 1934, primeira a tratar dos direitos sociais, proibiu distinções e privilégios em razão de nascimento, sexo, cor, raça, profissão, crença religiosa ou ideias políticas, tendo proibido diferenças salariais para o mesmo trabalho desenvolvido.

A Carta de 1946 voltou a usar o termo "igualdade perante a lei" e pela primeira vez fez menção ao valor do trabalho humano e manteve a proibição de discriminação de salário. A Constituição de 1967 tratou dos princípios da Igualdade e da Não Discriminação, por motivo de sexo, raça, trabalho, credo religioso e convicções políticas, na esteira da Declaração Universal dos Direitos Humanos.

A Constituição da República Federativa do Brasil de 1988, ainda no seu preâmbulo, anuncia um Estado que visa assegurar a liberdade, a igualdade, a justiça, como valores supremos, entre outros, de uma sociedade fraterna, pluralista e sem preconceitos. No art. 1º, inciso III, a dignidade da pessoa humana é elevada à condição de fundamento do Estado democrático de direito e o inciso IV do mesmo artigo traz como fundamento da República os valores sociais do trabalho e da livre-iniciativa. No art. 3º, incisos III e IV são fixados os objetivos fundamentais da República e, entre eles, estão a redução das desigualdades sociais e a promoção do bem de todos, sem preconceitos de origem, raça, sexo, cor, idade e quaisquer outras formas de discriminação.

No inciso I, do art. 5º, a igualdade formal, abstrata, de direitos e obrigações entre homens e mulheres está proclamada e a lei pune qualquer discriminação atentatória dos direitos e liberdades fundamentais, é o que dispõe o inciso XLI. Já o art. 7º, inciso XXX, estabelece a proibição de qualquer discriminação no tocante a salário, exercício de funções e critérios de admissão por motivo de sexo, cor, idade ou estado civil.

Em que pese todo arcabouço do nosso ordenamento jurídico, as mulheres continuaram a sofrer discriminação no acesso, manutenção e após rompimento do contrato de trabalho, inclusive com salários inferiores aos percebidos pelos homens, quando da realização do mesmo trabalho, e na ascensão funcional, essa, quando ocorria.

O legislador ordinário, em consonância com o texto da Carta Magna, cria a Lei n. 9.029, de 13 de abril de 1995, que trata da discriminação no emprego, mais voltada à questão de gênero, proibindo, em seu art. 1º, a adoção de qualquer prática discriminatória e limitativa para efeito de acesso à relação de emprego, ou sua manutenção, por motivo de sexo, origem, raça, cor, estado civil, situação familiar ou idade, ressalvadas, neste caso, as hipóteses de proteção ao menor previstas no inciso XXXIII do art. 7º da Constituição da República.

A lei referida tipifica criminalmente a conduta discriminatória, descrita no art. 2º, punível com pena de detenção de um a dois anos e multa . O art. 3º, estabelece infrações administrativas, multa e proibição da obtenção de empréstimos ou financiamentos junto a instituições financeiras oficiais.

Segundo o art. 4º, o rompimento da relação de trabalho por ato discriminatório, nos moldes da lei, faculta ao empregado a opção pela readmissão, com ressarcimento integral do período de afastamento, ou a percepção em dobro da remuneração do período de afastamento.

A Lei n. 9.799, de 26 de maio de 1999, introduziu regras na CLT relativamente ao acesso da mulher ao mercado de trabalho, vedando diversas práticas discriminatórias desde o acesso à relação de trabalho, sua manutenção. Assim, verifica-se que o legislador infraconstitucional trouxe à baila o princípio da não discriminação ainda na fase pré-contratual.

2.6. Atuação do Ministério Público do Trabalho

A promoção do Trabalho Decente é a pedra de toque da atuação do Ministério Público do Trabalho, por ser instituição permanente, essencial à função jurisdicional do Estado, incumbindo-lhe a defesa da ordem jurídica, do regime democrático e dos interesses sociais e individuais indisponíveis"[36], e ter como uma das suas funções "promover o inquérito civil e ação civil pública, para a proteção do patrimônio público e social, do meio ambiente e de outros interesses difusos e coletivos"[37].

O Ministério Público do Trabalho (MPT), no desempenho de suas atribuições institucionais, tem se dedicado a reprimir toda e qualquer forma de superexploração da mão de obra do trabalhador, tendo como metas prioritárias erradicar o trabalho infantil e regularizar o trabalho do adolescente; combater o trabalho escravo; promover a defesa do meio ambiente do trabalho seguro e saudável; regularizar dos contratos de trabalho; adequar da atividade portuária; eliminar todas as formas de discriminação nas relações de trabalho; e promover a igualdade de oportunidades para todos.

No que se refere à última meta, o MPT tem desenvolvido o Programa Nacional de Promoção de Igualdade de Oportunidades para Todos, que consiste em promover estratégias coordenadas de atuação dos seus Membros, na promoção da igualdade de oportunidades dos grupos chamados vulneráveis, em razão da cor, raça, sexo, estado civil, aparência, idade, origem e quais outras formas de discriminação.

Essas importantes funções são exercidas preventiva e repressivamente, extrajudicial e judicialmente, utilizando-se de procedimentos investigatórios e inquéritos civis, que

---

(36) Art. 127, CR/88.
(37) Art. 129, inciso III, CR/88.

podem gerar a assinatura de Termos de Ajuste de Conduta, documento pelo qual o denunciado se compromete a não mais praticar a conduta denunciada e comprovada, bem como o Membro do MPT poderá buscar o cumprimento das normas mediante propositura de Ações Civis Públicas.

3. Conclusão

A linha do tempo do mundo do trabalho, acima demonstrada, revela significativo avanço do ordenamento jurídico pátrio na trajetória do trabalho desenvolvido pelo homem. A Constituição da República de 1988, refletindo normas internacionais protetivas, elevou o princípio da dignidade humana a fundamento do Estado Democrático de Direito e, já em seu preâmbulo, assevera que somos uma sociedade pluralista, fraterna, justa e livre de preconceitos de origem, cor, raça, sexo, cor, idade e quaisquer outras formas de discriminação.

Assim, tanto quando a exploração da mão de obra infanto-juvenil, a condição de trabalho análoga à de escravo, o meio ambiente de trabalho inadequado e inseguro, as fraudes nas relações de trabalho, a discriminação do trabalhador, seja em quaisquer das suas formas, direta ou indireta, viola frontalmente a Carta Cidadã em vigência. A fim de se dê cumprimento à norma-princípio da dignidade da pessoa humana e possibilite o trabalho decente a todos os trabalhadores, devem ser implementadas medidas repressivas-punitivas e promocionais, essas mediante políticas públicas e compensatórias[38], vez que a adoção de medidas de proteção ao trabalhador é considerada norma de ordem pública[39].

4. Referências bibliográficas

ALEXY, Robert. *Teoría de los derechos fundamentales.* Madrid: Centro de Estudios Políticos y Constitucionales, 2007.

BRITO FILHO, José Cláudio Monteiro de. *Trabalho decente:* análise jurídica da exploração, trabalho forçado e outras formas de trabalho indigno. 2. ed. São Paulo: LTr, 2010.

CARVALHO, Augusto César Leite de. *Direito individual do trabalho.* Rio de Janeiro: Forense, 2004.

CASSAR, Vólia Bonfim. *Direito do trabalho.* Niterói: Impetus, 2008.

Coordenadoria Nacional de Promoção da Igualdade de Oportunidades para Todos. Disponível em: <http://www.mpt.gov.br> Acesso em :15 set. 2011.

DELGADO, Mauricio Godinho. *Curso de direito do trabalho.* São Paulo : LTr, 2006

GOMES, Joaquim Barbosa. *Ações afirmativas e princípio constitucional da igualdade.* Rio de Janeiro: Renovar, 2001.

GOSDAL, Tereza Cristina. *Discriminação da Mulher no Emprego:* relações de gênero no direito do trabalho. Curitiba: Genesis, 2003.

---

(38) PIOVESAN, Flávia. *A igualdade dos gêneros nas relações de trabalho.* Direitos humanos das mulheres no Brasil: desafios e perspectivas. Brasília: Escola Superior do Ministério Público da União, 2006. p. 210.

(39) Art. 377, da CLT.

GOSDAL, Thereza Cristina. *Dignidade do trabalhador:* um conceito construído sob o paradigma do trabalho decente e da honra. São Paulo: LTr, 2007.

GUEDES, Márcia Novaes. *Terror psicológico no trabalho.* São Paulo: LTr, 2003.

GURGEL, Yara Maria Pereira. *Direitos humanos, princípio da igualdade e não discriminação:* sua aplicação às relações de trabalho. São Paulo: LTr, 2010.

IPEA — Instituto de Pesquisa Econômica Aplicada. Relatório de 8 de março de 2010. Disponível em: <http://www.ipea.gov.br> Acesso em: 25 set. 2011.

JACINTO, Jussara Maria Morena. *Dignidade humana — princípio constitucional.* Curitiba: Juruá, 2006.

LEITE, Carlos Henrique Bezerra. *Dignidade.* Caminhos para a efetividade humana e inclusão social direito do trabalho no Brasil. São Paulo: LTr, 2010.

MARTINS, Sergio Pinto. *Direito do Trabalho.* 26. ed. São Paulo: Atlas, 2010.

Organização Internacional do Trabalho. Disponível em: <http://www.oit.org.br/agenda_trabalho_decente> Acesso em: 24 set. 2011.

PEDUZZI, Maria Cristina Irigoyen. *O princípio da dignidade da pessoa humana na perspectiva do direito como integralidade.* São Paulo: LTr, 2009.

PESSOA, Flávia Moreira Guimarães. *Curso de direito constitucional do trabalho.* Bahia: JusPodivm, 2009.

PIOVESAN, Flávia. A igualdade dos gêneros nas relações de trabalho. Direitos humanos das mulheres no Brasil: desafios e perspectivas. *Revista da Escola Superior do Ministério Público da União*, Brasília, 2006.

SARLET, Ingo Wolfgang (Org.). *Constituição, direitos fundamentais e direito privado.* Porto Alegre: Livraria do Advogado, 2006.

SILVA, Luciana Aboim Machado Gonçalves da. *Direito social do trabalhador ao salário justo.* Tese de Doutorado, Faculdade de Direito da USP, São Paulo, 2008.

SOUZA, Otávio Augusto Reis de; CARNEIRO, Ricardo José Mercês. *Direito e processo do trabalho.* Rio de Janeiro: Forense, 2008.

Seguridade Social e Previdência Privada[*]

Wagner Balera[**]

1. Introdução: a seguridade social

Antes de entrarmos no estudo do tema da previdência privada, é preciso entender que a Previdência Social é parte integrante do sistema da Seguridade Social.

O sistema de seguridade social "compreende um conjunto integrado de ações de iniciativa dos Poderes Públicos e da sociedade, destinadas a assegurar os direitos relativos à saúde, à previdência e à assistência social", conforme disposto no *caput* do art. 194 da Carta Constitucional de 1988.

Neste sentido, o sistema securitário social consagra a proteção do indivíduo contra possíveis riscos que possam surgir, em três setores: a saúde, a assistência social e a previdência social.

E, para que isso seja possível, o sistema de seguridade social conta com a participação do Estado e de toda a sociedade, conformando um manto protetor para todos quantos dele vierem a se socorrer. Assim, este sistema funciona de maneira igualitária, abarcando o maior número de riscos aos quais toda a população está sujeita.

A origem histórica desse fenômeno está no encontro ocorrido, a bordo do Cruzador Augusta, da Armada Norte-Americana, entre o Presidente Roosevelt e o Primeiro--Ministro Churchill, no qual foi lançada a chamada *Atlantic Charter* que propunha o ideário comum da paz e propugnava que os homens deveriam, ser, inclusive com o instrumental da seguridade social, libertos de todas as necessidades[1].

A Carta do Atlântico é, pois, a certidão de nascimento da seguridade social, como, a partir de então, seria compreendida pela comunidade internacional.

Cuidava, essa suma de propósitos, de delinear o instrumental sem o qual não seria alcançada a libertação de todas as necessidades, objetivo último de uma paz duradoura.

Pouco depois, seria lançado o *Social Insurance and Allied Services*[2], conhecido Relatório elaborado por Willian Beveridge, por encomenda do governo britânico, que

---

(*) Trabalho apresentado no 1º Congresso Sul-americano de Direito do Trabalho.

(**) Professor Titular da Faculdade de Direito da Pontifícia Universidade Católica de São Paulo.

(1) Assim se acha redigido o quinto ponto da Carta do Atlântico: *"Fifth, they desire to bring about the fullest collaboration between all nations in the economic field with the object of securing, for all, improved labor standards, economic advancement and social security;"*. Extraído de: <http://www.ssa.gov/history/acharter2.html>.

(2) O *Social Insurance and Allied Services*, elaborado por WILLIAN BEVERIDGE, foi apresentado ao Parlamento Britânico em novembro de 1942. Publicado oficialmente pelo governo de Sua Majestade teve rapidamente esgotados os setenta mil exemplares da primeira edição. ALMIR DE ANDRADE traduziu o texto no volume *"O Plano Beveridge Relatório sobre Seguro Social e Serviços Afins"*. Rio, José Olympio Editor, 1943.

estabeleceria as primeiras bases constitutivas teóricas da seguridade social. Na mesma linha do discurso de Roosevelt, que propugnava pela libertação de todas as necessidades, o *Beveridge Report* avança em propostas abrangentes e completas, configurando o projeto de um verdadeiro plano de seguridade social.

Não satisfeito com o conteúdo de seu primeiro relatório o Lorde Beveridge apresenta, em 1944, o estudo complementar intitulado Pleno emprego em uma sociedade livre[3], no qual chama à ordem o Estado para a sua responsabilidade pelo desemprego e, na conformidade do receituário keynesiano, propõe que sejam adotadas medidas estatais de fomento ao emprego.

Paralelamente, os países da América, na cidade de Santiago, em 1942, se reuniam na *Conferência Interamericana de Seguridade Social*, cujo assumido propósito consistiria na criação de bases teóricas consistentes para que, a partir delas, as instituições de seguro e de assistência social da região pudessem desenvolver seus importantes misteres[4].

Nesse mesmo ano, a Conferência Geral da Organização Internacional do Trabalho reunida em Filadélfia formula a Declaração a respeito dos fins e objetivos da OIT.

Essa *Declaração de Filadélfia*, como ficaria ulteriormente conhecida, foi incorporada ao Preâmbulo da Organização.

Como o Núcleo de Estudos de Políticas Públicas em Direitos Humanos da Universidade Federal do Rio de Janeiro, com inteira propriedade, anota:

"A Declaração antecipou e serviu de modelo para a Carta das Nações Unidas e para a Declaração Universal dos Direitos Humanos."[5]

De fato, na *Conferência de São Francisco* (Conferência das Nações Unidas sobre a Organização Internacional), realizada em 1945, logo após o término da II Guerra Mundial, foi assinada, pelos cinquenta primeiros membros da entidade, a Carta das Nações Unidas[6].

Ato contínuo, já na primeira Assembleia Geral, reunida em 1946, é apresentado o esboço da Declaração dos Direitos Humanos. Mas os países resolveram designar uma comissão que preparasse o texto a ser, afinal, apreciado pelo plenário.

Entrementes, para ajustar à nova realidade surgida com a criação da Organização das Nações Unidas a posição institucional, o programa e o ideário da OIT, o Conselho

---

(3) BEVERIDGE, William. *Full employment in a free society*. London: G. Allen & Unwin, 1944.

(4) CÓRDIVA, Juan José Zermento. La Organizacion Internacional del Trabajo. Breve recuento de su colaboración con la CISS. In: *Revista Seguridad Social*, vol. 256, p. 25 e segs. A Conferência Interamericana de Seguridade Social é integrada por instituições governamentais dos distintos países da região.

(5) *Vide: O que é a OIT*. Disponível em: <http://www.nepp-dh.ufrj.br/oit1.html>.

(6) *Vide:* <http://www.onu-brasil.org.br/conheca_hist.php>. Informa o sítio da ONU que o termo *"Nações Unidas"* figurou pela primeira vez, na "Declaração das Nações Unidas", em 1º de janeiro de 1942, subscrita por vinte e seis países que se puseram em luta contra a Alemanha, o Japão e a Itália. Em 1944 a China, a União Soviética, o Reino Unido e os Estados Unidos formularam a proposta de estatuto que seria, afinal, firmado em 1945.

de Administração convocou a Conferência Geral que se reuniria em Montreal e, em 9 de outubro de 1946 adotaria a Emenda à Constituição da OIT. Com tal providência a OIT se transformou no primeiro organismo especializado das Nações Unidas[7].

Desde o primeiro rascunho da Declaração dos Direitos Humanos, já se fixava a ideia da internacionalização dos direitos da seguridade social em razão de suas duas principais características: a) integrarem o catálogo mínimo dos direitos humanos em sua dimensão social; e b) por serem considerados os artefatos indispensáveis para a construção (ou reconstrução, sob os escombros da guerra) da sociedade humana.

Assim dispunha o primeiro esboço do histórico documento:

> XXXIV – Every one has the right to social security. To this end each States hall within the limits of its economic capacity and when ncessary in cooperation with other States.[8]

A Declaração passou por diversas etapas de redação até ser aprovada pela Assembleia Geral na data histórica de 10 de dezembro de 1948.

Alguns meses antes, tinha sido aprovada a Declaração Americana dos Direitos e Deveres do Homem, na IX Conferência Internacional Americana realizada em Bogotá, datada de abril de 1948. Na mesma data, era constituída a Organização dos Estados Americanos.

É significativo que o texto da Declaração Americana, aprovado poucos meses antes, traga disposição bastante parecida:

> Article 16: Every person has the right to social security which will protect him from the consequences of unemployment, old age, and any disabilities arising from causes beyond his control that make it physically or mentally impossible for him to earn a living.

O código genético dos direitos humanos, na perspectiva social, nasce com o ideário da beneficência, sem que se possa, quanto a esse ponto, situar normativo exato, ainda que a *Poor Law* seja referência a ser considerada. A revolução francesa assume como seu, por assim dizer, esse ideário e o inscreve no rol dos Direitos do Homem.

O arcabouço constitutivo dos direitos humanos teria completado, ainda, a mais abrangente configuração de seus distintos aspectos sociais com a aprovação do *Pacto dos Direitos Economicos, Sociais e Culturais*, pela Assembleia Geral das Nações Unidas, no ano de 1966[9].

---

(7) Pelo acordo de 30 de maio de 1946, as Nações Unidas reconheceram a OIT como "organismo especializado competente para empreender a ação que considere apropriada, em conformidade com o seu instrumento constitutivo básico, para cumprimento dos propósitos nele expostos". In: BEZ, Manuela Damiani. *O direito do trabalho por sua evolução histórica*. Disponível em: <www.completa.com.br>.

(8) Texto encontrado no artigo *René Cassin and the daughter of time:* the first draft of the Universal Declaration of Human Rights. de A. J. HOBBINS.

(9) Diferentemente do que ocorre com relação à Declaração Universal, documento que, pela sua natureza, não pode ser equiparado a um ato internacional comum, os dois Pactos que a complementam – o Pacto dos Direitos Civis e Políticos e o citado Pacto dos Direitos Econômicos Sociais e Culturais – foram submetidos à ratificação formal dos países-membros da ONU. O Congresso brasileiro ratificou os dois documentos por meio do Decreto Legislativo n. 226(1), de 1991.

> Art. 9º Os Estados-partes no presente Pacto reconhecem o direito de toda pessoa à previdência social, inclusive ao seguro social.[10]

Esse texto, tal como foi aprovado pelo Congresso Nacional, padece de grave vício de compreensão do assunto.

Com efeito, o preceito fora assim redigido no texto oficial promulgado mediante Resolução da Assembleia Geral das Nações Unidas, em 1966:

> Art. 9º Os Estados-partes no presente Pacto reconhecem o direito de todas as pessoas à seguridade social, incluindo os seguros sociais.[11]

O direito pátrio, em 1992, ano no qual foi aprovado pelo Congresso o Decreto Legislativo n. 226, estabelecia em nível constitucional, a seguridade social, da qual a previdência (sinônimo de seguro social) é apenas e tão somente parte, ao lado da saúde e da assistência social, esta última compreendendo os direitos das crianças e adolescentes carentes, as famílias, os idosos e as pessoas com deficiência[12].

Pela inadequada versão, pelo Parlamento brasileiro, do texto aprovado pela Assembleia Geral das Nações Unidas, o Pacto de 1966 estaria conferindo proteção social menor do que a da Lei Magna brasileira.

Esse modo restrito de considerar o objeto refoge, inclusive, dos termos do conhecido *Programa de Ottawa de Seguridade Social para as Americas* que, sob os auspícios da OIT, na 8ª Conferência dos Estados Americanos, propunha:

> "La Seguridade Social debe ser un instrumento de autêntica política social y economica, para garantizar un equilibrado desarrollo social y econômico y una distribución equitativa dela renta nacional."[13]

A estrutura das Nações Unidas é dotada, consoante o Capítulo X da Carta, de um Conselho Econômico e Social que deve tratar da implementação dos direitos conferidos genericamente pelo Pacto de 1966.

Por seu turno, o sistema interamericano de direitos humanos institucionalizaria, com a celebração da Convenção Interamericana de Direitos Humanos, o chamado *Pacto de San José*, firmado na Costa Rica em 1969[14], em que se sublinha o compromisso

---

(10) Essa é a redação do texto oficial, como veiculada pelo Decreto n. 591, de 6 de julho de 1992, cuja íntegra se encontra em: <http://www6.senado.gov.br/legislacao/ListaPublicacoes.action?id=136600>.

(11) O texto oficial da Resolução n. 2.200 (XXI), aprovada pela Assembleia Geral no dia 16.12.1966 está no *site* da ONU: <http://daccessdds.un.org/doc/RESOLUTION/GEN/NR0/007/35/IMG/NR000735.pdf?OpenElement> É praticamente esse o texto que figura na Lei n. 45, de 1978, da Assembleia Nacional de Portugal, apenas sendo substituída a expressão "seguridade" pela homóloga "segurança" que se utiliza naquele país.

(12) Para a compreensão da seguridade social no seu todo considerada, *vide* o meu *Sistema de Seguridade Social*. 4. ed. São Paulo: LTr, 2005.

(13) OIT.: *El Programa de Ottawa de seguridad social para las Américas*. Ginebra, 1966. Outro trecho do mesmo documento assinala: "La idea misma de la seguridad social ya forma parte de la conciencia nacional y que su desarrollo constituye un proceso irreversible... el reconocimiento de ciertas deficiencias no debe servir de pretexto para aminorar el avance de la seguridad social."

(14) Ratificado pelo Decreto Legislativo n. 27, de 1992.

dos Estados com o desenvolvimento progressivo dos direitos econômicos, sociais e culturais, nos seguintes termos:

> Art. 26º Desenvolvimento progressivo
>
> Os Estados-partes comprometem-se a adotar providências, tanto no âmbito interno como mediante cooperação internacional, especialmente econômica e técnica, a fim de conseguir progressivamente a plena efetividade dos direitos que decorrem das normas econômicas, sociais e sobre educação, ciência e cultura, constantes da Carta da Organização dos Estados Americanos, reformada pelo Protocolo de Buenos Aires, na medida dos recursos disponíveis, por via legislativa ou por outros meios apropriados.

E, detalhando os compromissos assumidos pelos Estados Americanos com os direitos economicos, sociais e culturais, o Protocolo de San Salvador[15], nos arts. 9º a 18, contempla os direitos da seguridade social.

2. Regime jurídico da previdência privada

Quem quer que se depare com o itinerário histórico da implantação da previdência privada no Brasil, desde a lei inaugural, perceberá que o legislador foi, a pouco e pouco, definindo determinado modelo, a ser encaixado no interior do sistema de seguridade social.

Pretendeu o legislador, inicialmente, que o Poder Público viabilizasse seguro coletivo destinado a ampliar os benefícios do regime geral. Esse o vetor da norma expressa no art. 68 e seu parágrafo único da Lei n. 3.807, de agosto de 1960, a primeira Lei Orgânica da Previdência Social.

Anotam os consagrados juristas Arnaldo Süssekind e Délio Maranhão que a estratégia do legislador: "... não logrou êxito, tendo-se ampliado, ao contrário, paralelamente ao sistema estatal, e com a mesma finalidade, fundos de pensões empresariais e fundações de previdência complementar vinculadas a determinadas empresas ou, ainda, social de Previdência privada abertas ao público."[16]

No entanto, seguia insistindo o legislador com a sua posição. Tanto que alçou ao nível constitucional a determinação para que o sistema oficial de previdência viesse a gerir planos privados.

É o que estabelecia o art. 201, § 7º, da Constituição, quando dispunha:

> § 7º A previdência social manterá seguro coletivo de caráter complementar e facultativo, custeado por contribuições adicionais.

Portanto, e desde sempre, o legislador jamais criou confusão entre a relação previdenciária privada e o contrato de trabalho.

---

(15) Recepcionado pelo direito brasileiro por meio do Decreto Legislativo n. 56, de 1995; o Protocolo é o adendo da Convenção que cuida dos direitos econômicos, sociais e culturais.

(16) SÜSSEKIND, Arnaldo Lopes; MARANHÃO, Délio. *Direito do trabalho e previdência social – pareceres*. São Paulo: LTr. vol. IV, p. 286.

Como se sabe, um dos argumentos que motiva a instituição dos planos de previdência privada é o da manutenção dos quadros de pessoal.

A oferta de planos desse tipo forma parte da política dos recursos humanos da empresa moderna, além de manifestar a solidariedade entre os atores sociais.

Disso já nos dava conta o saudoso Affonso Almiro, no primeiro livro escrito em nosso país sobre a previdência privada, quando afirmou: "O reconhecimento de uma nova classe de trabalhadores, onde os riscos de estabilidade e segurança são diretamente proporcionais à sua destacada posição na pirâmide salarial, propiciou os contornos filosóficos e as justificativas econômicas para a sua integração no previdencialismo — fundamento básico, universal e infalível na estruturação político-social da força de trabalho — sob a forma solucionadora na previdência supletiva."[17]

A previdência privada, em sua primitiva formulação, seria uma espécie de regime previdenciário auxiliar ao regime geral de previdência social, inclusive sob administração deste último.

Os teores da Lei n. 6.435, de 1977, no entanto, posicionaram a previdência complementar como regime distinto, apartado do regime geral. Seus institutos, conceitos e formas, conquanto guardassem relação com a matriz previdenciária, ganharam notável autonomia.

Melhor precisando a natureza essencialmente previdenciária da proteção social complementar, as recentes modificações introduzidas no sistema previdenciário brasileiro, consubstanciadas na Emenda Constitucional n. 20, de 15 de dezembro de 1998, operaram expressiva conceituação.

No tema que nos interessa, aliás, a reforma previdenciária insculpiu inovadora e minudente redação no art. 202 da Superlei.

Inovação tanto mais significativa que exigiu trabalhosa complementação em nível infraconstitucional.

Do todo constitucional, se deduz que o sistema previdenciário pátrio possui dois círculos distintos de atuação e dentro desses dois círculos — que se conjugam em inúmeros pontos — permeia o fio condutor da seguridade social.

Mais precisamente, a seguridade social brasileira resolve os vários problemas sociais, por intermédio dos referidos círculos de atuação — o público e o privado — e mediante três vias de acesso: a) a via previdenciária (o seguro social e o seguro complementar); b) a via sanitária (sistemas público e privado de saúde) e; c) a via assistencial (integrada pelo sistema estatal, pelo sistema privado e por sistemas mistos).

Assim resultou integrada ao sistema de seguridade social a regra que cuida da previdência privada na Constituição:

> Art. 202. O regime de previdência privada, de caráter complementar e organizado de forma autônoma em relação ao regime geral de previdência social, será facultativo,

---

(17) ALMIRO, Affonso. *A Previdência Supletiva no Brasil*. São Paulo: LTr, 1978. p. 68.

baseado na constituição de reservas que garantam o benefício contratado e regulado por lei complementar.

(...)

§ 2º As contribuições do empregador, os benefícios e as condições contratuais previstas nos estatutos, regulamentos e planos de benefícios das entidades de previdência privada, não integram o contrato de trabalho dos participantes, assim como, à exceção dos benefícios concedidos, não integram a remuneração dos participantes, nos termos da lei.

Percebe-se, de pronto, que o constituinte fixou clara distinção entre o contrato previdenciário e o contrato de trabalho.

3. Os planos previdenciários

Os Planos de Previdência Privada criados no âmbito do sistema de previdência complementar são demarcados por diferenças específicas, seja pela opção pelo regime fechado, seja pela adoção do regime aberto.

Todo e qualquer plano de previdência, como é óbvio, leva em consideração o tempo dentro no qual o participante integra o referido modelo de proteção social.

Tal circunstância pode ser considerada, aliás, como parte integrante da técnica do seguro. Técnica essa que, consideradas as mutantes e guardadas as devidas proporções, segue servindo como pano de fundo teórico e prático para as estruturações assim do regime geral de previdência social como dos regimes complementares (aberto ou fechado).

É da técnica do seguro que se estabelece a denominada carência, lapso de tempo durante o qual são realizados aportes regulares do prêmio como requisito prévio à aquisição do direito à indenização.

Quem quer que tenha aderido a um plano de previdência — social ou privado — deu início desde logo à formação do período de carência para a obtenção, no momento oportuno, do direito previdenciário correspondente.

Ora, essa circunstância, como não poderia deixar de ser, esteve presente desde a inauguração dos planos de previdência complementar.

Evidentemente, o conteúdo do instrumento mediante o qual os participantes aderem ao plano previdenciário especifica direitos, obrigações e condições sob as quais esses direitos e deveres acabaram sendo incorporados ao patrimônio jurídico dos sujeitos protegidos pela previdência supletiva, verdadeira segunda rede de seguridade social que só abrange seus contratantes.

O ingresso voluntário e facultativo no plano de previdência privada complementar fechado, mediante instrumento de termo de adesão, assim como a manifestação de vontade do patrocinador configura o formato do grupo e a ele adjudica não apenas os direitos e deveres previstos no Estatuto como também submete as partes ao regime jurídico de previdência assim constituído.

Ora, quem, chamado a aderir, em igualdade de condições, ao referido plano, não poderia deixar de carregar consigo a sequela da desigualdade que o status previdenciário anterior lhe impusera.

Explico melhor.

Para que alguém possa ingressar em determinado regime de previdência — e tanto faz qual seja o regime — querendo com tal ato dar continuidade ao amparo social de que dispunha até então, é necessário que demonstre a posição jurídica em que se encontra no momento da adesão.

Na tradição do direito brasileiro, o mais antigo dos regimes previdenciários (instituído pela Constituição de 1891) é o regime próprio, aquele que, mediante lei específica, ampara os servidores públicos civis, os servidores militares e os servidores das autarquias, assim da União como dos Estados do Distrito Federal e dos Municípios.

A esse regime seguiu-se a implantação do regime geral (em 1923) e, tempos depois, a instituição dos regimes complementares.

No direito brasileiro dos dias atuais, são três os regimes previdenciários: o regime geral, o regime próprio e o regime complementar. Este último tanto pode ser colado ao regime geral quanto ao regime próprio, consoante disciplina constitucional do tema.

Esclareça-se que o regime geral de previdência estava, então, disciplinado pela Lei n. 3.807, de 1960, enquanto hoje em dia encontra sua disciplina nas Leis ns. 8.212 e 8.213, de 1991. Por seu turno, o regime jurídico das entidades de previdência privada, inaugurado pela Lei n. 6.435/77, é hoje objeto da recente Lei Complementar n. 109, de 2001.

Já os regimes próprios foram cunhados por normas específicas, editadas pelas Pessoas Políticas (União, Estados, Distrito Federal e Municípios) que os criaram.

Quando a empresa exerce a faculdade de criação de regimes complementares, nos termos da vetusta Lei n. 6.435, de 1977, integra os trabalhadores que lhe prestavam serviços, em nova etapa das respectivas trajetórias previdenciárias.

A partir da adesão ao novo Plano, pelo menos na perspectiva privada, respeitado naturalmente o requisito constitucional da facultatividade, será imposta a isonomia entre participantes.

Por vezes, para manter a igualdade, a empresa pode verter contribuições relativas ao tempo anterior à instituição do plano, para aqueles empregados mais antigos, de arte a colocar todo o grupo num mesmo patamar de proteção social supletiva.

É certo que a indenização do serviço passado — pois é disso que se trata: indenização total das contribuições não vertidas referentes ao período que se inicia no momento do estabelecimento do vínculo empregatício do trabalhador com a patrocinadora, e que se encerra no preciso instante da adesão ao plano previdenciário privado criado em data recente — só pode servir como pressuposto de custeio para o efeito previdenciário a que se preordena: a concessão, tanto que reunidas as condições de elegibilidade estabelecidas pelo regulamento do plano, das prestações complementares de previdência.

Os empregados ficarão, por conseguinte, igualmente posicionados no plano de previdência privada, como que se todos e cada um aderissem ao esquema complementar de proteção ao mesmo tempo.

3.1. A distributividade entre as prestações

É nesse contexto que cumpre considerar a diretriz constitucional da distributividade das prestações, no universo da seguridade social.

A distributividade faculta a escolha, por aquele que institui o plano de prestações, daquelas que, sendo de direito comum à comunidade protegida, contemplam de modo mais abrangente os participantes que se encontrem em maior estado de necessidade.

As circunstâncias poderiam determinar a fixação de prestações, com valores diferenciados, a fim de que se realizasse em plenitude, a igualdade de condições de cobertura e de atendimento.

Essa diretriz constitucional exige, consoante seus precisos termos, estampado no inciso III do art. 194, parágrafo único da Constituição de 1988, que o sistema de seguridade social implante a justiça distributiva, proporcional, geométrica, que permite maior amparo à parcela da comunidade cujas necessidades sejam maiores[18].

Ocorre que o plano previdenciário privado pode estabelecer distinções entre participantes. Assim, por exemplo, trabalhadores que, de ordinário não careceriam de qualquer complementação — porque as respectivas remunerações estão situadas em patamar inferior ao do teto oferecido pelo Regime Geral de Previdência Social — podem receber um quantitativo fixo, diferenciado, que acabaria tornando melhor a proteção social quando comparada com a dos demais.

Todos os que, em igualdade de condições, cumprirem os requisitos para a concessão da prestação complementar de previdência a ela farão jus.

Portanto, conferir melhores condições de aquisição dos direitos a determinado grupo de participantes é conforme com a diretriz constitucional da distributividade.

Aliás, bem percebendo que as prestações de previdência privada não devem, necessariamente, ser iguais, o Consultor Jurídico do Ministério da Previdência e Assistência Social, na Nota CJ n. 414/97, onde se reporta aos argumentos extraídos de estudo levado a efeito pela então Secretaria de Previdência Social, esclarece:

> 3. Analisando a questão a Secretaria de Previdência Social deste Ministério, em Nota de 24.7.1997 assim dispôs:
>
> (...)

---

(18) Para melhor compreensão da seletividade e distributividade das prestações cf. o meu *A seguridade social na Constituição de 1988*. São Paulo: RT, 1989.

c. O disposto na alínea *"r"* do § 9º do art. 37 do ROCSS tem como base dispensar tratamento isonômico às contribuições das empresas vertidas para entidades de previdência privada abertas ou fechadas. Quando a empresa contempla diferentemente os empregados entre si ou seus dirigentes, torna-se evidente a intenção de tornar o cargo mais atrativo, e nesta situação, a contribuição para entidades de previdência privada configura salário indireto.

Pondera, porém, a Nota do Consultor Jurídico o seguinte:

> 5. É certo que o programa há de estar disponível a todos os empregados e dirigentes. Por óbvio não estará obrigatoriamente disponível para aqueles que recebam remuneração abaixo do valor máximo de benefício pago pela Previdência Social.
>
> (...)
>
> 6. Demais disso convém deixar claro que os planos de benefícios não hão de ser necessariamente iguais. Por serem contributivos, estes planos, haverão, e é normal que seja assim, de guardar consonância entre a capacidade contributiva de quem a ele adere e os benefícios que haverão de receber os segurados.
>
> 7. O que o regulamento exige é que haja disponibilidade ou elegibilidade para todos os empregados, não igualdade linear as contribuições e os benefícios, que isto não acontece nem na previdência social pública. Assim é preciso que a empresa proporcione a todos os seus empregados um plano que lhes seja facultado aderir e que esteja a seu alcance, para que possa gozar do favor objeto do regulamento.
>
> 8. Não o fazendo, ou beneficiando apenas os dirigentes ou um grupo restrito de empregados, esta parcela não poderá ser entendida como um programa complementar de previdência, mas uma forma de pagamento disfarçado de salário ou remuneração sobre a qual deverá incidir a contribuição social.

Portanto, na previdência complementar, a distributividade entre prestações atende ao modelo constitucional, que é afinado pelos termos da contratação privada.

3.2. *A regra da contrapartida*

De outra parte, o custeio do sistema de seguridade social é preocupação permanente do constituinte.

A Constituição estabelece dispositivo que, pelo seu alcance, merece transcrição. Trata-se do § 5º do art. 195, que assim se encontra grafado:

> Nenhum benefício ou serviço da seguridade social poderá ser criado, majorado ou estendido sem a correspondente fonte de custeio total.

Temos considerado que essa diretriz, que denominamos regra da contrapartida, desvela a preocupação do legislador constituinte, vedando a criação de benefícios ou serviços sem previsão da fonte de custeio, com o equilíbrio financeiro do sistema de proteção social[19].

Pois bem. A regra da contrapartida é via de duas mãos. Trata-se do imperativo lógico do bicondicional.

---

(19) Cf. o meu: *A Seguridade Social na Constituição...*, cit., p. 68.

Podemos interpretá-la segundo o seguinte raciocínio: assim como não pode haver benefício sem a respectiva fonte de custeio tampouco pode haver fonte de custeio sem benefício.

A razão para que haja tal limitação, conquanto esteja revestida de qualidade jurídica, é de outra ordem.

Trata-se da *ratio* do próprio seguro. Segundo os termos do negócio do seguro, o plano deve ser equilibrado.

Equilíbrio econômico-financeiro e atuarial, consoante ordena o art. 7º da Lei Complementar n. 109.

Afronta a racionalidade do plano previdenciário que sejam criados benefícios sem a respectiva fonte de custeio, assim como que sejam criadas fontes de custeio sem repercussão nas prestações de benefícios.

Enquanto a primeira situação provocaria, inexoravelmente, o déficit do plano, a segunda geraria um igualmente insustentável superávit.

Não é nenhuma nem a outra situação a que pode, e deve, animar a constituição do plano previdenciário privado.

Cumpre investir a comunidade previdenciária em situação de igualdade e equilíbrio financeiro e atuarial.

Quem, dentro do potencial grupo protegido, optasse por permanecer de fora, não perderia nenhuma posição jurídica. Mas não lhe caberia aderir ao novo plano fruindo proteção diferenciada em momento posterior, quando não cooperou com o esforço inicial de configuração da proteção social diferenciada. Terá que aderir, se for o caso, como um novo participante, sem qualquer vantagem adicional decorrente do seu tempo anterior de trabalho junto à mesma empresa.

Evidentemente, a proposta de isonomia entre participantes pode sofrer outros influxos.

Com efeito, o aporte inicial dos recursos expressamente previsto num novo plano levam em conta que se quer obter, *ab initio*, a adesão do maior número possível de interessados.

De fato, cada participante daqueles que contarão com a cobertura do plano desde logo, com o aporte das contribuições do patrocinador, necessárias e suficientes, segundo os cálculos atuariais, para a oportuna geração da proteção previdenciária complementar, beneficia-se de *status* diferenciado quando comparado com os que aderirem depois.

Se para os antigos empregados que não quiseram participar do projeto inicial, fossem vertidas, agora, contribuições concernentes ao mesmo período de trabalho já coberto pelos aportes efetuados anteriormente, o mesmo estaria sendo contemplado a maior, porque não se sujeitara aos riscos inerentes ao período em que esteve fora do plano.

Estar-se-ia, por assim dizer, diante de dois aportes contributivos relativos ao mesmo tempo de serviço. Mas só um deles é real; só um deles confere cobertura dos riscos sociais previstos no plano; só aquele que foi efetuado por primeiro. O segundo aporte pode ser considerado fictício porquanto este último tempo de serviço não existe no tempo, só na ficção.

De todo modo, qualquer dos integrantes da comunidade protegida que, desde o início do plano, ficou sujeito às mesmas condições de elegibilidade que se aplicam aos atuais participantes e que, cumprindo tais condições, obteve benefício limitado a um teto, faz jus, em igualdade de condições, a igual modo de cálculo do benefício, sem qualquer outro limite que não seja o ditado pelo salário de participação tomado em consideração para o cálculo da renda mensal inicial.

Aliás, mesmo que se resolvesse fixar certo período de carência, inclusive com a instituição de contribuição adicional, todos os interessados deveriam ser chamados a efetuar aporte adicional de contribuições para fazerem jus ao benefício complementar melhor; enfim, ao que lhes fosse garantido pela sua adesão mais remota ao plano.

Em suma, a isonomia de tratamento é uma das virtudes do plano de previdência privada, respeitada a característica da contributividade que lhe é ínsita, em termos constitucionais.

Como escrevi, a propósito da interpretação do Direito Previdenciário, no seu todo considerado: "Quando aplica a norma ao caso o intérprete deve perceber que ao reputar devida determinada prestação não estará solucionando somente aquele caso, mas abrindo caminho para que milhares de situações de necessidade recebam igual cobertura"[20]. Essa mesma regra hermenêutica vale para a previdência privada: a interpretação que atende a um deve ser aplicável a todos os integrantes do grupo protegido, desde que, em algum momento do período de cobertura, tenham estado sob o mesmo estatuto de proteção social.

Aqui entra em cena, a meu juízo, uma das mais importantes características do direito privado moderno que, de certo modo, veio a ser explicitado com a promulgação do Código Civil.

Trata-se da denominada função social do contrato.

Deveras, é algo para ser ainda refletido, o da repercussão da função social em todo o universo do direito comum e do direito especial, no qual se inclui o direito previdenciário complementar.

Mas é fora de dúvida que a função social do contrato exige do intérprete o alcance de sentido mais abrangente das cláusulas contratuais, tudo a indicar o mesmo caminho que já se me afigurava no texto acima a respeito da interpretação do negócio previdenciário: o bem de um integrante do grupo só se ajusta à função social do contrato se

---

(20) Cf. o meu *Sistema de seguridade social*. 2. ed. São Paulo: LTr, p. 147.

puder ser haurido, em igualdade de condições, por todos os membros dessa comunidade de interesses.

O bem de uma parcela dos condôminos da entidade estaria se sobrepondo ao bem do conjunto de participantes cuja situação jurídica, ao tempo em que a regra os atingiria em igualdade de condições, era idêntica. E, às normas internas, é vedado que se reportem apenas ao bem individual. Elas só ganham validade na medida em que proporcionem bem-estar social (veja-se que é essa a finalidade primordial da Ordem Social constitucional (Título VIII, da qual a previdência complementar é parte integrante).

O fundo que deve ser o garante do coletivo protegido passaria, em autofágica rebeldia contra sua própria natureza, a garantir melhor a alguns, em detrimento do conjunto de participantes.

Força concluir que resultaria fixado insustentável discrímen antijurídico entre participantes.

Como consequência, ou a norma mais benéfica é estendida a todos os participantes (ativos e assistidos), ou que não se implante a mudança que retira, a bem de alguns, quotas do condomínio social que pertencem à totalidade dos participantes do fundo de pensão.

Nos planos previdenciários complementares e coletivos, não pode haver diferença quanto a este ponto. O mesmo elemento aleatório deve estar presente. É o que decorre, aliás, do velho aforismo expresso desde a mais remota legislação insculpida pelo gênio romano: *ubi eadem causa, ibi eadem jus statuendum.*

A remuneração, embora seja considerada para a definição da complementação do benefício, como é óbvio, não pode — por não pertencer à essência do plano — criar discriminação entre situações jurídicas geradas pela mesma fonte de direito.

O inadequado critério — inadequado, sublinhe-se, do ponto de vista previdenciário — acabaria por desnaturar o plano e desencadearia desordem interna incompatível com o rol de benefícios inicialmente definidos.

É como se o plano adotasse, agora, uma complementação de segunda linha, além da já existente, para beneficiar apenas e tão somente os participantes ativos.

A natureza do vínculo que se estabelece entre a entidade de previdência complementar, de um lado, e o participante, de outro, não se caracteriza pelo fato de estar este último em atividade ou na inatividade.

O vínculo, nos planos previdenciários, decorre do especial esquema de proteção criado pela lei. Esquema que se prende, por ser complementar, aos mesmos fatos geradores da proteção básica: os riscos sociais objeto da proteção.

Assim como inexiste boa razão para a distinção entre participantes ativos e assistidos a partir de elemento acidental da relação jurídica por eles mantida com a entidade de previdência complementar: a remuneração, também não teria razão de ser o estabelecimento de distinções provocadas por adesão em momento diferenciado, a beneficiar quem quisera ficar de fora no instante mesmo em que se constituiu o plano.

Ao comentar as vastas implicações da regra da isonomia, Francisco Campos averba: "o princípio constitucional da igualdade perante a lei vincula o legislador, não podendo a lei distinguir onde não cabe ou é arbitrária a distinção, não lhe sendo lícito, outrossim, aquinhoar a um indivíduo com vantagem que não torna igualmente extensiva aos demais que se encontram na mesma situação, ou onerar a um mais do que a outro ou outros em relação aos quais se verifica identidade de estado, de circunstâncias, de atividade, de profissão ou de negócio."[21]

O tempo é, possivelmente, o vetor mais importante para a compreensão da seguridade social.

A seguridade joga com o tempo, como quem joga com o futuro, querendo antever os perigos que a vida traz consigo.

Quem pensa no tempo e é mais previdente, deve ser, de algum modo, melhor aquinhoado pela proteção social.

---

(21) CAMPOS, Francisco. *Direito constitucional*. Rio de Janeiro: Freitas Bastos, 1956. II v., p. 21.

O Exercício do Direito de Greve nas Atividades Essenciais[*]

Yone Frediani[**]

Cumpre examinar, inicialmente, o tratamento que foi dado ao exercício do direito de greve no ordenamento brasileiro, que, ao longo de muitos anos, passou por sucessivos períodos de permissão e proibição.

Com efeito, somente a partir da Constituição de 1988 é que o direito de greve foi plenamente assegurado ao trabalhador, podendo ser exercido em qualquer atividade, inclusive nos denominados serviços ou atividades essenciais, bem como nos serviços públicos, segundo as regras contidas nos arts. 9º[1] e 37, VII[2], respectivamente, da Lei Maior.

No ordenamento brasileiro, considera-se greve a suspensão coletiva, temporária e pacífica total ou parcial da prestação de serviços a empregador, tendo por objetivo reivindicação de natureza profissional, na conformidade da regra contida no art. 2º da Lei n. 7.783/89[3], que disciplina o exercício do direito de greve na atividade privada.

Portanto, resulta evidente que o exercício do direito de greve somente poderá ser exercido por trabalhadores vinculados a empregador mediante contrato de trabalho, não sendo considerada greve em sentido técnico, inobstante entendimentos contrários nesse mesmo sentido, as manifestações de prestadores de serviços autônomos, como é o caso das paralisações realizadas por caminhoneiros e transportadores em geral, em virtude do aumento das tarifas de pedágio, das péssimas condições das rodovias, falta de segurança, etc., enquadradas como simples protestos coletivos.

Diante de tais considerações, pode-se concluir que a greve constitui direito individual exercido coletivamente, após a frustração de negociação coletiva, em face da

---

(*) Trabalho apresentado no I Congresso Sulamericano de Direito do Trabalho e da Seguridade Social. Aracaju 15 a 17 de setembro de 2010.

(**) Desembargadora do Tribunal Regional do Trabalho da 2ª Região (aposentada). Mestre em Direito das Relações do Estado PUC/SP. Mestre em Diretos Fundamentais/UNIFIEO. Doutora em Direito do Trabalho PUC/SP. Professora de Direito Individual na Faculdade de Direito da FAAP – Fundação Armando Alvares Penteado. Coordenadora do Curso de Pós-Graduação em Direito do Trabalho e Processo do Trabalho da FAAP – Fundação Armando Alvares Penteado, *Campus* Ribeirão Preto. Membro da Asociación Iberoamericana de Derecho del Trabajo y de la Seguridad Social, da Academia Nacional de Direito do Trabalho, da Academia Paulista de Letras Jurídicas e do Instituto de Direito do Trabalho do Mercosul, Professora Visitante da Universidad Tecnologica del Peru.

(1) É assegurado o direito de greve, competindo aos trabalhadores decidir sobre a oportunidade de exercê-lo e sobre os interesses que devam por meio dele defender.

(2) O direito de greve será exercido nos termos e nos limites definidos em lei específica.

(3) Para os fins desta Lei, considera-se legítimo exercício do direito de greve a suspensão coletiva, temporária e pacífica, total ou parcial, da prestação pessoal de serviços a empregador.

disposição do art. 3º do diploma legal sob estudo[4], sendo obrigatória a realização de assembleia dos trabalhadores para decisão quanto à oportunidade e interesses que devam ser defendidos por meio da paralisação dos serviços, de acordo com o comando inserto no art. 4º do mesmo diploma legal[5].

A deflagração da greve somente poderá ser realizada por intermédio do sindicato da respectiva categoria, sendo obrigatória a concessão de pré-aviso ao empregador com antecedência mínima de 48 horas da paralisação, sob pena de ser considerado abusivo o movimento paredista, segundo o disposto no parágrafo único do art. 3º da Lei n. 7.783/89[6].

Durante a greve, não será permitido ao empregador demitir empregados participantes do movimento, nem, tampouco, contratar substitutos, salvo a hipótese de prejuízo irreparável ao empregador, caso de empresas que em função de suas peculiaridades funcionem ininterruptamente.

Em se tratando de paralisação nos serviços ou atividades essenciais, exige-se que a notificação do empregador seja realizada com 72 horas de antecedência da paralisação, consoante a determinação do art. 13 da Lei n. 7.783/89[7], devendo, ainda, tal comunicação ser estendida aos usuários dos serviços ou atividades consideradas essenciais, relacionadas no art. 10 do mesmo diploma legal, quais sejam:

    I – tratamento e abastecimento de água, produção e distribuição de energia elétrica, gás e combustíveis;

    II – assistência médica e hospitalar;

    III – distribuição e comercialização de medicamentos e alimentos;

    IV – funerários;

    V – transporte coletivo;

    VI – captação e tratamento de esgoto e lixo;

    VII – telecomunicações;

    VIII – guarda, uso e controle de substâncias radioativas, equipamentos e materiais nucleares;

    IX – processamento de dados ligados a serviços essenciais;

    X – controle de tráfego aéreo;

    XI – compensação bancária.

---

(4) Frustrada a negociação ou verificada a impossibilidade de recurso via arbitral, é facultada a cessação coletiva do trabalho.

(5) Caberá à entidade sindical correspondente convocar, na forma do seu estatuto, assembleia geral que definirá as reivindicações da categoria e deliberará sobre a paralisação coletiva da prestação dos serviços.

(6) A entidade patronal correspondente ou os empregadores diretamente interessados serão notificados, com antecedência mínima de 48 horas (quarenta e oito) horas, da paralisação.

(7) Na greve em serviços ou atividades essenciais, ficam as entidades sindicais ou os trabalhadores, conforme o caso, obrigados a comunicar a decisão aos empregadores e aos usuários com antecedência mínima de 72 (setenta e duas) horas da paralisação.

A parede eclodida nos serviços ou atividades essenciais obriga os trabalhadores a garantir a prestação dos serviços indispensáveis ao atendimento das necessidades da comunidade e que possam colocar em perigo a vida, a saúde ou a segurança da população, motivo pelo qual, o diploma legal sob análise, em seu art. 11[8], determina que, nestas atividades, trabalhadores e empregador, de comum acordo, deverão fixar as equipes de empregados responsáveis pela manutenção dos serviços inadiáveis.

Entretanto, como inexiste na lei qualquer referência quanto ao contingente de empregados que devam realizar tais tarefas, costumam os empregadores tomar a iniciativa quanto ao ajuizamento do dissídio coletivo de greve e/ou de medidas cautelares inominadas, requerendo à Justiça do Trabalho a fixação de tal contingente, com a finalidade de assegurar a prestação dos serviços inadiáveis à população durante a greve.

Referida medida encontra seu fundamento no citado art. 11 da Lei n. 7.783/89, vez que não permite a solução de continuidade de tais serviços ou atividades, visando evitar a ocorrência de dano à comunidade usuária dos mesmos serviços.

Diversamente do que ocorre na maioria dos ordenamentos jurídicos estrangeiros que caminharam para a solução extrajudicial de tais litígios, inclusive por meio da arbitragem, o ordenamento brasileiro condiciona a apreciação e julgamento do movimento paredista à Justiça do Trabalho.

A organização judiciária trabalhista brasileira está estruturada da seguinte forma: a) no primeiro grau de jurisdição, encontram-se as Varas do Trabalho, com competência local para apreciação das ações individuais e plúrimas que versem sobre relação de trabalho mantidas dentro da iniciativa privada; b) no segundo grau de jurisdição, encontram-se os Tribunais Regionais do Trabalho, com competência estadual, para apreciação, em grau de recurso, das decisões proferidas pelas Varas de Trabalho e das ações de competência originária, tais como: dissídio coletivo de greve, mandado de segurança, *habeas corpus*, ação rescisória, dentre outras; c) no terceiro grau de jurisdição, encontra-se o Tribunal Superior do Trabalho, com competência nacional para apreciação dos recursos interpostos contra Acórdãos proferidos pelos Tribunais Regionais, cabendo-lhe, ainda, a unificação do entendimento jurisprudencial mediante a edição de súmulas, enunciados e orientações jurisprudenciais; d) como último e excepcional grau de jurisdição, encontra-se o Supremo Tribunal Federal atuando na condição de Corte Constitucional, também investido de competência para apreciação de matéria trabalhista constitucional.

Alerta-se que a exigência do comum acordo entre as partes, previsto por força da nova redação dada ao § 2º do art. 114 da Lei Maior[9], é que aplicável, apenas, para

---

(8) Nos serviços ou atividades essenciais, os sindicatos, os empregadores e os trabalhadores ficam obrigados, de comum acordo, a garantir, durante a greve, a prestação dos serviços indispensáveis ao atendimento das necessidades inadiáveis da comunidade.

(9) Recusando-se qualquer das partes à negociação coletiva ou à arbitragem, é facultado às mesmas, de comum acordo, ajuizar dissídio coletivo de natureza econômica, podendo a Justiça do Trabalho decidir o conflito, respeitadas as disposições mínimas legais de proteção ao trabalho, bem como as convencionadas anteriormente.

o ajuizamento de dissídio coletivo de natureza econômica, visto que o movimento paredista, regra geral, é deflagrado em face da resistência dos empregadores quanto ao atendimento dos pleitos formulados pelos trabalhadores, inclusive os de natureza salarial.

Por outro lado, constituindo a greve fato social de relevância, capaz de afetar inúmeras relações e não somente aquelas mantidas com o empregador, como é o caso da greve em serviços ou atividades essenciais, envolverá, por consequência, a comunidade usuária de tais serviços, em virtude do que espera-se sua pronta solução.

De acordo com a previsão contida no § 3º, do art. 114 da CF/88[10], poderá o Ministério Público do Trabalho ajuizar dissídio coletivo de greve, no caso de paralisação em atividade essencial, da qual resulte lesão ao interesse público.

Dessa forma, deflagrada a greve, o ajuizamento do dissídio coletivo de greve poderá ocorrer por iniciativa do empregador ou do sindicato profissional, ensejando pronta designação de audiência para tentativa de conciliação entre trabalhadores e empregador, com a obrigatória participação do Ministério Público do Trabalho em todas as fases do processo.

Na hipótese de conciliação entre as partes, o processo será submetido à homologação pela E. Seção Especializada em Dissídios Coletivos do Tribunal Regional do Trabalho da 2ª Região.

Sendo impossível a conciliação, o processo será submetido a julgamento pela mesma E. Seção Especializada, com apreciação da legitimidade e legalidade da greve, bem como quanto à procedência das reivindicações formuladas pelos trabalhadores e que motivaram a paralisação dos serviços.

Ressalte-se que o descumprimento dos requisitos legais exigidos para deflagração da greve e a continuidade dos serviços considerados inadiáveis para a comunidade, implica a decretação da abusividade do movimento paredista[11], na forma do entendimento jurisprudencial dominante[12].

---

(10) Em caso de greve em atividade essencial, com possibilidade de lesão do interesse público, o Ministério Público do Trabalho, poderá ajuizar dissídio coletivo, competindo à Justiça do Trabalho decidir o conflito.

(11) Greve – Atividades Essenciais – Abusividade. É imprescindível a prova da autorização da assembleia geral; a comunicação prévia à empregadora e aos usuários e a garantia da prestação dos serviços essenciais (Lei n. 7.783/89). Do contrário, há declaração de abusividade, cujas consequências, quanto aos contratos individuais de trabalho, não são mencionadas de forma geral e normativa. Dependem de cada caso. TIPO: DISSÍDIO COLETIVO DE GREVE. DATA DE JULGAMENTO: 8.6.1998. RELATOR: CARLOS FRANCISCO BERARDO. ACÓRDÃO N.: 1998001361 PROCESSO N.: 00107/1998-8 – ANO: 1998 – TURMA: SDC.

(12) I – GREVE EM ATIVIDADES ESSENCIAIS. MANUTENÇÃO DO ATENDIMENTO NECESSÁRIO À POPULAÇÃO: OBRIGAÇÃO CONJUNTA DAS PARTES. ART. 11 DA LEI N. 7.783/89. Em caso de greve em atividades essenciais, ambas as partes envolvidas no conflito devem manter entendimento em relação aos procedimentos a serem adotados quanto ao fornecimento de transporte público à população, ou quaisquer outros serviços inadiáveis, tratando-se de uma obrigação conjunta e não individual, nos termos do art. 11 da Lei n. 7.783/89. Sendo assim, quando se afigurar inevitável a deflagração do movimento paredista, como ocorre *in casu*, ambas as partes devem reunir-se e, através de negociação coletiva, fixar suas prioridades, visando garantir, de forma responsável, a manutenção dos serviços essenciais à população, não incumbindo a esta Justiça Especializada fixar quaisquer percentuais de manutenção de funcionamento, seja de frotas ou de

A Lei n. 7.783/89 disciplina, ainda, pelos arts. 14[13] e 15[14], as hipóteses de abuso do direito de greve, sujeitando os responsáveis pelos atos praticados à aplicação da legislação civil, trabalhista ou penal, conforme o caso.

Merece ser destacado, ainda, que, de acordo com a nova redação dada ao art. 114 da CF/88, por força da EC n. 45/2004, passaram a ser objeto de apreciação pela Justiça Especializada as ações que envolvam exercício do direito de greve, dentre elas as das ações de interdito proibitório, ajuizadas por empregadores para defesa de seus estabelecimentos ocupados por ocasião da manifestação paredista, bem como as ações

---

trabalhadores, sob pena de inviabilizar o exercício do direito de greve que, por tratar de garantia constitucional, não pode ser questionado por nenhuma empresa Estatal, órgão do Governo e nem mesmo por este Tribunal. II – REAJUSTE SALARIAL.COMPANHIA PAULISTA DE TRENS METROPOLITANOS - CPTM. ARGUIÇÃO DE IMPOSSIBILIDADE JURÍDICA DO PEDIDO: PARÁGRAFO ÚNICO DO ART. 21 DA LEI DE RESPONSABILIDADE FISCAL (LC n. 101/2000). A Companhia Paulista de Trens Metropolitanos – CPTM, não obstante tratar-se de sociedade de economia mista prestadora de serviço público, submete-se às normas de direito privado, nos termos do art. 173, § 1º, inciso II, da Constituição Federal, sendo que seus empregados são regidos pela Consolidação das Leis do Trabalho, pelo que não resta qualquer dúvida acerca da possibilidade jurídica de instauração de Dissídio Coletivo a ser apreciado na Justiça do Trabalho. Por outro lado, não há que se falar no óbice do parágrafo único do art. 21 da Lei de Responsabilidade Fiscal (LC n. 101/2000) porquanto a data-base da categoria é setembro e o direito à revisão geral anual dos salários desses trabalhadores tem proteção constitucional. Ademais, a revisão das normas coletivas aplicáveis à categoria profissional já vinha sendo discutida e negociada muito antes do prazo estabelecido pela mencionada Lei Complementar, pelo que, se considerarmos que em conformidade com a Súmula n. 277 do Tribunal Superior do Trabalho "as condições de trabalho alcançadas por força de sentença normativa vigoram no prazo assinado, não integrando, de forma definitiva, os contratos", subtrair-se o direito à recomposição salarial desses trabalhadores em empresas ferroviárias e engenheiros, quando de sua data-base, implicaria imputar-lhes prejuízos irreparáveis que não se justificam sob hipótese alguma, tampouco com base na Lei de Responsabilidade Fiscal, tendo em vista tratar-se de direito adquirido com base em preceito constitucional. Arguição afastada. III – ADICIONAL DE RISCO DE VIDA/PESSOAL DE ESTAÇÕES – COMPANHIA PAULISTA DE TRENS METROPOLITANOS – CPTM. LEGITIMIDADE DO PEDIDO. Considerando que a valorização do trabalho humano e a dignidade da pessoa humana são enaltecidos pela Constituição Federal, em seu art. 170, como princípios norteadores de toda a atividade econômica, a tutela redutiva de riscos, tal como prevista no inciso XXII, do art. 7º, da Constituição Federal, não deve ser limitada apenas ao pagamento de um adicional correspondente, mas também ser prestada através de medidas preventivas que ampliem efetivamente a proteção, segurança e saúde do trabalhador e, tendo em vista que as medidas de segurança implantadas pela empresa não foram suficientes para minimizar de maneira satisfatória o risco existente, o adicional de risco de vida pleiteado pelos trabalhadores ferroviários e engenheiros se justifica não apenas como meio de reparação do risco, em seu aspecto monetário, mas como medida de caráter excepcional, sobretudo considerando a pública e notória violência enfrentada por esses trabalhadores nas diversas estações de trens metropolitanos existentes na cidade de São Paulo, em que ocorre situações de permanente confronto desses trabalhadores no enfrentamento com marginais e muitas vezes os próprios usuários imbuídos de alto grau de agressividade. Por todas essas razões, a concessão do adicional de risco de vida é medida necessária para minimizar os efeitos perversos da violência presenciada pelos trabalhadores ferroviários e engenheiros no exercício de suas funções, pelo que se impõe o deferimento do adicional de risco de vida de 15% (quinze por cento) sobre o salário nominal, com reflexo nos demais títulos contratuais aos bilheteiros, Agentes Operacionais I e II, Encarregados de Estação e Chefes Gerais de Estações, até que se instalem bilheterias blindadas em todas as estações. TIPO: DISSÍDIO COLETIVO DE GREVE E ECONÔMICO. DATA DE JULGAMENTO: 19.10.2006. RELATOR(A): MARIA APARECIDA PELLEGRINA. ACÓRDÃO N.: 2006001610. PROCESSO N.: 20282-2006-000-02-00-4 ANO: 2006. TURMA: SDC.

(13) Constitui abuso do direito de greve a inobservância das normas contidas na presente Lei, bem como a manutenção da paralisação após a celebração de acordo, convenção ou decisão da Justiça do Trabalho.

(14) A responsabilidade pelos atos praticados, ilícitos ou crimes cometidos, no curso da greve, será apurada, conforme o caso, segundo a legislação trabalhista, civil ou penal.

de indenização por dano material e moral contra sindicatos profissionais em face dos danos causados ao patrimônio do empregador decorrentes dos excessos praticados durante a greve, lembrando-se de que, anteriormente à alteração legal apontada, tais litígios eram de competência de apreciação pela Justiça Civil.

Lembra-se, também, que em se tratando de parede deflagrada por trabalhadores vinculados à iniciativa privada, o despedimento de empregado poderá ser fundado na prática de atos abusivos durante o movimento paredista.

No entanto, sua concretização somente poderá ocorrer após o término da greve, já que a paralisação importa em suspensão dos contratos de trabalho dos trabalhadores envolvidos no movimento.

Acrescente-se, finalmente, que a ocorrência de eventuais punições e ou responsabilidades nas áreas civil, trabalhista ou penal, praticadas durante o movimento paredista ficará na dependência de comprovação dos abusos e excessos praticados durante a greve.

Referências bibliográficas

FREDIANI, Yone. *Greve nos serviços essenciais à luz da Constituição Federal de 1988*. São Paulo: LTr, 2001.

GERNIGON, Bernard. *A greve:* o direito e a flexibilidade. Brasília: OIT — Oficina Internacional del Trabajo. Secretaria Internacional do Trabalho, 2002.

LEITE, Carlos Henrique Bezerra. *A greve como direito fundamental*. Curitiba: Juruá, 2000.

NASCIMENTO, Amauri Mascaro. *Compêndio de direito sindical*. São Paulo: LTr, 2000.

SÜSSEKIND, Arnaldo. *Direito constitucional do trabalho*. Rio de Janeiro: Renovar, 2001.

_____. *Direito internacional do trabalho*. São Paulo: LTr, 2000.

_____. *Convenções da OIT*. São Paulo: Lr, 1998.

URIARTE, Oscar Ermida. *A greve:* o direito e a flexibilidade. Brasília: OIT — Oficina Internacional del Trabajo. Secretaria Internacional do Trabalho, 2002.

Parte II

Conflictos Colectivos y Protección de la Libertad Sindical en America Latina[*]

Francisco Javier Marín Boscán[**]

1. Los conflictos colectivos

Para Carnelutti conflicto de trabajo es "el contraste de intereses entre el que tiene la fuerza de trabajo y no tiene el capital, y el que tiene el capital, pero no tiene la fuerza de trabajo". Este desequilibrio lleva consigo el germen del conflicto como establece Iturraspe[1].

Alonso García define los conflictos colectivos como: "toda situación jurídica que se produce a consecuencia de la alteración ocasionada en el desarrollo o en la extinción de una relación jurídica laboral, y que se plantea entre los sujetos de la misma, o entre las partes de un convenio colectivo"[2].

La circunstancia generadora de la alteración de la relación de trabajo, determina una clase específica de conflicto, y así podríamos considerar causas relacionadas con su naturaleza, bien de tipo individual o colectivo, y las atinentes a la pretensión, que son jurídicas o de derecho o en materia económica o de intereses.

El ultimo autor citado, al considerar la causa que genera el conflicto de trabajo, plantea la clasificación por su naturaleza en individuales y colectivos, donde los conflictos colectivos son aquellos en los que sus consecuencias o efectos se extienden a personas no sujetas al conflicto, que resultan afectadas esencialmente por el mismo.

Los conflictos colectivos están relacionados con el ejercicio de la libertad sindical, en los contenidos de esta se definen los medios de acción, que pueden estar dados por alteraciones en las relaciones laborales como se ha referido.

2. La libertad sindical como derecho fundamental en el trabajo

La positivación constitucional de los derechos define a los derechos fundamentales, y dentro de estos los derechos fundamentales en el trabajo, destacando la Libertad Sindical.

En las normas internacionales del trabajo figuran los Convenios de la OIT, y los ocho convenios fundamentales a que se refiere la Declaración OIT relativa a los Principios

---

[*] Trabalho apresentado no I Congreso Suramericano da Asociación Iberoamericana de Derecho del Trabajo y de la Seguridad Social.
[**] Profesor en Universidad del Zulia. Maracaibo. Venezuela.
(1) Iturraspe cita Carnelutti, en: *El derecho de huelga como fundamento de un derecho laboral transformador*, 2010.
(2) ALONSO GARCÍA, Manuel. *Curso de Derecho del Trabajo*. 6. ed. Barcelona: Editorial Ariel, 1980. p. 603.

y Derechos Fundamentales en el Trabajo de 1998, los cuales están representados por las materias siguientes:

a) Libertad de asociación y libertad sindical y reconocimiento efectivo del derecho de negociación colectiva: Convenios relativos a la Libertad Sindical y a la Protección del Derecho de Sindicación[3] y a la Aplicación de los Principios del Derecho de Sindicación y de Negociación Colectiva[4]. La máxima expresión de este derecho es la negociación libre y voluntaria de las condiciones de trabajo;

b) Eliminación de todas las formas de trabajo forzoso u obligatorio: Convenios relativos al Trabajo Forzoso u Obligatorio[5] y a la Abolición del Trabajo Forzoso[6]. Se basa este derecho en el principio que nadie puede ser obligado a trabajar, o sea amenazado de sanción en caso de no hacerlo;

c) Abolición efectiva del trabajo infantil: Convenios sobre la Edad Mínima de Admisión al Empleo[7] y sobre la Prohibición de las Peores Formas de Trabajo Infantil y la Acción Inmediata para su Eliminación[8]. Es el propósito garantizar el desarrollo físico, mental y moral de los niños en todo su potencial, antes de entrar a formar parte de la vida económica activa, y erradicar las peores formas de trabajo infantil;

d) Eliminación de la discriminación en materia de empleo y ocupación: Convenios relativos a la Igualdad de Remuneración entre la Mano de Obra Masculina y la Mano de Obra Femenina por un Trabajo de Igual Valor[9], y a la no Discriminación en Materia de Empleo y Ocupación[10]. Se persigue garantizar la igualdad de trato y oportunidades, y así eliminar las formas de discriminación en la práctica.

La Libertad Sindical objeto de nuestro estudio, corresponde al primero de los Derechos Fundamentales en el Trabajo considerados, y también esta prevista en otras fuentes internacionales de reconocimiento, a saber en los instrumentos siguientes: Declaración Universal de los Derechos Humanos, Pacto Internacional de Derechos Económicos, Sociales y Culturales de la ONU, Pacto Internacional de Derechos Civiles y Políticos de la ONU, Convención Americana sobre Derechos Humanos de la OEA, Convención Europea de Salvaguarda de los Derechos del Hombre y la Carta Social Europea.

La Libertad Sindical de nuestro tiempo, ha sido producto de una evolución en el tiempo, de ahí que es identificada como "conquista" y "fenómeno relativamente

---

(3) Convenio OIT, n. 87, 1948.
(4) Convenio OIT, n. 98, 1949.
(5) Convenio OIT, n. 29, 1930.
(6) Convenio OIT, n. 105, 1957.
(7) Convenio OIT, n. 138, 1973.
(8) Convenio OIT, n. 182, 1999.
(9) Convenio OIT, n. 100, 1951.
(10) Convenio OIT, n. 111, 1958.

reciente"[11], que data de la segunda mitad del siglo XIX o principios del XX, según los países.

Al efecto, se parte de una amplia restricción en ese sentido, hasta su reconocimiento por parte del Estado de Derecho. Las etapas que definen la Libertad Sindical como conquista histórica, son tres, a saber: la prohibición en el Estado liberal capitalista y liberalismo económico, la tolerancia con la despenalización: el *"double standard"* y el realismo político y, el reconocimiento jurídico, que implico reconocimiento del derecho de libertad sindical.

En este mismo trabajo, observaremos las limitaciones que en nuestros días tienen lugar, y que en ocasiones no tienen base normativa.

Es importante conocer sobre los contenidos esenciales de la Libertad Sindical, y en ese sentido establecemos que comprenden una esfera individual y otra colectiva, y así siguiendo a Villasmil[12], podemos definir el alcance correspondiente, a saber:

1. En su esfera individual, estaá referido al derecho a:

— Organizarse en la forma que estimaren conveniente a sus intereses.

— Afiliarse a sindicatos y demás organizaciones de representación colectiva.

— No afiliarse o separarse del sindicato, u otra organización de representación colectiva, cuando así lo estimaren conveniente y sin que ello comporte lesiones o perjuicios de cualquier naturaleza.

— Elegir y ser elegidos como representantes sindicales y

— Ejercer la actividad sindical.

2. En la esfera colectiva, corresponde al derecho de las organizaciones sindicales y demás instancias de representación colectiva, para:

— Constituir federaciones o confederaciones sindicales, incluso a nivel internacional, en la forma que estimaren conveniente.

— Afiliarse a federaciones o confederaciones sindicales, incluso a nivel internacional, sin autorización previa, y a separarse de las mismas si lo consideraren conveniente.

— Redactar sus propios estatutos, organizar su administración interna y formular su programa de acción.

— Elegir sus representantes.

— No ser suspendidas ni disueltas por las autoridades administrativas.

— Ejercer la actividad sindical que comprenderá, en particular, el derecho a la negociación colectiva, el planteamiento de conflictos colectivos de trabajo y la

---

(11) SALA FRANCO, Tomas; ABIOL MONTESINOS, Ignacio (1998). *Derecho sindical*. 5. ed. Valencia: Tirant lo Blanch, 1998. p. 52.

(12) VILLASMIL PRIETO, Humberto. *Relaciones laborales:* en tiempo presente. Caracas: Publicaciones UCAB, 2007.

participación en el dialogo social y en la gestión de la empresa; para las organizaciones de trabajadores, además el ejercicio de la huelga y la participación en la gestión de la empresa, dentro de las condiciones pautadas en la ley.

De lo anterior se evidencia el alcance amplio de la Libertad Sindical, de ahí su importancia como Derecho Fundamental en el Trabajo y la necesidad de garantizarla como derecho colectivo de los trabajadores.

Romagnoli afirma que el sindicalismo "es un mal justificado por la necesidad de remover las injusticias sociales que el capitalismo tiende a crear"[13], de aquí el propósito de equilibrio que se persigue con las normas reguladoras del trabajo, frente a las circunstancias del sistema económico actual.

Precisando un poco mas sobre la Libertad Sindical, en un Estudio General de la Comisión de Expertos en Aplicación de Convenios y recomendaciones de la OIT sobre Libertad Sindical y Negociación Colectiva, se hace constar que la aplicación de los convenios relativos a esta materia "no debería estar subordinada al nivel de desarrollo económico de un país, ni a las fluctuaciones periódicas de los ciclos económicos, dado que se trata de instrumentos relativos a derechos humanos fundamentales" y que esta aplicación se halla "estrechamente condicionada por el respeto de las libertades civiles y políticas"[14].

La OIT[15] informa que cerca de la mitad de los trabajadores y empleadores del mundo, no gozan de protección en virtud de los Convenios ns. 87 y 98, ya que los países mas poblados no han ratificado estos convenios fundamentales (China, Estados Unidos e India, y de América Latina Brasil y México). Esta información sigue vigente, y es de interés observar que Brasil tiene ratificado el Convenio n. 98 y México el Convenio n. 87. La principal dificultad que impide que México ratifique el Convenio n. 98, se debe a las diferencias entre varias disposiciones de su Constitución, en especial el Articulo 123 y de su legislación nacional (Leyes Federales del Trabajo y de los Trabajadores al Servicio del Estado), con una disposición del Convenio.

Por otra parte, debemos considerar sobre el Rol de los Sindicatos y su Cumplimiento, y en este sentido observar que los Sindicatos como asociaciones profesionales, están llamados a cumplir fines sociales. El ordenamiento jurídico laboral nacional e internacional, ha definido claramente su rol, orientado a la representación y defensa de los intereses de sus agremiados. Estos agremiados, han de ser trabajadores o empleadores. Para nuestro fin, hemos centrado la atención en los sindicatos de trabajadores.

---

(13) ROMAGNOLI, Humberto. El renacimiento de la palabra sindicato. *La Factoría*, ene./abr., n. 29, en la *web*: <http://www.lafactoriaweb.com/articulos/romagnoli29.htm: Consulta de fecha: 12 feb. 2009.

(14) OFICINA INTERNACIONAL DEL TRABAJO. Libertad sindical y negociación colectiva, estudio general de las memorias. *Informe de la Comisión de Expertos en Aplicación de Convenios y Recomendaciones*, Ginebra, Conferencia Internacional del Trabajo, 81ª Reunión, 1994. p. 155.

(15) OFICINA INTERNACIONAL DEL TRABAJO. Organizarse en pos de la justicia social. *Informe Global con arreglo al seguimiento a la Declaración OIT relativa a los Principios y Derechos Fundamentales en el Trabajo*, Ginebra, 2004.

En los últimos tiempos los Sindicatos han desvirtuado su finalidad, no cumplen cabalmente sus fines, los dirigentes o representantes no hacen de su oficio un apostolado, y aún frente a momentos de gran dificultad económica, solo viven concentrados en conquistas económicas.

Hoy día la tasa de sindicalización en el mundo ha descendido, si bien en buena parte por el menor número de trabajadores formarles, también define la falta de confianza hacia los dirigentes, a lo que se suma la transformación de las empresas, que bajo una atomización, no dan espacio a esta clase de organizaciones.

Un gran problema en nuestro tiempo, es que las organizaciones de empleadores están claras en su propósito, concentradas en obtener el mayor lucro de su actividad económica, lo que no resulta insano, ya que participan de una libertad económica; mientras que en muchos casos, si bien los trabajadores cuentan con la libertad de trabajo, los dirigentes de sindicatos pierden buena parte de su tiempo, con estrategias para perpetuarse en su mandato, sin una clara visión de sus objetivos.

Los sindicatos han de asumir un rol renovado de adaptación a las circunstancias económicas, con una actitud de cooperación en el logro de una mayor competitividad y productividad en las empresas[16].

Otro aspecto muy importante que debemos considerar, es lo relacionado a la Protección contra la Discriminación Antisindical, y en este sentido destacamos que las normas de corte laboral, en los ámbitos nacional e internacional, persiguen garantizar la libertad sindical, de ahí que su propósito debe ser, el favorecer la acción de los sindicatos, con miras a relaciones colectivas de trabajo armónicas.

Esta protección comprende tanto la acción sindical de los trabajadores, como la de los empleadores, porque unos y otros han de asociarse con mira a la defensa de sus intereses.

El Convenio n. 98 de la OIT contempla de manera precisa en ese sentido, y establece: "1. Los trabajadores deberán gozar de adecuada protección contra todo acto de discriminación tendiente a menoscabar la libertad sindical en relación con su empleo. 2. Dicha protección deberá ejercerse especialmente contra todo acto que tenga por objeto: a) sujetar el empleo de un trabajador a la condición de que no se afilie a un sindicato o a la de dejar de ser miembro de un sindicato; b) despedir a un trabajador o perjudicarlo en cualquier otra forma a causa de su afiliación sindical o de su participación en actividades sindicales fuera de las horas de trabajo o, con el consentimiento del empleador, durante las horas de trabajo"[17].

Instituciones, como el Fuero Sindical, permiten reconocer privilegios en beneficio de los trabajadores, con miras a que su rol de promotores, afiliados o dirigentes de sindicatos, no se vea interferido, por acciones de despido sin causa, que no hayan sido

---

(16) SERVAIS, Jean-Michel. Globalización, competencia económica y solidaridad: un rol renovado para los sindicatos. En: *Revista Gaceta Laboral*, vol. 9, n. 3, Universidad del Zulia, Maracaibo, 2003.

(17) Convenio OIT, n. 98, art. 1.

verificadas por la autoridad del trabajo, quien habría de autorizar para ese fin. Las organizaciones sindicales deben retomar el rol de los primeros tiempos, asumiendo un liderazgo bajo un esquema de cooperación, con miras a la mayor productividad y competitividad. No es suficiente la existencia de normas para garantizar la protección frente a la discriminación sindical, los Estados a través de sus instituciones debe velar porque eso de manera efectiva se cumpla.

Los sindicatos en tiempo de globalización cuentan con un rol renovado, deben ser importantes actores ante nuevos esquemas productivos, y convertirse en los principales aliados de la OIT para garantizar un trabajo decente para todos, y en consecuencia, una protección eficaz de los derechos fundamentales laborales[18].

Para la construcción de una sociedad más justa y equitativa, todos los entes deben cumplir fielmente su cometido, y si bien hoy día los sindicatos no asumen con eficiencia su rol, los Estados también denotan fallas en cuanto al cumplimiento de la protección contra la discriminación antisindical, y no es suficiente con un marco normativo adecuado sobre los derechos humanos, y en particular, para la acción sindical.

3. Regulación de la libertad sindical

La Libertad Sindical ha sido objeto de regulación de diversos modos, así Ermida[19] los identifica en atención a la actuación del Estado, resultando los siguientes:

a) Modelo abstencionista o de autonomía colectiva pura: en este modelo el Estado no regula la organización ni la actividad sindical. Entre estos sistemas figuran Italia, Suecia, Alemania Federal y Bélgica. Antes también Uruguay, pero con su reciente Ley de Negociación Colectiva ha cambiado este panorama.

b) Modelo intervencionista o reglamentarista: en este modelo el Estado regula unilateral y heterónomamente la libertad sindical, incluidos los derechos sindicales individuales, la organización y la actividad sindical. Este modelo se presenta en todos los países de América Latina (antes había la única excepción de Uruguay), Francia, España, Portugal y Canadá.

c) Modelo socialista: se caracteriza por ser un sistema reglamentarista, en el cual el Estado como en el modelo anterior, regula unilateral y heterónamente la libertad, la organización y la actividad sindical. En países como Cuba se impone el sistema de unicidad sindical.

Bajo otra orientación, a partir del tratamiento constitucional a los derechos colectivos Ackerman[20] establece tres modelos diferentes, a saber:

---

(18) SERVAIS, Jean-Michel. Globalización, competencia económica y solidaridad: un rol renovado para los sindicatos. En: *Revista Gaceta Laboral*, vol. 9, n. 3, Universidad del Zulia, Maracaibo, 2003.

(19) ERMIDA URIANTE, Oscar. Libertad sindical: normas internacionales, regulación estatatal y autonomía. En: *Debate Laboral, Revista Americana e Italiana de Derecho del Trabajo*, ano III, n. 6/1990, Costa Rica.

(20) ACKERMAN, Mario. El constitucionalismo social en Latinoamérica. En: *Revista Latinoamericana de Derecho Social*, n. 1, jul./dic., Instituto de Investigaciones Jurídicas, Universidad Nacional Autónoma de México, México, 2005.

a) Garantismo constitucional directo, pero susceptible de reglamentación por la legislación ordinaria (casos de Argentina, México y Chile).

b) Garantía y regulación constitucional (caso único de Brasil).

c) Promoción general (caso de Uruguay, con marcado abstencionismo estatal, aquí cabe mencionar la observación en cuanto a la orientación actual en ese país).

A los fines de América Latina, resulta de gran interés referir los modelos uruguayo y español sobre regulación de la Libertad Sindical, el primero por caracterizarse en ser un modelo abstencionista, antes de las recientes modificaciones legislativas, y el segundo, como modelo intervencionista diseñado a partir de un sistema democrático de relaciones laborales, consagrado a partir de la Constitución de 1978.

4. Las garantías para la protección de la libertad sindical

Ferrajoli afirma que "un derecho no garantizado no seria un verdadero derecho"[21], y de aquí la separación conceptual entre derechos y garantías, como centro en su teoría de los Derechos Fundamentales, y consecuentemente de la democracia constitucional. A su vez considera el autor sobre las garantías primarias o sustanciales (obligaciones o prohibiciones sobre derechos subjetivos) y las garantías secundarias o jurisdiccionales (obligaciones de los órganos judiciales de aplicar la sanción o declarar la nulidad)[22], unas y otras con relación directa en cuanto a la eficacia necesaria de los derechos.

Las garantías son los instrumentos para la protección de los Derechos Fundamentales, que pueden ser: normativas, jurisdiccionales e institucionales, como las aborda la Constitución Española de 1978.

Desde el punto de vista practico, tales garantías estarían determinadas por la constitucionalización de los derechos sociales (entre estos la Libertad Sindical) y su desarrollo legislativo, mediante normas sustantivas y de procedimiento, contando con órganos jurisdiccionales bien en sede constitucional o tribunales ordinarios, y según el caso con entes administrativos como la Defensoría del Pueblo, o para la materia exclusivamente laboral, las Procuradurías para la Defensa de los Trabajadores, como se les conoce en México y en Venezuela.

En Chile cuentan desde fecha reciente con un nuevo procedimiento de tutela laboral (reforma laboral implementada por la Ley n. 20.087 del 3 de enero de 2006), lo que ha conllevado a "los Derechos Fundamentales en serio"[23] siguiendo la noción

---

(21) FERRAJOLI, Luigi. *Derechos y garantías*. La Ley del mas débil. 4. ed. Madrid: Trotta, 2004. p. 59.

(22) CARBONELL, Miguel. *La Garantía de los derechos sociales en la teoría de Luigi Ferrajoli en garantismo*. Estudios sobre el pensamiento jurídico de Luigi Ferrajoli. Edición de Miguel Carbonell y Pedro Salazar. Instituto de Investigaciones Jurídicas de la Universidad Nacional Autónoma de México y Editorial Trotta, Madrid, 2005.

(23) UGARTE CATALDO, José Luis. La constitucionalización del derecho del trabajo: la tutela de los derechos fundamentales. En: *Revista Latinoamericana de Derecho Social*, n. 7, jul./dic. 2008, Universidad Nacional Autónoma de México, Instituto de Investigaciones Jurídicas, México.

de Dworkin, cuya filosofía jurídica esta fundamentada en los derechos individuales, concibiendo que su garantía es la función mas importante del sistema jurídico[24].

De la forma como regulan en Chile el nuevo procedimiento, refiere Ugarte que trata "no solo de la eficacia horizontal de los derechos fundamentales entre particulares, sino de su eficacia inmediata o directa..."[25], ya que implica la acción propuesta directamente por el trabajador, contra otro particular de la relación laboral (el empleador), que es el procedimiento mas adecuado en ese sentido.

Afirmamos con Bronstein, que en los Gobiernos de la región, hay la tendencia a considerar que su responsabilidad se agota con la promulgación de la ley, "cuando en realidad correspondería decir que la responsabilidad del Gobierno recién comienza cuando la ley es promulgada, ya que de allí en más le incumbe la tarea de aplicarla"[26]. De aquí que la aplicación eficaz del Derecho del Trabajo es el mayor reto, que el de su propia formulación o reformulación, como también señala el autor.

Sánchez[27] destaca en un estudio, que la exigibilidad de los derechos fundamentales en el mundo del trabajo puede hacerse en el plano interno e internacional, tanto en los órganos jurisdiccionales como en los no jurisdiccionales.

Con respecto a actuaciones de órganos no jurisdiccionales en materia de derechos fundamentales, en el plano internacional hemos referido sobre informes de la Comisión Interamericana de Derechos Humanos y del Comité de Libertad Sindical de la OIT, entre otros.

A su vez, los órganos jurisdiccionales mediante su actuación, también puede contribuir a restablecer o aumentar las garantías necesarias a los fines de la Libertad Sindical de los trabajadores. Una muestra de lo anterior, lo constituye en el plano interno, el fallo de la Corte Suprema de Justicia de la Nación en Argentina[28], de fecha 11.11.2008, sobre la Inconstitucionalidad del articulo 41, inciso a de la Ley n. 23.551 sobre Asociaciones Sindicales. Al efecto la Corte en su decisión establece que la referida disposición es contraria a la Constitución[29], ya que exige a los delegados e integrantes de comisiones, estar afiliados a asociación sindical con personería gremial y ser elegidos

---

(24) DWORKIN, Ronald. *Los derechos en serio*. Trad. Marta Gustavino. 5. reimp. Barcelona: Editorial Ariel, 2002.

(25) UGARTE CATALDO, José Luis. La constitucionalización del derecho del trabajo: la tutela de los derechos fundamentales. En: *Revista Latinoamericana de Derecho Social*, n. 7, jul./dic. 2008, Universidad Nacional Autónoma de México, Instituto de Investigaciones Jurídicas, México, p. 265.

(26) BRONSTEIN, Arturo. *Cincuenta años del derecho del trabajo en América Latina:* un panorama comparativo en libro: cincuenta años de derecho del trabajo en América Latina. Dirigido por Arturo Bronstein, Argentina, Rubinzal-Culzoni Editores, 2007, p. 102.

(27) SÁNCHEZ CASTAÑEDA, Alfredo. *Hacia una definición de los derechos fundamentales en el trabajo y su exigibilidad*. En la web: <http://www.bibliojuridica.org/libros/6/2564/33.pdf> Consulta de fecha: 15 abr. 2009.

(28) Corte Suprema de Justicia de la Nación de Argentina: *Fallo A.201.XL Asociación de Trabajadores del Estado c/Ministerio del Trabajo s/Ley de Asociaciones Sindicales*. En la web: <http://www.csjn.gov.ar/documentos/verdoc.jsp> Consulta de fecha: 15 feb. 2009.

(29) La Constitución en Argentina consagra el principio sobre Libertad Sindical en los artículos 14 y 14-bis.

a comicios convocados por esta. La personería gremial esta prevista en la citada Ley[30], y la puede obtener la asociación que en su ámbito territorial y personal de actuación sea la mas representativa, lo que a su vez tiene incidencia sobre la representación sindical en la empresa.

Ermida establece con mucho acierto, que para avanzar en la construcción de una política laboral progresista "es necesario revalorizar viejas practicas, como la continuidad laboral y la seguridad social, y aplicar nuevas formulas, como la formación profesional permanente y la aplicación directa de las normas constitucionales e internacionales de protección a los trabajadores"[31]. Estas nuevas formulas que refiere el autor, podrán contribuir a la definición de un mejor panorama laboral para la América Latina.

Como observaremos hay situaciones relacionadas con la Libertad Sindical en América Latina, en las que destacan la violencia sindical reflejada en los Informes del Comité de Libertad Sindical de la OIT y de la Confederación Sindical Internacional, relacionadas con discriminación antisindical y circunstancias derivadas del nuevo panorama laboral por la incidencia económica de la crisis, lo que denota deficiencia en cuanto a las garantías necesarias.

Como queda establecido, hoy día, los sindicatos han de asumir un rol renovado de adaptación a las circunstancias económicas, con una actitud de cooperación en el logro de una mayor competitividad y productividad en las empresas.

En definitiva, es importante una eficiente acción sindical y protección contra la discriminación, lo que implica considerar que Los Derechos Humanos van mucho más allá de una consagración normativa y una retórica, implica que debe asegurarse la protección necesaria para que revista carácter de eficiencia.

En este sentido, es muy importante fortalecer el diálogo social y hacer más efectiva la inspección del trabajo, de manera que concertadamente y con apoyo de la administración del trabajo y de las organizaciones de trabajadores y empleadores, se defina la acción correspondiente.

5. Estado actual de la protección de la libertad sindical en América Latina

En lo que respecta al movimiento obrero latinoamericano, Godio destaca que exponer sobre su historia plantea el objetivo de "esclarecer su comportamiento de clase, la connotación ideológica-política de sus luchas y las características concretas del marco nacional en el cual se inscribe"[32].

La OIT ha constatado que en América Latina la tasa de ratificación de los ocho convenios fundamentales, relacionados con los principios y derechos fundamentales

---

(30) Ley n. 23.551, art. 25.
(31) ERMIDA URIARTE, Oscar. La política laboral de los gobiernos progresistas. En: *Revista Nueva Sociedad*, n. 211, Argentina, 2007, p. 50.
(32) GODIO, Julio. *Historia del movimiento obrero Latinoamericano/1*. México: Editorial Nueva Imagen, 1980. p. 12.

en el trabajo es muy alta, pero la aplicación y plena observancia de estos instrumentos no esta siempre garantizada. Por esto, es necesario mas apoyo para velar por el cabal cumplimiento de los convenios fundamentales de la OIT[33].

Aunque de un balance sobre el progreso de las ratificaciones, el Convenio n. 87 es el menos ratificado de los 8 convenios fundamentales (en América Latina destaca Brasil entre los países que no lo han ratificado). Resulta de interés, la aplicación efectiva de los principios, ya que es un hecho conocido que la ratificación de los convenios, no significa la aplicación plena de los derechos y principios que en ellos se consagran.

En cuanto a la observancia y aplicación de los Convenios ns. 87 y 98, hayan sido ratificados o no por un país dado, están sujetos al control por el Comité de Libertad Sindical, como órgano del Consejo de Administración de la OIT (en este sentido actúa también la Comisión de Expertos en la Aplicación de Convenios y Recomendaciones). Este Comité de Libertad Sindical en el periodo comprendido de marzo 2004 y junio 2007, adopto 366 informes individuales sobre casos relativos a 82 países, la mayoría de los cuales correspondían a la región de las Américas: 204 a América Latina y 18 a América del Norte[34]. Resaltamos que la OIT de manera inadecuada, considera que la América del Norte esta conformada solamente por Canadá y Estados Unidos, y asi cuenta con la Oficina de América del Norte en Washington.

En el periodo 1995-2000, los alegatos presentados al Comité de Libertad Sindical sobre restricciones a las libertades civiles, representaron una tercera parte de los asuntos, pero este porcentaje disminuyo progresivamente. En el periodo 2004-2007, la mayoría de los alegatos en ese sentido, está referida a actos de discriminación sindical, y se ha experimentado un leve incremento en el numero de alegatos relativos a la injerencia del gobierno en las actividades sindicales.

En todo caso, a los efectos de una aplicación efectiva de estos convenios, es muy importante la capacidad de las administraciones del trabajo, siendo también esencial la voluntad política.

Una referencia importante para Iberoamérica, lo constituye en España la Ley Orgánica de Libertad Sindical de 1985, que de manera precisa aborda sobre la tutela de esta y la represión de conductas antisindicales. En América Latina la gran mayoría comprenden en la Constitución los derecho sociolaborales, entre los que destacan los de índole colectiva, y los desarrollan en los Códigos o leyes del trabajo.

Con base a los Informes del Comité de Libertad Sindical destacan que en países como Guatemala y Colombia, persisten grandes dificultades en la materia, y en otros como

---

(33) OFICINA INTERNACIONAL DEL TRABAJO. La libertad de asociación y la libertad sindical en la práctica: lecciones extraídas. *Informe Global con arreglo al seguimiento a la Declaración OIT relativa a los Principios y Derechos Fundamentales en el Trabajo*, Ginebra.

(34) OFICINA INTERNACIONAL DEL TRABAJO. La libertad de asociación y la libertad sindical en la práctica: lecciones extraídas. *Informe Global con arreglo al seguimiento a la Declaración OIT relativa a los Principios y Derechos Fundamentales en el Trabajo*, Ginebra.

Venezuela, la polarización política no ha favorecido en la armonía necesaria a los fines de la mayor garantía para el ejercicio de este derecho. Por su parte, los Informes Anuales las Violaciones de los Derechos Sindicales, de la Confederación Sindical Internacional (CSI), son muy precisos en este sentido.

En el Informe sobre las Violaciones de los Derechos Sindicales de 2008[35], en cuanto a los países de América Latina se hace constar lo siguiente:

1. En el continente no ha cesado la violencia antisindical, con asesinatos, secuestros, amenazas de muerte, asaltos y allanamientos.

2. Ante la creación de sindicatos, es común que los empleadores recurran a despidos o traslados de sus dirigentes.

3. Se registraron casos de excesivo uso de fuerza de parte de la policía, en manifestaciones o marchas que se saldaron con heridos, y muertos en algunos casos, en Brasil, Chile, Honduras, México, Paraguay y Perú, entre otros.

4. Se produjeron asesinatos en Argentina y Chile, como consecuencia de la violencia policial, en Guatemala, en Brasil y en México.

5. Colombia sigue siendo el país más peligroso para los sindicalistas, con 39 asesinatos. Si bien en el 2007 los homicidios disminuyeron (78 casos en el 2006), aumentaron sin embargo otras formas de violencia. Se estima que en este sentido ha favorecido la firma del Acuerdo Tripartito por el Derecho de Asociación y la Democracia en Colombia, a partir del cual fue establecido a partir de noviembre de 2006, una representación permanente de la OIT en aquel país, y la creación de una unidad especial para la investigación de los ataques contra los sindicalistas.

6. Se hace constar que en muchos países los Ministerios del Trabajo, no velan por la aplicación de la ley ni la protección de los derechos sindicales.

7. El derecho de huelga sigue muy coartado en el continente. La protección legal del derecho a la negociación colectiva es aun insuficiente, y se ha sumado la criminalización de la protesta social (casos como el de Venezuela). Destacan como estrategias para fragilizar la organización sindical: uso de las Cooperativas de Trabajo Asociado (CTA) y los pactos colectivos en Colombia, los contratos de protección en México y las Asociaciones Solidaristas en América Central y Ecuador.

8. En Haití no han existido avances en el respecto de la libertad sindical, en Costa Rica el gobierno responde con persecución sindical a la creciente oposición a su política y en países como Perú, el deterioro de los derechos sindicales se ha ido agudizando sistemáticamente.

---

(35) CONFEDERACIÓN SINDICAL INTERNACIONAL (2008). *Informe Anual sobre las Violaciones de los Derechos Sindicales*. En la *web*: <http://survey08.ituc-csi.org/survey.php?IDContinent=0&Lang=ES> Consulta de fecha: 10 feb. 2009.

9. En el sector de las maquilas o zonas francas, también persiste el deterioro de los derechos sindicales (casos de Honduras y Nicaragua).

10. En el Caribe, la situación no es mejor que en el resto de América Latina: los derechos de libertad sindical y negociación colectiva son muy débiles, existen restricciones a la huelga y hay injerencias de los gobiernos y de los empleadores (casos de Trinidad & Tobago, Belice y Barbados). Por su parte, en Cuba persiste el sistema de monopolio sindical, y la persecución de los sindicalistas independientes.

11. Sobre la situación particular de Venezuela, se indica que hay un debilitamiento progresivo del derecho a la negociación colectiva y el derecho a la huelga, evidenciándose entre otros indicadores con la denegación arbitraria por parte del Ministerio del Trabajo, en base a criterios políticos. Además la criminalización de las huelgas y manifestaciones, así como la injerencia en la autonomía sindical, por la intervención del Consejo Nacional Electoral en las elecciones sindicales, contribuyen a su debilitamiento.

Para 2010, en el mismo Informe se hace constar sobre el clima de extrema violencia, que costó la vida a 89 sindicalistas y activistas pro derechos laborales, lo que convierte a las Américas en el continente más mortífero del mundo. Solamente en Colombia perdieron la vida 48 activistas sindicales durante el 2009.

A su vez, de la Información derivada del Panorama Laboral que presenta la OIT con relación al resto del mundo, América encabeza el número de quejas presentadas a la OIT por violación a la libertad sindical. El Comité de Libertad Sindical ha registrado 597 quejas de los países de las Américas, desde enero 1990 a junio de 2007. Así el continente concentra el 57.1% del total de las quejas presentadas por violación a la libertad sindical, muy por delante de los otros continentes, y atendiendo a los sectores de la economía, la incidencia de estas se concentra en la administración y servicios públicos[36].

La anterior información del Comité de Libertad Sindical, y demás detalles que constan en sus informes, permiten corroborar los datos aportados por la Confederación Sindical Internacional, que reflejan la situación del movimiento sindical en América Latina.

Por su parte, la Comisión de Expertos en la Aplicación de Convenios y Recomendaciones de la OIT, ha formulado observaciones entre 1990 y 2006 a 27 de los 33 países americanos que han ratificado el Convenio n. 87 de la OIT (sobre la libertad sindical y la protección del derecho de sindicación) y a 22 de los 32 países que han ratificado el Convenio n. 98 de la OIT (sobre el derecho de sindicación y negociación colectiva), en el mismo periodo.

Los principales problemas normativos y prácticos observados por esta Comisión, están referidos en el caso del Convenio n. 87 a los "obstáculos existentes para que las

---

(36) OFICINA INTERNACIONAL DEL TRABAJO. *Panorama Laboral 2007 América Latina y el Caribe*. Oficina Regional para América Latina y el Caribe. Lima.

organizaciones desarrollen libremente la redacción de su normativa interna, elijan sus representantes y organicen y administren su gestión"[37] y en el caso del Convenio n. 98 "los problemas radican en las restricciones existentes a la negociación colectiva y la falta de estímulo de la misma"[38].

6. Consideraciones finales

Todo lo anterior revela deficiencias sobre la protección de la Libertad Sindical en América Latina, en cuanto a la aplicación de la normativa laboral. Tal circunstancia está relacionada con los derechos colectivos de los trabajadores, y la ausencia de garantías para el cumplimiento efectivo del derecho fundamental sobre Libertad Sindical. Corresponde la implementación de mecanismos más eficaces orientados en el sentido de garantizar tal cumplimiento, es muy importante fortalecer el diálogo social y hacer más efectiva la inspección del trabajo, de manera que concertadamente y con apoyo de la administración del trabajo y de las organizaciones de trabajadores y empleadores, se defina la acción correspondiente para mayor protección de la Libertad Sindical y disminuir la conflictividad laboral.

---

(37) OFICINA INTERNACIONAL DEL TRABAJO. *Panorama Laboral 2007 América Latina y el Caribe*. Oficina Regional para America Latina y el Caribe. Lima. *Ibidem*, p. 20.

(38) OFICINA INTERNACIONAL DEL TRABAJO. *Panorama Laboral 2007 América Latina y el Caribe*. Oficina Regional para America Latina y el Caribe. Lima.

La Organización Sindical del Siglo XXI

Hugo Roberto Mansueti

1. Introducción

Es propio de la naturaleza humana constituir e integrar sociedades en las que pueda desarrollar su plenitud. La familia es la primer sociedad, luego las sociedades menores, intermedias, el Estado y la sociedad universal.

En esa articulación, las asociaciones profesionales de empleadores y trabajadores, constituyen cuerpos intermedios, de cuya importancia significativa hoy no se duda.

Es el criterio que se ha ido imponiendo en el mundo occidental luego de superar antagonismos propios del liberalismo impulsado con la Revolución Francesa de 1789. Con el basamento ideológico suministrado por las concepciones atomistas de la sociedad, la noción de igualdad fue llevada a su máxima expresión, de claro corte idealista y divorciado de la realidad. En el camino para la implementación de estos principios, las corporaciones que venían sobreviviendo desde la Edad Media constituían un obstáculo. Ello explica la ley francesa del 17 de junio de 1791, conocida como ley *"Le Chapellier"*, que suprimió las corporaciones, prohibió la agremiación y fomentó la desregulación de todo tipo de contratación de mano de obra[1]: todos los hombres son iguales y el Estado no debía interferir en la libre expresión de su voluntad en los contratos. La libertad de asociación volvería a Francia con jerarquía constitucional, recién en 1848, cuando se funda la II República[2]. Posteriormente, la ley francesa de 1884 reconoció la libertad sindical. Una evolución similar existió en Inglaterra, desde la prohibición de las *trade unions* en 1799, cuya violación significaba incurrir en el delito de conspiración, hasta llegar a 1871 que se deroga dicha legislación y se reconoce la libertad sindical[3].

La Doctrina Social de la Iglesia, desde León XIII en 1891, ha venido destacando que *"se ha de establecer como ley general y perpetua que las asociaciones de obreros se han de constituir y gobernar de tal modo que proporcionen los medios más idóneos y convenientes para el fin que se proponen, consistente en que cada miembro de la sociedad consiga, en la medida de lo posible, un aumento de los bienes del cuerpo, del alma y de la familia"*[4]. Cuarenta años después, Pío XI dedicó siete capítulos de *Quadragesimo Anno*[5] a

---

(*) Trabajo apresentado en 1º Congreso Sudamericano de Derecho del Trabajo y la Seguridad Social, en Aracajú, Sergipe, Brasil, en setiembre de 2010

(1) Pocos meses antes, la ley francesa del 2 de marzo de 1791 había restablecido la libertad de toda persona para realizar cualquier negocio o ejercer cualquier profesión, arte u oficio.

(2) BIDEGAIN, Carlos María y otros. *Curso de derecho constitucional*. Buenos Aires: Abeledo – Perrot, 2001. p. 167.

(3) BOF, Jorge A. *Acciones tutelares de la libertad sindical*. Buenos Aires: Editorial La Roca, 1991. p. 26.

(4) León XIII, *Rerum Novarum*, 39.

(5) Pío XI, *Quadragesimo Anno*, ns. 31 a 38.

analizar la influencia producida en todo el mundo por el documento anterior, respecto de este *"derecho natural de asociación"*, postulando asimismo la creación de otro tipo de asociaciones, no ya sólo de obreros, sino de agricultores, industriales y patronos. Juan XXIII, en *Mater et Magistra*[6], ponderando lo ocurrido con anterioridad, y refiriéndose a las asociaciones sindicales, decía en 1961 que la finalidad de aquéllas *"no es ya la de movilización al trabajador para la lucha de clases, sino la de estimular más bien la colaboración, lo cual se verifica principalmente por medio de acuerdos establecidos entre las asociaciones de trabajadores y de empresarios; hay que advertir, además, que es necesario, o al menos muy conveniente, que a los trabajadores se les de la posibilidad de expresar su parecer e interponer su influencia fuera del ámbito de su empresa, y concretamente en todos los órdenes de la comunidad política"*. Más modernamente, Juan Pablo II, en *Laborem Exercens*[7], admitió que *"la defensa de los intereses existenciales de los trabajadores en todos los sectores en que entran en juego sus derechos, constituye el cometido de los sindicatos. La experiencia histórica enseña que las organizaciones de este tipo son un **elemento indispensable de la vida social** especialmente en las sociedades modernas industrializadas"*.

Con estos mismos criterios, la Constitución de la OIT del 23 de octubre de 1919, incluye en su Preámbulo al *"reconocimiento del principio de libertad sindical"* como una de las condiciones necesarias para *"la paz y armonía universales"*. Más tarde, la Declaración de Filadelfia de 1944, que constituyó una actualización de los fines y objetivos de la OIT, señala que *"la libertad de expresión y de asociación son esenciales para el progreso constante"*.

En los comienzos del Siglo XXI y frente a las nuevas realidades de la época, la *rerum novarum* actual, se abre el debate acerca de los nuevos desafíos que presentan las transformaciones de la economía y la empresa, y cuáles serán las estrategias de las organizaciones de trabajadores, en este escenario, para el logro de su principal objetivo, que no es otro que el de lograr condiciones laborales humanamente suficientes para sus representados.

Cualquiera sea la retrospectiva que se haga sobre el particular, advertimos que las transformaciones de la economía y los modelos de organización sindical se han dado en ciclos relativamente cortos.

Las organizaciones sindicales que hoy conocemos, se han ido gestando como consecuencia de la Revolución Industrial del Siglo XIX, a punto tal que se ha llegado a afirmar que *"no hay Revolución Industrial sin sindicalismo, como no hay sindicalismo sin Revolución Industrial"*[8].

En la evolución que tuvieron estas organizaciones, una vez finalizado el período *corporativo* e iniciada la Revolución Industrial, se han marcado los siguientes períodos: a) individualista, que comienza una vez disueltas las corporaciones y se mantuvo

---

(6) Juan XXIII, *Mater et Magistra*, n. 97.

(7) Juan Pablo II, *Laborem Exercens*, n. 20.

(8) Paul Louis, *Historie du mouvement syndical en France*; Paris 1947, p. 9; citado por Cabanellas, Guillermo, en *Tratado de derecho laboral*, 3. ed. Buenos Aires: Editorial Claridad, 1989. t. III. *Derecho colectivo del rrabajo*. v. 1. *Derecho sindical*, p. 35.

junto con las prohibiciones o restricciones al derecho de asociación; b) sindicalista, que comienza con el restablecimiento del derecho a la libertad de asociación, donde los trabajadores se organizan y participan en la regulación de condiciones de trabajo, logrando el reconocimiento de los fines profesionales de los sindicatos y la misión que les corresponde desarrollar; c) corporativista, iniciado luego de la Primera Guerra Mundial, con preponderancia en Alemania y en Italia, también en España, Portugal y Brasil, donde los sindicatos pasan a revestir el carácter de corporaciones de derecho público y, dentro del aparato gubernamental, pasan a intervenir en la vida íntegra del trabajo y la economía[9]; d) un cuarto período de rectificación y asentamiento de los sindicatos, que comienza una vez finalizada la Segunda Guerra Mundial y llega hasta el final del Siglo XX, en este período, los sindicatos logran consolidarse como interlocutores válidos de la clase trabajadora, como cuerpos intermedios entre los trabajadores y el Gobierno, obtienen la legitimación normativa de su acción sindical (reconocimiento del derecho de huelga y negociación colectiva), participan en las decisiones que afectan al trabajo, incluso en forma institucionalizada a través del *diálogo social*, pero, paralelamente, junto con el protagonismo que adquieren los sindicatos en la vida pública, se viene registrando una disminución de los niveles de afiliación, claramente vinculada a las transformaciones operadas en el mundo del trabajo.

A partir de la llamada globalización de la economía, las transformaciones registradas en el mundo del trabajo, ofrecen nuevos desafíos para la organización sindical, la cual debe implementar estrategias diferentes para el logro de sus objetivos tradicionales, porque están frente a una realidad completamente distinta.

Podemos decir que con la globalización, se inicia una nueva etapa en la organización del movimiento obrero. Una etapa de replanteo del accionar local, en función del accionar global y transnacional del capital.

Es muy estrecha la relación existente entre los modelos de organización sindical y los modelos de organización del trabajo, a punto tal que la división social y funcional del trabajo, propia del modelo taylorista-fordista que predominó durante gran parte del siglo XX, aún hoy en día sobrevive en los sindicatos de actividad, que agrupan separadamente a obreros y empleados (en Argentina los textiles), obreros y supervisores (*idem* los metalúrgicos), profesionales y empleados (*idem* los periodistas).

La crisis del fordismo, experimentada a partir de los años 1960 y, con mayor intensidad, luego de los años 1980, sustituyó la especialización de las calificaciones por la movilidad de los trabajadores entre diversos puestos de trabajo, haciendo hincapié en la flexibilidad y la polivalencia. La división social del trabajo, donde separadamente intervenían las personas que concebían el trabajo, las que lo llevaban a cabo en la línea de producción y los supervisores, fue sustituida por las plataformas móviles, el trabajo en equipos, el *just in time*. Se achicaron los costos, ya que todos trabajan, incluso los supervisores y técnicos. Se modificaron los tiempos, ya que no hay más acopio de productos, sino producción a partir del pedido. Se adaptaron los productos al mercado, sustituyéndose la homogeneidad por la heterogeneidad. La empresa vertical, que llevaba

---

(9) CABANELLAS, Guillermo, *op. loc. cit.*, p. 114.

a cabo la fabricación y montaje completo de sus productos, se vio reemplazada por la empresa horizontal, caracterizada por la tercerización, la subcontratación y la segmentación de sus procesos, no solo en los aspectos funcionales, también territoriales, tomando escala global.

Las transformaciones de la empresa fueron acompañadas con modificaciones no menos importantes en la población activa. El modelo productivo del fordismo y la línea de producción, tuvo estrecha vinculación con una población activa caracterizada por su baja instrucción y formación. El abandono de ese modelo, fue acompañado con mejoras en la tecnología, que implementaron la robotización de gran parte del proceso productivo y una sustancial mejora en la capacitación de los trabajadores. Ambos elementos, tecnología y capacitación, derivaron en una contracción constante de empleos en la agricultura y en la industria, la expansión del sector de los servicios y un rápido aumento de la fuerza de trabajo del sector informal y de los trabajadores *"marginales"* o autónomos. A su vez, esta última circunstancia produjo que, sobre el final del Siglo XX, se experimentara un resurgimiento del individualismo, crisis de solidaridad y disminución de los niveles tradicionales de afiliación a las organizaciones sindicales.

La globalización de la economía y el nuevo escenario productivo generados en el final del Siglo XX, traen nuevos desafíos a la organización de los sindicatos.

Se ha dicho con acierto, que el sindicalismo es una institución que a lo largo de sus casi dos siglos de vida ha jugado un papel importante, no solo para sus propios afiliados, sino para el resto de los trabajadores y la sociedad en su conjunto. Su evolución tiene relación directa con la marcha de la economía y de la sociedad y puede anticipar o seguir a la zaga de dichas evoluciones. Cabe a sus dirigentes percibir los signos de los tiempos e interpretar las necesidades, expectativas y demandas de sus afiliados y de la sociedad, para adaptar las estructuras, los programas, las actividades y reivindicaciones, anticipándose así al futuro[10].

Es que las realidades son diferentes y los problemas de los trabajadores siguen siendo los mismos, o tal vez más graves: *Nunca fue la creatividad de la gente tan importante como hoy, pero tampoco nunca fueron los trabajadores tan vulnerables como en esta época, en la que trabajan de manera individualizada y más dependiente que nunca en redes flexibles cuyas reglas se han vuelto indescifrables para muchos*[11].

2. Los nuevos desafíos para la organización sindical, vistos desde la OIT

El Director General Juan Somalia se refirió a esta temática, en su discurso electrónico dirigido a la Conferencia durante el año 1999, titulado precisamente *Los sindicatos en el siglo XXI*.

---

(10) NEFFA, Julio César. *Las transformaciones actuales del sindicalismo a nivel internacional;* prólogo a la obra de Georges Spyropoulos. Sindicalismo y sociedad. Buenos Aires: Hvmanitas, 1991. p. 18.

(11) BECK, Ulrich. *Un nuevo mundo feliz.* La precariedad del trabajo en la era de la globalización. Trad. Bernardo Moreno Carrillo. Barcelona: Paidós, 2000. p. 201.

Luego de destacar la importancia de los sindicatos y su capacidad de movilización, con la cual refiere que han contribuido a los éxitos en materia de equidad y de justicia para los trabajadores de todo el mundo, señala su preocupación por entender que, en los últimos años, esa capacidad de movilización habría disminuido. Considera que ella debiera fortalecerse, con la finalidad que los sindicatos, desde un lugar de liderazgo intelectual y político, colaboren en el logro de los objetivos que plantea en su discurso y están dados por:

— *Un rostro humano para la economía mundializada.* Los sindicatos pueden contribuir a dar un rostro humano a la economía mundializada al influir en una política social que pueda establecer un equilibrio entre la eficiencia de los mercados y la equidad para la población. Con ese objetivo, plantea que las medidas a adoptar en materia de reglamentación de la economía, se lleven adelante con participación de los sindicatos.

— *Intervención más amplia de los sindicatos.* Plantea que los sindicatos no deben limitarse ya a la defensa de los intereses sectoriales, sino que además deben hacer suyos los problemas más amplios de la sociedad.

— *Cohesión social.* Que solo puede lograrse, mediante la implementación de un entorno que garantice un ingreso seguro para todos los interesados. Un ingreso social.

— *Participación en el proceso de desarrollo.* Con colaboración de los sindicatos en las instituciones de desarrollo tales como las cooperativas de consumidores, las sociedades de vivienda, las cajas de seguros de salud y las organizaciones de seguridad social.

— *La promoción de los derechos humanos y de la democracia.* Los derechos civiles y políticos son un requisito fundamental para acceder a los derechos laborales y sólo una democracia liberal puede proporcionar el contexto institucional apropiado para el respeto de los derechos laborales como elementos constitutivos de los derechos humanos. En toda sociedad, la evolución de la democracia liberal es un proceso endógeno que nunca se debería interceptar. Los sindicatos pueden acelerar el ritmo de esta evolución dando muestras de apoyo y solidaridad permanentes con la lucha en pro de una democracia liberal.

— *Retos en el plano mundial.* Los sindicatos tienen un considerable margen de acción en el plano internacional. Los sindicatos pueden ser interlocutores influyentes en el plano mundial sólo cuando sus preocupaciones básicas (las normas laborales por las que lucharon durante todo el siglo XX) son reconocidas y aceptadas universalmente.

— *Un proceso político.* La tarea antes mencionada puede llevarse acabo únicamente a través de un proceso político. Los sindicatos deberían tratar de conseguir que las normas del trabajo universales, tengan un respaldo del poder político e influir de esa manera en las políticas y programas de las instituciones multilaterales.

— *Potenciación de los sindicatos.* El hecho de asumir un papel más importante que abarque las preocupaciones más amplias antes señaladas, implica necesariamente que los sindicatos deben salir reforzados de tal manera que puedan influir en los resultados que se obtengan en los planos nacional y mundial.

— *Organización para la potenciación.* Plantea que los sindicatos deben ampliar su base de representación personal: es necesario que los sindicatos abran los brazos a aquellos que están excluidos de las formas de trabajo tradicionales, a saber, las personas sin calificaciones, los desempleados, los migrantes y las minorías.

— *Asociaciones y alianzas.* Recomienda que los sindicatos entren a formar parte de asociaciones o de alianzas estratégicas con otros actores de la sociedad civil, con inclusión de: los grupos que se ocupan de cuestiones de género, las cooperativas, las asociaciones comunitarias y las instituciones de derechos humanos, los consumidores y los grupos ecologistas.

3. Los mismos desafíos, vistos desde la Confederación Internacional de Organizaciones Sindicales Libres (CIOSL)

El discurso electrónico del Director General de la OIT, generó la respuesta por el mismo medio, de Bill Jordan, Secretario General de la CIOSL.

Cinco son los aspectos del discurso que merecieron la atención de Jordan: algunos de los cambios registrados en el entorno social mundial y sus efectos sobre los sindicatos y otras formas de organización comunitaria, el papel y las responsabilidades de los gobiernos, la democratización de las instituciones de mundialización, la responsabilidad social de las empresas y los retos y oportunidades que tienen los sindicatos.

Destaca que uno de los nuevos efectos de la globalización, es el de incluir en la segmentación productiva, a las pequeñas y medianas empresas. Hoy día ya no se advierte tanto la inversión de capitales extranjeros, sino más bien la inclusión en los procesos productivos trasnacionales, de las pequeñas y medianas empresas locales. Señala que este nuevo componente, dificulta la determinación de responsabilidades y el diálogo con las personas que toman las decisiones, las que a menudo son difíciles de encontrar.

Luego de recordar que la economía necesita la intervención del gobierno, mediante reglas que la ordenen, señala que los gobiernos y las empresas están reconociendo cada vez más que la economía mundializada necesita una reglamentación mundializada.

También que en gran parte de los problemas que trae aparejada la mundialización de la economía, la responsabilidad es de los gobiernos.

Propone que desde esas esferas, se implemente un proceso de democratización y cambio de las acciones que llevan a cabo las principales instituciones internacionales de mundialización: el FMI, el Banco Mundial y la OMC.

Luego de algunas consideraciones en torno a las actividades llevadas a cabo por la CIOSL en los cincuenta años de funcionamiento, reconoce que todo modelo de movimiento sindical democrático, debe constituirse desde la base.

Por ello, concluye señalando la actividad que vienen llevando a cabo las organizaciones sindicales internacionales, destinadas al fortalecimiento de las organizaciones sindicales locales.

4. La organización sindical mundial: la Confederación Sindical Internacional

La ciudad de Viena albergó a 1.800 delegados de los trabajadores del mundo, que se reunieron los días 1 a 3 de noviembre de 2006, aprobando la fundación de una nueva central mundial, la Confederación Sindical Internacional, sus estatutos y el plan de acción. La creación de la nueva organización fue acompañada de la disolución de las preexistentes (CMT y CIOSL).

En sus discursos, los delegados insistieron en la pluralidad y en la diversidad como condición de unidad. También que la unidad de clase, no es mera consecuencia de la unidad de las centrales, sino que requiere de una acción coordinada y consiente de los trabajadores del mundo para lograr revertir las formas más aberrantes de explotación y genera las condiciones para poder lograr la primacía del derecho internacional del trabajo.

Definieron como objetivos de la CSI la misión de mejorar las condiciones de trabajo y de vida de los trabajadores y trabajadoras y sus familias, y esforzarse por defender los derechos humanos, la justicia social, la igualdad, la paz, la libertad y la democracia. A tal fin, el congreso dio poder a la nueva conducción de la CSI para que convoque una Jornada de Acción mundial pidiendo una acción internacional inmediata para formular y aplicar una agenda con miras a una nueva globalización, incluyendo el programa de trabajo decente de la OIT y como mínimo, la plena realización de los objetivos de Desarrollo del Milenio de la ONU. Su documento sobre el programa de acción asocia la paz en el mundo con la pobreza, las desigualdades y las violaciones a los derechos humanos, incluyendo los derechos sindicales.

Actualmente, la CSI cuenta con 301 organizaciones afiliadas en 151 países y territorios. Ha definido como su cometido principal promover y defender los derechos e intereses de los trabajadores mediante la cooperación internacional entre sindicatos, realizar campañas mundiales y abogar por ellos ante las principales instituciones mundiales.

Sus máximas autoridades, son el Congreso Mundial que se lleva a cabo cada cuatro años y un Buró Ejecutivo con sede en Bruselas, Bélgica. Sus organizaciones regionales son la Organización Regional Asia-Pacífico (CSI-AP), la Organización Regional Africana (CSI-AF) y la Organización Regional de las Américas (CSA). También coopera con la Confederación Europea de Sindicatos, a través del Consejo Regional Panaeuropeo, creado en marzo de 2007[12].

5. La organización sindical en el MERCOSUR

Las asociaciones sindicales, articuladas por la Coordinadora de Centrales Sindicales del Cono Sur (CCSCS), han venido trabajando en el MERCOSUR desde el inicio del

---

(12) Hay más información disponible en: <www.ituc-csi.org>.

proceso de integración. Si bien la fundación de la CCSCS en 1986 no tuvo que ver con el MERCOSUR, desde la firma del Tratado de Asunción en 1991, reorientó sus funciones para coordinar las actividades sindicales en torno a las del Mercado Común del Sur.

La labor que han realizado desde entonces ha sido extremadamente útil para el proceso de integración, canalizando por su intermedio, la acción de los trabajadores de la región en el logro de un modelo de mercado común que incluya los intereses de las mayorías.

Basta mencionar como fruto de la acción sindical, la constitución del Subgrupo de Trabajo 11 *"Asuntos Laborales"*, de integración tripartita, el cual posteriormente y por Resolución GMC n. 11/92 pasa a denominarse *"Relaciones laborales, empleo y seguridad social"* y, hoy día, con el mismo número lleva la denominación *Asuntos Laborales, Empleo y Seguridad Social*, asignada por Decisión CMC n. 95/00.

El citado Subgrupo de Trabajo, constituyó desde su creación un verdadero *Foro* de tratamiento de los problemas laborales en la región, y de sus recomendaciones y estudios surgieron, entre otros instrumentos, nada menos que la *Declaración Sociolaboral del MERCOSUR* y el Observatorio sobre el Mercado de Trabajo de MERCOSUR.

Las organizaciones sindicales han demostrado con su accionar, una clara voluntad participativa en el proceso de integración, procurando canalizar dicho proceso en el marco del objetivo de *desarrollo con justicia social* inserto en el Preámbulo del Tratado de Asunción.

Sin embargo, en su estadio actual, el MERCOSUR no ha colaborado con el dictado de un basamento jurídico que estimule el ejercicio de la acción sindical más allá de los límites de cada territorio de los EEMM. Hay diversos aspectos del proceso de integración que requieren la participación, más o menos institucionalizada, de los sectores sociales involucrados en el capital y el trabajo. Tal el caso de la situación laboral de los trabajadores dependientes de empresas transnacionales, esto es, aquellas con establecimientos radicados en el territorio de más de un EEMM, situación que ha merecido la atención de la Comunidad Europea, con el dictado de la Directiva n. 94/95 que crea el Comité de Empresa Comunitaria. Dicha situación, se complementa con otras, como ser la eventual constitución de organizaciones sindicales extranacionales (federaciones o confederaciones) que, por intermedio de la negociación colectiva extranacional, puedan solucionar diversos problemas inherentes a la circulación de mano de obra en el contexto, por ejemplo, de establecimientos de una misma empresa de proyección comunitaria.

La citada falta de colaboración institucional del MERCOSUR, no ha sido obstáculo para que las organizaciones sindicales llevaran adelante un proceso de negociación colectiva regional, mereciendo destacarse el convenio colectivo de empresa del MERCOSUR, suscripto entre la empresa Volkswagen de Argentina y Brasil, por una parte, y los sindicatos metalúrgicos de la CUT de Brasil y el sindicato de mecánicos del automotor de Argentina.

Concebido como un convenio colectivo *"mercosureño"*, este acuerdo se fundamenta expresamente, según consta en uno de sus *"considerandos"* en *"la necesidad de extender los acuerdos de las relaciones entre capital y trabajo al ámbito del Mercosur"*. En ese marco, establece el intercambio de información; la realización de una reunión anual conjunta entre las empresas y los sindicatos y las comisiones internas de fábrica; el compromiso de prevención de conflictos a través del diálogo permanente y de solución de las divergencias a través de la negociación, en la medida de lo posible; el reconocimiento, por parte de las empresas, de la representatividad de los sindicatos celebrantes y las comisiones internas, como interlocutores para el tratamiento de los asuntos laborales y del derecho de los trabajadores a organizarse sindicalmente y a constituir las susodichas comisiones internas de fábrica; finalmente, este convenio contiene interesantes disposiciones en materia de formación profesional, previendo la *"homogeneización"* de los programas de capacitación, la cooperación de los sindicatos y comisiones internas en la elaboración de los programas y el reconocimiento automático de los cursos realizados en cualquiera de los establecimientos de la firma en el Mercosur.

6. Algunas reflexiones finales

En la evolución de los sindicatos que señalamos al comienzo de este trabajo, hay algunos componentes que deben ser tenidos particularmente en cuenta, a la hora de analizar el actual contexto de la acción sindical frente a los problemas propios que presenta la nueva realidad económica.

Los problemas que presenta el panorama sindical de este tiempo, pasan por su heterogeneidad, la homogeneidad de los problemas, la pluralidad o la unidad sindical y la necesidad de un basamento normativo, local y regional, que impulsen y faciliten el accionar tendiente al logro de los fines que de ellos se está pretendiendo.

En primer término, debe tenerse en cuenta la circunstancia que los sindicatos se fueron organizando en cada sociedad, siguiendo lineamientos culturales propios y acompañando una evolución también local de la economía y la legislación social.

Así como hay diversidad y heterogeneidad de legislaciones sociales, lo propio ocurre con las organizaciones sindicales.

Las diferencias son marcadas. No solo a la hora de determinar si ellas conviven en sistemas de pluralidad o unidad sindical, también cuando indagamos acerca de si poseen o no autonomía colectiva, personalidad jurídica o hasta incluso, objetivos vinculados con la defensa de los derechos de sus afiliados.

A modo de ejemplo, basta con recordar que en Gran Bretaña los derechos acordados en la negociación colectiva no son defendibles por los afiliados en sede judicial. Ellos no tienen legislación que les habilite a reclamar tal o cual beneficio, en un juzgado con competencia en lo laboral. Es que los sindicatos ingleses, frente al incumplimiento de un convenio colectivo, prefieren el mecanismo de la autocomposición, de la huelga[13], porque rechazan cualquier tipo de ingerencia del Estado en sus relaciones contractuales.

---

(13) REHFELDT, Hugo. *Globalización, neocorporatismo y pactos sociales*. Buenos Aires: Lumen/Hvmanitas, 2000. p. 22.

Entre nosotros, algo similar ocurre en el Uruguay, donde los sindicatos no tienen personalidad jurídica. Por tal motivo, siquiera pueden tener el inmueble de la sede social a su nombre.

Y ni que hablar de lo que ocurre con los sindicatos en China. Por Eduardo Galeano, sabemos que en China sí hay sindicatos, pero obedecen a un Estado que en nombre del socialismo se ocupa de la disciplina de la mano de obra: *"Nosotros combatimos la agitación obrera y la inestabilidad social, para asegurar un clima favorable a los inversores"*, explicó recientemente Bo Xilai, secretario general del Partido Comunista en uno de los mayores puertos del país[14].

En segundo término, los problemas que enfrenta el sindicalismo son homogéneos y están dados, según se ha visto, por las transformaciones de la economía y las empresas. Transformaciones que vinculan, muy estrechamente, las comunidades productivas locales en un contexto global.

Es que precisamente, en la diversidad de regímenes sociales, es donde el capital apoya su estrategia actual de acumulación y concentración.

En palabras de Ulrich Beck: *"El capital fue el primer actor que abandonó la prisión del Estado-nación y desarrolló nuevas estrategias de poder en el espacio global. Los capitales son capaces de usar la tecnología de la información para reorganizar la división de la mano de obra a escala global y de usar mano de obra barata en todo el mundo como un recurso para maximizar sus ganancias. El Estado-nación hasta el momento sigue siendo el paradigma de la política, pero no tiene demasiado poder estratégico frente al capital móvil"*[15].

Ya señalaba Gerard Lyon-Caen, que el derecho social es básicamente nacional, pero la multiplicidad de legislaciones nacionales son dispares, han seguido la suerte del desarrollo individual de cada Estado y ello termina favoreciendo al capital multinacional que aprovecha su diversidad: *"Siendo móvil, es invertido allí donde las condiciones son más favorables. El capital, transformado en el más hábil comparatista, se beneficia de la disparidad de impuestos, de salarios y de protección social. Ello explica el fenómeno de las deslocalizaciones, mejor aún, de los traslados de empleos, consecuencia de las reestructuraciones de los grupos. En este juego el capital gana doblemente: puede ejercer un chantaje al empleo ('tal empresa será cerrada si ustedes exigen un aumento de salarios'); y obliga a los derechos nacionales a disminuir su nivel de protección a fin de atraer las inversiones"*[16].

Aún cuando la gran mayoría de las políticas públicas se encaminan al logro del pleno empleo, crece la economía informal, el trabajo autónomo o clandestino, muchas veces en actividades que anteriormente eran cubiertas por el empleo formal y cuya transformación solo responde a nuevas estrategias de acumulación.

---

(14) GALEANO, Eduardo. *Los derechos de los trabajadores. ¿Un tema para arqueólogos?* Reportaje en el diario *El Nacional*, edición del 23 abr. 2001, Montevideo, Uruguay.

(15) BECK, Ulrich. En la globalización necesitamos tener raíces y alas a la vez. Entrevista en Diario *Clarín*, suplemento *Zona*, edición del 11 nov. 2007.

(16) LYON-CAEN, Gerard, *op. cit.*, p. 79.

En tercer lugar, el nuevo contexto reedita la discusión del modelo sindical más apto para el cumplimiento de sus fines, esto es la unidad o pluralidad sindical.

A menudo se incurre en el error de asociar el llamado sistema de la pluralidad sindical con la libertad sindical, y se arriba a la conclusión equivocada de sostener que cuantos más sindicatos existan por clase, hay mayor libertad.

Sin embargo, en un contexto actual, donde el capital tiende casi inexorablemente a concentrarse y en escala global, se ha reflexionado con acierto, que los trabajadores organizados de manera atomizada, mal pueden hacer frente a esa realidad, por hallarse en situación clara de debilidad negocial: *Argüir entonces que "la" libertad sindical se centra en dar la posibilidad de que se multipliquen los sindicatos sin preocuparse de la atomización de la fuerza de los trabajadores es, en los casos más honestos, una muestra de ingenuidad*[17].

Finalmente, el cumplimiento de los fines que se espera de los sindicatos, requiere la ayuda de un basamento normativo, tanto a nivel local como a nivel regional.

Es que los problemas de la globalización, difícilmente encuentren solución inmediata en un contexto de acción sindical mundial.

Ya señalaba Gerard Lyon-Caen, en su tradicional clasificación de reacciones contra la globalización, catalogando como reacción del tipo *utópica*, la que podría esperarse de un sindicalismo universal, consolidado como contrapoder de las llamadas empresas transnacionales[18].

Las estrategias del sindicalismo en este nuevo esquema, deben adquirir la misma dimensión global de las empresas, pero desde el terreno local y regional. Como lo explica Ulrich Beck: *"Piense localmente y actúe globalmente"*[19].

Mientras tanto, se hace necesario fortalecer el accionar local y regional de los sindicatos.

Si se considera realmente a los sindicatos entidades fundamentales de la sociedad democrática y se espera de ellos que colaboren con los problemas actuales derivados de la distribución desigual del ingreso, exclusión social, discriminación, condiciones generales de trabajo, etc., corresponderá otorgarles un basamento normativo apto para el cumplimiento de tales fines.

---

(17) TOMADA, Carlos. La libertad sindical en Argentina y el modelo normativo actual de la OIT. En: *Revista Derecho del Trabajo*, ed. La Ley, p. 735, T° 2001-A.

(18) LYON-CAEN, Gerard. Globalización y derechos sociales. En: *Contextos, revista crítica de derecho social*. Buenos Aires, Ediciones del Puerto, n. 3, p. 81, 1999.

(19) BECK, Ulrich. *En la globalización necesitamos tener raíces y alas a la vez*; cit., explica allí que *la globalización no es algo que se remite solamente a cuestiones globales. La globalización cambia la importancia de la relación con lo local, y cambia la relación de la gente con lo local. Es al mismo tiempo un proceso de redefinición de lo local. La globalización significa que estamos a la vez actuando a nivel local pero tenemos que anticipar y reaccionar en base al proceso que está desarrollándose en la esfera global. Diría que necesitamos una visión cosmopolita, lo que implica utilizar una metáfora: tener raíces y alas a la vez.*

En el accionar local, por las razones antes mencionadas, no resulta conveniente fomentar la atomización de la representación de los trabajadores. Debe continuar favoreciéndose la actuación de las entidades más representativas, en todo caso con mecanismos que garanticen su democracia interna y, en su accionar, fomentándose no solo la negociación colectiva y los mecanismos de autocomposición normativa y de conflictos, sino además la construcción de soluciones a los problemas sociales a través de la herramienta del *Diálogo Social*[20].

En el accionar regional, deberá preverse su participación en el actual contexto que presenta la circulación de capitales, que trae como consecuencia la radicación y cierre especulativos de establecimientos, con sus consecuentes efectos en los colectivos de trabajadores involucrados, sobre todo los afectados por las asimetrías laborales y cierres de establecimientos.

En este sentido, ha sido útil la experiencia europea, que determinó la Directiva n. 94/45/CE por la cual se constituye el Comité de Empresa Comunitaria. Sus dos antecedentes directos estuvieron dados por situaciones de este tipo[21].

— En el otoño europeo de 1993, la dirección del grupo Volkswagen anunció el cierre de la fábrica de Barcelona (zona franca) de su filial SEAT. Por iniciativa de la IG Metall alemana, se había logrado constituir en el grupo Volkswagen un *"consejo de empresa de grupo europeo"*, integrado con representantes de los asalariados en diferentes plantas del grupo, en diferentes Estados de la Unión Europea. El basamento normativo para la constitución de dicho *"consejo"* estuvo dado en un acuerdo colectivo de empresa de 1990. Gracias a la actuación del *"consejo"* se evitaron 30.000 despidos *"en seco"*. En vez de ello, se negoció un plan de reducción progresiva de personal, socialmente soportable, a través de indemnizaciones por desempleo parcial, movilidades internas y jubilaciones anticipadas. El cierre de la planta española (exigido por la Comisión Europea) no se materializó de inmediato. Solo a partir de 1998 cesó allí la actividad de montaje, subsistiendo los talleres de prensado y soldadura.

— A través de dos acuerdos (1993 y 1995) con las centrales sindicales francesas, españolas y la belga (estas últimas solo en el de 1995), el grupo Renault aceptó la constitución de un *"comité de grupo europeo"* con representantes de los trabajadores. De manera similar a lo ocurrido en España, el *"comité"* demostró su utilidad cuando, en febrero de 1997, la empresa comunicó su decisión de cerrar su única fábrica belga en Vivoorde (al norte de Bruselas). Gracias a la acción sindical y la intervención del *"comité"*, el cierre se transformó en la conversión por una actividad reducida en la planta, reducción no traumática de personal a

---

(20) Hemos desarrollado este punto en nuestro trabajo *MERCOSUR y diálogo social*. En: *El derecho del trabajo Iberoamericano*. Libro homenaje al Dr. Baltasar Cavazos Flores. Coordinado por Teodosio Palomino. Lima: Juris Laboral, p. 75-106, set. 2005.

(21) Para ampliar sobre este particular y la necesidad de conferir a la acción sindical regional, un sustento normativo básico, puede consultarse la obra de Udo Rehfeldt. *Globalización, neocorporatismo y pactos sociales, cit.*, p. 45 y ss.

través de jubilaciones anticipadas y la instauración de una célula de reconversión para el resto de los asalariados belgas que conservan durante dos años su contrato de trabajo y cobran indemnizaciones públicas de desempleo por causa técnica.

Demostrada de este modo la utilidad de la implementación de un *"estatuto"* para la empresa comunitaria, con participación de los trabajadores en procedimientos obligatorios de consulta (para los casos de cierres de establecimientos, despidos colectivos, incorporación de nuevas tecnologías, etc.), la labor normativa en el terreno de las relaciones colectivas se siguió con la Decisión 98/500/CE de la Comisión, del 20 de mayo de 1998, relativa a la creación de Comités de diálogo sectorial para promover el diálogo entre los interlocutores sociales a escala europea.

Más recientemente, se circunscribe en esta línea la Directiva 2002/14/CE del Parlamento Europeo y del Consejo, del 11 de marzo de 2002, por la que se establece un marco general relativo a la información y la consulta de los trabajadores en la Comunidad Europea.

En oportunidad de integrar la Consultoría del BID ante la Secretaría del MERCOSUR, en el proyecto de fortalecimiento de la Libre Circulación de la Mano de Obra, en el segmento referido a la organización sindical, se propuso por los Consultores el dictado de normas comunitarias que favorezcan la acción sindical regional, recomendando un acercamiento de las legislaciones en los siguientes aspectos:

1. Ratificación del Convenio n. 151 de la OIT sobre la negociación colectiva en el ámbito de la administración pública por parte de los EEMM que aún no lo hayan hecho.

2. Habilitar la constitución, registro y personalidad jurídica de asociaciones sindicales con ámbito de representación territorial en uno o más EEMM. Dicha habilitación debe posibilitar la constitución de asociaciones de segundo o tercer grado (federaciones o confederaciones) como, asimismo, asociaciones de empresa de proyección regional.

3. Promover la creación de un registro de empresas con proyección regional, donde se incluyan a) aquellas con establecimientos, sucursales o sociedades controladas que tengan asiento en el territorio de más de uno de los EEMM, y b) aquellas que, por razones de su actividad, requieran desplazar mano de obra de un territorio a otro de los EEMM.

4. Reconocimiento del derecho de información y consulta a favor de los trabajadores, previo a la implementación de decisiones vinculadas con el cierre de establecimientos, desplazamiento o reducción de personal, incorporación de tecnologías que modifiquen las condiciones de trabajo en el marco de las empresas con proyección regional.

5. Reconocimiento del derecho de igualdad de trato, para los trabajadores pertenecientes a empresas o grupos de empresas de proyección regional, de manera tal que no exista diferencia salarial para el trabajador que se desempeñe en el

establecimiento principal, con relación a los demás trabajadores ocupados en establecimientos con radicación en el territorio de otro u otros EEMM.

6. Fomentar la negociación colectiva regional, habilitando acuerdos que resuelvan, entre otras, las siguientes circunstancias vinculadas con la LCMO en el marco de las empresas con proyección regional:

— La negociación colectiva podrá determinar como condiciones particulares de trabajo: el derecho aplicable, la jurisdicción competente y las circunstancias vinculadas a la repatriación del trabajador, tanto al finalizar el proyecto como en caso de ruptura anticipada, entre otros, en los casos siguientes: a) trabajador *con empleo concreto* fuera del territorio donde es nacional. Cuando por requerimiento de su empleador, es afectado al cumplimiento de tareas concretas y por tiempo limitado en el territorio de un Estado donde no es nacional; b) desplazamiento de trabajadores al territorio de un estado donde no es nacional, para desempeñar tareas en otro establecimiento de la misma empresa o grupo de empresas.

— La constitución de comisiones con representantes de los trabajadores y el modo como intervendrán en los procedimientos de información y consulta.

Necesidad de Tutela a las Nuevas Formas de Trabajo en Bolivia[(*)]

Iván Campero Villalba

I. Introducción

La Aparición del Derecho del Trabajo, tiene un proceso que concluye con el reconociendo de la supremacía del capital sobre el trabajo otorgándole al trabajo. Al presente la moderna empresa, incursiona en innovadoras formas de producción, es así, que requiere también de una contractualización adecuada en sus RELACIONES DE TRABAJO, máxime si en el contexto de la normas que surgen a partir del D. S. de 1º de Mayo de 2006, se incorporan elementos diferenciados en la norma laboral, por lo que resulta imperativo dotarse de elementos teóricos básicos de manejo del DESPIDO en Bolivia, ya que si bien se puede despedir y/o extinguir la relación de trabajo en forma unilateral (por decisión del empleador), también es cierto que debe cumplirse ciertas formalidades y requisitos jurídicos diferenciados de la norma laboral tradicional boliviana.

II. Marco de referencia de las nuevas relaciones de trabajo en Bolivia

Al presente, por los avances de la ciencia y la tecnología, así como la mundialización del capital, han transformado las bases clásicas de la relación de trabajo en Bolivia, por lo que podemos advertir los siguientes aspectos de relevancia en las nuevas formas de trabajo:

* Las mutaciones que se operan en las formaciones sociales, responden al desarrollo de las fuerzas materiales de producción presentes en el devenir histórico. O, a la inversa, como dijera Karl Manheim, las fuerzas materiales de producción sufren un cambio cuando las invenciones tecnológicas producen una escisión entre los factores económicos de las relaciones sociales basadas en aquellas. Por eso se identifica a la tecnología como un factor de desocupación en nuestro país.

* En la estructura económica del País, así como el avance de la ciencia y la tecnología, han influido en las fuerzas materiales de producción, para que estas se expandan y penetren todos los niveles de la sociedad: lo económico, lo ideológico, lo teórico, también lo JURIDICO, creando un modo de producción que no solamente es difícil de explicar por la singularidad de los procesos sociales, sino por que como dice Nicos Poulantzas, la formación social constituye por si misma una unidad compleja con predominio de cierto modo de producción sobre los otros que la componen, así tenemos la aparición de nuevas formas de trabajo que se generan como consecuencia del proceso.

(*) Trabalho apresentado no Congreso Sudamericano de Derecho del Trabjo y de la Segturidad Social, en septiembre de 2010 en Aracajú – SE – Brasil.

III. Marco conceptual de la subordinación

La subordinación en sus diversas acepciones se ha convertido en el instrumento formador sustantivo de las nuevas formas de trabajo, por ser un elemento transversal a la multiplicidad de formas de trabajo que hoy en día aparecen, por lo que para cualificar el análisis es importante citar a Edgardo Ferrari, para quien la subordinación, en el derecho laboral, "…constituye el elemento característico y el más importante del contrato de trabajo, de tal manera, que cuando existe, comienza esa relación contractual y la tutela del Estado…".

IV. Elementos de formación de la subordinación

La contractualidad y la onerosidad son dos elementos característicos del trabajo subordinado y que le han dado una fisonomía especial y un carácter distintivo.

A) *Contractualidad*

El trabajo subordinado tiene su origen en la relación existente entre dos partes, de dos voluntades, la del dador de trabajo (empleador) y la del que realiza la prestación (trabajador). En la relación mencionada, el acuerdo de voluntades establece o determina la manera o condiciones en que se prestará el trabajo subordinado. Puede ser escrito o no, según la modalidad y la costumbre. En este último caso, las características del mismo variarán de acuerdo con la clase de trabajo e inclusive el empleador podrá indicarlas durante el curso del mismo trabajo.

B) *Onerosidad*

El trabajador que realiza una prestación, en cualquiera de sus manifestaciones, pone a disposición del empleador (empresario) con el cual se encuentra vinculado por la relación de trabajo subordinado, su energía, para obtener una finalidad económica, que es el logro de una retribución.

La retribución se debe analizar desde dos puntos de vista: por su finalidad económica y como elemento específico que tangencialmente influye sobre el concepto de la subordinación.

Resumiendo, podemos afirmar que existe trabajo subordinado, tal como se lo interpreta actualmente dentro del campo de la legislación laboral, cuando la, prestación del trabajo recibe como compensación una retribución que la tendencia actual trata que sea equitativa y retributiva en función del esfuerzo que se realice.

V. Clases de subordinación

A) *Subordinación jurídica*

La teoría que la subordinación de los trabajadores hacia sus empleadores es esencialmente jurídica, originada por la relación cuyas bases han sido determinadas por la ley y el contrato respectivo, originando derechos y obligaciones, ha sido sustentada por la jurisprudencia francesa e italiana, ha inspirado nuestra jurisprudencia y coincide además con la mayor parte de la doctrina. Así Colin, cuya definición expresa: "se entiende por subordinación jurídica un estado de dependencia real producido por un derecho, el derecho de mando del empleador, de dar órdenes, de donde nace la correlativa obligación de someterse a tales órdenes; tal es la razón por la cual se ha llamado a esta subordinación jurídica".

B. Subordinación o dependencia económica

A medida que el concepto de subordinación se ha ido perfeccionado en su evolución, como elemento característico de las relaciones contractuales dentro del campo laboral, ha decrecido en la misma relación la importancia de la subordinación económica y técnica, ya que en la práctica se ha transformado en una de las tantas modalidades que caracterizan a la subordinación jurídica.

Se entiende que existe subordinación económica, y así lo ha interpretado la jurisprudencia tanto nacional como extranjera, cuando el trabajador o empleado recibe del empleador una retribución por su trabajo que es su única o principal entrada para su existencia.

C. Subordinación o dependencia técnica

La subordinación técnica, como se interpretaba en la primitiva jurisprudencia francesa, corresponde a una de las tantas modalidades de la subordinación jurídica, tal como se interpreta actualmente. En efecto, se entendía que existía dependencia técnica, cuando el trabajador ponía a disposición del empleador su actividad y el conocimiento de su oficio, siendo facultativo de éste ordenar, encauzar o ampliar esa actividad de acuerdo con sus criterio personal, desde luego siempre dentro de determinados límites, ya que las órdenes o instrucciones no pueden llegar a variar la forma de trabajo o modificar fundamentalmente lo que la especialidad establece para determinadas actividades profesionales o técnicas.

D. Naturaleza mixta de la subordinación

Para completar el estudio sobre las diversas teorías acerca de la naturaleza de la subordinación, es necesario analizar las que sostienen su naturaleza mixta.

Los que sustentan esta teoría, consideran que la subordinación participa de caracteres jurídicos, como también de elementos económicos y técnicos.

Tanto la doctrina francesa como la jurisprudencia, antes de inclinarse definitivamente a la jurídica, sustentaron la teoría de la subordinación económica, como lo destaca Ramirez Gronda en su "Contrato de Trabajo", Sidaui, en su "Teoría General de las Obligaciones en el Derecho (notas para un ensayo") afirma que la subordinación tiene "tres matices personal, técnico y económico". Considera que cuando el trabajador cumple con las órdenes recibidas y demás reglamentación sobre horario de trabajo, días de pago, limpieza, etc., se está subordinado personalmente al patrón. Que cuando su actividad se ajusta a las reglas que le han señalado, se está subordinando técnicamente, y que cuando recibe la retribución y es fuente de sus ingresos y base su patrimonio, se está subordinando económicamente. Afirma que si se analizan todas las relaciones de trabajo subordinado, presentan siempre estas tres clases de subordinación y que su colaboración, tanto como su grado, aumenta y disminuye según las características propias de la prestación a que se refiere.

VI. Derecho del trabajo y derecho civil

A decir del Dr. Isaac Sandoval Rodríguez: El derecho como ciencia es un conjunto armónico e inseparable de teoría, norma y *praxis* jurídica, que deviene en correspondencia de las relaciones sociales. O mejor, en *correlato* de las relaciones manifiestas y posibles del espectro social.

Este cuerpo o ciencia del derecho, que articula desde la superestructura las relaciones sociales, es decir, desde la abstracción valorativa de la realidad, encuentra su marco explicativo y la especificidad de cada una de sus ramas en lo substancial de sus relaciones posibles y en lo formal de su positividad jurídica.

Esto, porque el derecho como expresión volitiva de los sujetos del negocio jurídico, se desenvuelve en el marco de los condicionante-condicionado que el ordenamiento social permite: la bastedad y los límites de la voluntad individual y del poder ordenador, que subyasen a las determinaciones dadas en la materialidad social.

• lo que es lo mismo, la dimensionalidad del derecho comprende no solamente la mediaciones de los económico, social y político en las que se encuentran inmersos los sujetos de la relación jurídica, sino las proyecciones abstractas entre lo público y lo privado, lo individual y lo social, etc., de su configuración jurídica. Aspectos ambos, la matriz constitutiva y lo formal de su construcción valorativa, que informan su naturaleza escencial.

• Por lo que al emerger el derecho moderno como expresión articuladora del espectro de las relaciones sociales, se hace necesario preguntarse sobre las particularidades de esta articulación, lo substancial y formal de su positividad, a fin de entender el sentido general del derecho, así como el de las tramas que lo constituyen.

• Indagando en el caso que nos ocupa sobre ¿cual la convergencia o diferencia del derecho del trabajo con el derecho civil? o dicho de otra manera ¿cuáles los aspectos que aproximan o separan a éstas ramas del derecho? con el propósito de descubrir la ligazón que les une, atendiendo al carácter diacrónico del derecho del trabajo respecto del derecho civil y a la revalorización del derecho en su conjunto con el aparecer del derecho laboral. Es decir, al producirse desde el interior de la modernidad unos contenidos principistas, unas normas y unas prácticas consensuales que cambian el sentido del derecho moderno.

• En este propósito explicativo es necesario señalar que el derecho del trabajo en relación al derecho moderno aparece condensando su propia realidad: El contrato o arrendamiento de servicios u obras del código civil, cede el paso al contrato del trabajo, en un proceso de catarsis que deslinda momentos y relaciones históricas consecuentes.

• Aún cuando ligado este proceso por el cordón umbilical del contrato, el arrendamiento de servicios o de obras aparece en el ámbito de la circulación como un negocio jurídico de compre venta de la "cosa", realizada o prestada a voluntad, en cualquier lugar y en cualquier tiempo. En los hechos, de lo que se trata no es de la compra-venta de la fuerza de trabajo, sino de la "cosa" objeto del servicio a prestarse o del servicio a realizarse. Contrato de arrendamiento cuyos resabios subsisten con la denominación de obra "vendida" en diferentes niveles artesanales y profesionales.

En el contrato de trabajo, sin embargo, no se compra ni se vende la "cosa" prestada o realizada, sino la fuerza de trabajo. Esta Relación si es evidente que se concreta en el ámbito de la circulación, en cuanto a su ejecución se desarrolla en el proceso productivo en forma personal, bajo dependencia y salario, con independencia del trabajador sobre el resultado del trabajo prestado: de inicio, por virtud del contrato, el trabajo se enajena al empleador.

De esta manera, se llega a una relación histórica-jurídica entre el derecho civil y el derecho del trabajo, que da lugar a una clarificación fundamental: En la primera situación, equiparando el trabajo a una cosa vendida o comprada en el mercado igual a cualquier otra mercancía. En la segunda, partiendo de la compraventa de la fuerza de trabajo en el mercado, pero avanzando hacia la relación personal que se da dentro del proceso productivo de donde emerge su particularidad: actividad personalísimo, dependiente, de tracto sucesivo, consensual y onerosa. Como lo señala G. Cabanellas al hablar de los elementos esenciales del contrato de trabajo.

"a) Sujetos de la relación jurídica: de una parte el trabajador, y de la otra el patrono; b) capacidad, distinta a la del derecho común; c) consentimiento de las partes para formalizar la relación de trabajo; d) vínculo de dependencia o subordinación: el que presta el servicio debe estar directa o indirectamente bajo la dirección del que lo recibe; e) prestación personal, por el trabajador, en base a un esfuerzo físico o intelectual; f) salario, retribución económica por parte del patrono o empresario de los servicios prestados por el trabajador; g) licitud del trabajo objeto del contrato; h) exclusividad, en cuanto a trabajar para un solo patrono y en virtud de un solo contrato de trabajo, salvo excepciones expresamente admitidas en ley; i) estabilidad que exige que la prestación de los servicios sea de duración suficiente para consolidar una relación jurídica de carácter laboral; j) profesionalidad, que los servicios se presten por un trabajador con calidad de tal y que este convierta esta actividad en su medio de vida.

Y en orden a estas caracterizaciones, sobresale en primer término el carácter personal del trabajo. Una vez que el contrato en causa origina una obligación de hacer (*faciendi necessitas*) consistente precisamente en la prestación de un servicio acordado. No se trata de una obligación fungible, o sea, no puede ser satisfecha por una persona ajena como ocurre en el campo civil.

De ahí que se dice en relación al trabajador, al productor directo que el contrato el celebrado *intuitu personae*: el trabajador no podría, por la propia naturaleza del trabajo, hacerse substituir *sponte sua* en la empresa donde trabaja, salvo con el previo consentimiento del empleador y por un periodo limitado. Con relación al empleador, sin embargo, la situación es diferente: La empresa, como persona jurídica, tiene el poder de decisión de los que el trabajador no interviene los que puede derivar en una pluralidad de mandos administrativos sin que se altere las condiciones del contrato.

Esta relación personalísima que envuelve al trabajador, se inscribe en las obligaciones de hacer y deviene por su propia naturaleza en una condición indelegable. Situación personalísima que atendiendo a los atributos de libertad y voluntad propios del derecho moderno, no admite su cumplimiento coercitivo. En otras palabras, contra esta obligación de hacer no se puede comprender, ya sea por la fuerza o por otros medios jurisdiccionales. Constituyendo esta particularidad una diferencia esencial con el derecho civil, en cuyo campo las obligaciones de hacer se cumplen imperativamente.

De esta manera, como lo reconocen las corrientes histórico-sociales del derecho, el derecho del trabajo no regula únicamente la relación laboral, sino los derechos de la personalidad inherentes a dichas relación: un derecho que por la proyección singular del contrato de trabajo, se diferencia de lo meramente formal y privado del derecho civil.

Por otra parte, en la relación de trabajo se prestan elementos de derecho personal y patrimonial, indisolublemente unidos entre sí. Dando lugar a la concreción de normas que tienen que ver con relaciones directas de persona a persona, y de normas que validan transferencias de valor y prestaciones económicas.

- lo que viene a ser lo mismo. La relación patrimonial que implica prestaciones salariales por parte del empleador a cambio del trabajo, remite la obligación de desarrollar una actividad laboral por el trabajador en el marco de unas condiciones determinadas por la ley o los convenios, de cuyo cumplimiento da cuenta el empleador.

En esta sumatoria de caracteres la dependencia es una condición singular de la relación laboral que nace de la naturaleza misma de la relación. Situación de dependencia que es exclusiva del contrato de trabajo, pues en el derecho civil las partes contratantes mantienen una similar órbita de equivalencias autónomas y recíprocas.

En efecto, en el contexto del trato de trabajo, los servicios se prestan dentro del ámbito de la organización y dirección empresarial, generando la dependencia del trabajador a dichas directrices.

Esto es, vinculando en la realidad al trabajador con el trabajo, que la ficción jurídica separa: la unión intrínseca entre el trabajo como objeto del contrato y el trabajador como sujeto del mismo.

En este orden de cosas, la dependencia del trabajador a demás de jurídica es económica y técnica. O sea, diversas formas de la relación mandato-subordinación que convergen en lo mismo: El control de la ajenidad sobre el trabajo, la estandarización, y eficiencia productiva, la lealtad y exclusividad laboral, entre otros aspectos.

En la subordinación jurídica, aparece la facultad del empleador de fiscalizar la actividad del trabajador; de interrumpirla o hacerla actuar a su voluntad, de trazar sus límites y particularidades. En suma, la facultad del empleador de expedir órdenes y la obligación del trabajador de cumplirlas.

A mayor abundamiento se puede decir que en el formalismo jurídico, la dependencia económica está ligada al salario que implica la sobre vivencia del trabajador y su familia, y la dependencia técnica a las directrices que debe cumplir en la ejecución del trabajo, o sea, la disciplina interna que rige en la unidad de producción.

El tracto sucesivo o la continuidad en la prestación de servicio, es otra característica de la relación laboral. A sostener Elson Guimaraes que de un contrato puede nacer una obligación que sea duradera o que se consuma en un solo acto de ejecución: "si la prestación exige la ejecución de una serie de actos interligados o aislados pero siempre continuados en el tiempo y en el espacio, la obligación no se cumple en un solo momento ni en un solo lugar, sea la referida obligación consistente en una acción o por el contrario en una omisión".

Este sería el caso del contrato de trabajo al prolongarse en el tiempo o desplazarse en el espacio: Una relación por tiempo determinado y por tiempo indeterminado que no se agota mediante la relación instantánea de ciertos actos sino que dura en el tiempo. O en palabras de Plá Rodriguez, la relación laboral no es efímera sino que presupone una vinculación que se prolonga.

En cuanto al carácter consensual del contrato de trabajo, su expresión volitiva configura su inserción en el derecho moderno. Situación que diferencia al contrato de trabajo con las formas precedentes de trabajo en las que la voluntad no era el elemento fundamental, al tiempo que con el ordenamiento civil en cuanto a la liberalidad del trabajador para poner fin al contra sin responsabilidad.

Al menos, asi se desprende de la situación estamental, servil o nobiliaria del antiguo régimen, como de la voluntad de trabajar de la libre decisión de concluir la relación laboral por parte del trabajador cuando conviene a sus intereses. Esto es, como un acto unipersonal que emana de los atributos de voluntad y libertad propios de la persona:

> "... el derecho de que el trabajo constituya una necesidad biológicamente considerada, o una deber como principio ético, o el resultado de un proceso impuesto por la institución jurídica, no excluye que la determinación del acto inicial de su ejecución o de su conclusión, sea el resultado de un acto volitivo del hombre,

elemento primario en cuanto se relaciona con la contractualidad de la vinculación jurídica que emana del mismo".

Aclarando M. *Tissembaum* que no debe confundirse la determinación para desarrollar el trabajo como actividad, con las normas o convenio sobre las condiciones en las cuales debe realizarse el trabajo. Lo uno es un acto de voluntad de hacer o no hacer alguna cosa, lo otro es una consecuencia factual de dicho acto de voluntad.

La onerosidad en otra característica del contrato de trabajo, pero de igual manera que su ejecución personal, la dependencia o su forma consensual, esta condición encierra particularidades propias del derecho laboral. Desde lo formal abstracto del derecho moderno, la onerosidad del trabajo, cumple la regla de la equivalencia del trabajo aportado y el salario recibido. Pero desde la doble dimensionalidad del trabajo, esto es, el contrato formal y las consecuencias de su ejecución, es clara la equivalencia de este intercambio: la generación de valor que se da en el proceso productivo en virtud de la afinidad del trabajo, queda excluida del formalismo jurídico.

Tomando en cuenta el significado que del trabajo se tiene tanto en el orden social como jurídico, el instituto de Derecho del Trabajo de la Universidad Nacional del Litoral puntualizó que el derecho del trabajo se diferencia de las otras ramas del derecho:

"a) Por las características jurídico-sociales de naturaleza especial que forman el contrato de trabajo.

b) Por los principios de poder público que predominan en su estructura legal.

c) Por la naturaleza de los factores que intervienen en el mismo y el predominante carácter humano con que debe conceptualizarse el trabajo.

d) Por la finalidad que debe orientar el proceso de la actividad profesional.

e) Por la valoración conceptual del trabajo como actividad de carácter.

f) Porque sus principio jurídicos no constituyen excepciones del derecho privado, desde que integran una rama autónoma del derecho.

g) Porque no habría correlación entre los principios básicos del derecho común y los del derecho del trabajo dentro del mismo cuerpo de leyes, lo que afectaría su interpretación jurisprudencial y desnaturalizaría la institucionalización jurídica.

h) Por el grado de vinculación y subordinación del contrato de trabajo con respecto al convenio colectivo, circunstancia que importa un desplazamiento de la voluntad individual o privada por la de carácter gremial o asociativa.

Pero sin duda, la diferencia fundamental que deslinda el campo del derecho del trabajo con derecho civil, se encuentran en los principios de ambas disciplinas. Esta es, el marco teórico que a partir de la referencia empírica o contratación con la realidad, cada rama del derecho asume como expresión jurídico.

Tal el caso que se presenta en cuanto a la igualdad de los sujetos de la contratación en el campo civil y la presunción de desigualdad de estos sujetos en materia laboral.

Propuestas que recogen la antinomia de su correlato social, al desenvolverse el contrato civil en el ámbito de la circulación mercantil, y el contrato de trabajo además del circuito mercantil en el del proceso productivo, donde la connotación valorativa del trabajo trasciende lo meramente privado del intercambio.

• O dicho de otra manera, por que tanto el trabajo como las demás mercancías cuentan con los elementos propios para el intercambio, esto es *licitud*, pero el trabajo "*codificado*" por la ficción jurídica, no puede realizarse sin la presencia del productor directo, el trabajador, sujeto del contrato que por la dependencia bajo la cual se desarrolla el trabajo, se encuentran en desigualdad manifiesta.

• Situación real que se enfrenta con el simple formalismo del intercambio asumido por la normatividad civil, para concretarse mediante la ley en el principio protector del trabajo: igualar mediante la ley, la desigualdad real de los sujetos de la relación de trabajo.

• De esta manera, el principio protectivo sería revelador de una diferencia cualitativa del derecho del trabajo con el derecho civil, que al superar lo meramente formal del contrato converge hacia los Derechos de la personalidad: unos Derechos *inalienables* que deben ser precautelados en ocasión del trabajo.

• En este propósito, las reglas del principio protector se convierten en el marco de referencia teórica del derecho del trabajo, o mejor en las pautas que informan el quehacer legislativo y pragmático se su positividad. Pues, como señala Américo Plá Rodríguez, este principio concreta tres ideas fundamentales: a) indubio, pro operario; b) regla de la aplicación de la normas mas favorables; c) regla de la condición mas beneficiosa.

• En cuanto a su contratación jurídica, estas reglas se alejan de los postulados ortodoxos del derecho civil en cuanto a la jerarquía de las normas. Una vez que, cuando en materia laboral se aplica la regla de normas más favorable es decir, "la que determina que en caso de que haya más de una norma aplicable, debe optarse por aquella que sea más favorable al trabajador", se estaría contrariando en criterio clásico sobre la jerarquía de las normas. Concretamente *Kelseniana* y su secuela jurídica.

• O cuando se anuncia la regla de la condición más beneficiosa, "criterio por el cual la aplicación de una nueva norma nunca debe ser para disminuir la condiciones más favorables en que pudiera hallarse un trabajador", se estaría garantizando la intangibilidad de los Derechos laborales, contraviniendo la libertad contractual que en materia civil constituye la regla general.

Finalmente, cuando se aplica el principio de la irrenunciabilidad "consistente en la imposibilidad jurídica de privarse voluntariamente de una o más ventajas concedidas por el derecho laboral en beneficio propio", se estaría ante la consolidación de Derechos adquiridos, enervando el ejercicio de la voluntad individual que rige en el campo civil.

7. A manera de conclusión

Los principios del Derecho del Trabajo elaborados por la teoría del derecho e incorporados en el derecho constitucional, por su derivación en la *praxis* jurídica alcanzan una doble significación: "tienen a la vez un valor interpretativo y un valor normativo directo y primario".

Esto, por desprenderse del texto constitucional una cualidad interpretativa fundamental que le da sentido a la especificidad y autonomía del Derecho Laboral, al tiempo que una aplicación normativa insoslayable y derivada de la fuente primaria e imperativa que la contiene.

Por otra parte, las normas laborales alcanzan el carácter de orden público, entendido este concepto como "lo que no puede ser derogado, renunciado, por simple manifestación de voluntad de los particulares". Situación que afecta la esencia del derecho privado, o sea, la soberana voluntad individual, al proclamarse que los particulares no pueden dejar sin efecto las leyes que interesan al orden público y las buenas costumbres.

Desde la finalidad del Derecho, el reconocimiento de orden público de las normas laborales *subyace* a la idea fundamental de mantener la paz social, como sostienen los tratadistas: Aquella situación de normalidad en que se mantiene y vive un Estado cuando se desarrollan las diversas actividades individuales y colectivas en el marco de las relaciones posibles de la juridicidad.

Esto es, en el campo laboral, normas de orden público que buscan por un lado, contener el accionar de los sujetos individuales y colectivos, y por otro privilegiar la pronta solución de los conflictos laborales, habida cuenta de las repercusiones sociales y políticas que ellos encarnan: intereses contrapuestos que encuentran su matriz en el proceso productivo.

Siguiendo con los principios, la aplicación del criterio de la Primacía de la Realidad, conduce a la desformalización del derecho. O sea, a hacer prevalecer la verdad de los hechos por encima de los acuerdos formales. Ya que según este principio, cuando hay una discordancia entre lo que ocurre en la práctica y lo que surge del contrato, debe darse preferencia a lo que sucede en el terreno de los hechos.

Dando lugar al principio de la Primacía de la Realidad, a la configuración laboral del contrato-realidad, puesto que como relación de trabajo existe en la realidad con independencia de lo que se hubiere o no se hubiere pactado.

Simple y llanamente la existencia de la relación de trabajo genera Derechos y obligaciones a los sujetos de la misma.

Pero si los principios y normas sustantivas del Derecho del Trabajo, en definitiva intentan la realización de la justicia social, es decir, igualar mediante la ley la desigualdad real de los sujetos en ocasión del proceso productivo, el derecho procesal contiene las normas que pueden hacer efectivos esos derechos.

En este entendido, PODEMOS PUNTUALIZAR LOS SIGUIENTES EXTREMOS SUSTANTIVOS:

• LA NECESIDA DE UNA TIPIFICACIÓN EXPRESA A LAS NUEVAS FORMAS DE TRABAJO Y PERMITIR UNA DUCTIBILIDAD SOBRE SU VALORACIÓN, CONCLUYENDO EN LA TIPIICIDAD DE RELACIÓN DE TRABAJO.

• LA NECESIDAD DE UNA TUTELA EFECTIVA SOBRE ESTAS NUEVAS FORMAS DE TRABAJO, PERMITIENDO A LA NORMA ADJETIVA TUTELAR DE MANERA MATERIAL ESTOS DERECHOS SOCIALES A ESTOS TIPOS ESPECIALES DE NUEVAS FORMAS DE TRABAJO.

• CAPACIDAD EMPRESARIAL Y ESTATAL PARA LOGRAR UNA TUTELA EFECTIVA.

• LAS INNOVACIONES TECNOLÓGICAS Y AVANCES DE LA ECONOMÍA MUNDIALIZADA, DEBEN TOMAR EN CUENTA LA TUTELA DE LAS NUEVAS FORMAS DE CONTRATACIÓN LABORAL, EN EL MARCO DE CONVENIOS ECONÓMICOS REGIONALES Y/O MUNDIALES.

Principios del Derecho del Trabajo en la Actualidad[*]

Jaime César Lipovetzky

Se me ha invitado a exponer sobre "Los Principios del Derecho del Trabajo en la Actualidad" en un contexto internacional latinoamericano, que de alguna manera se ve reflejado en los expositores que participan de éste evento; y en las diferencias doctrinarias que caracterizan a las corrientes predominantes, tanto en las doctrinas nacionales como en el plano de las relaciones de trabajo internacionales dentro de la región.

Ya hemos tenido oportunidad de señalar que se debe describir el mundo contemporáneo como un universo en el que las relaciones del trabajo se enmarcan en mercados internacionales de intercambio que simultáneamente se globalizan y se regionalizan en bloques.

En el contexto, los bloques regionales de integración, como el Mercado Común del Sur y el Mercado Común Centroamericano en América Latina y en otros continentes, como el Mercado Común Africano; el Mercado Común Europeo y otros, se están convirtiendo paulatinamente en plataformas de inserción privilegiada en los mercados globalizados. A partir de ahí los países que integran dichos bloques regionales, reconocen entre sí asimetrías suficientes y un desarrollo desigual que obliga a los bloques regionales a plantear y plantearse interrogantes sobre sus conflictos de leyes.

Recordemos aquí, que por lo menos en nuestra región — dichos países son subordinados, con estructuras económicas internas atrasadas, que incluyen zonas con sectores yuxtapuestos que realizan escasos intercambios entre ellos, diferenciándose así de lo que sucede en las economías de los países centrales.

Surgen por eso fenómenos de regionalización económica que se constituyen en "polos" atrasados, con sectores de latifundios semi feudales, desvinculados de los segmentos externalizados de la economía — presuntamente los más modernos en nuestros países — y aunque ambos estrechamente ligados con el "mercado mundial globalizado". Simultáneamente, es este último, el que opera con el intercambio de productos para el mercado externo, cuyos precios son fijados por los países mayores importadores o mayores exportadores, con un mecanismo generador también de mayor desacumulación económica por el fenómeno de la denominada "tributación externa" que no trataremos en éste trabajo, pero del que sí diremos que si ha contribuido a un desarrollo, es solamente al de la acumulación en los países centrales y a la pauperización de la periferia mundial, o sea "al desarrollo del subdesarrollo".

Es por eso, que tanto los problemas del desarrollo desigual y las asimetrías, como los del intercambio internacional, no pueden ser correctamente estudiados permaneciendo

---

(*) Trabalho apresentado no I Congresso Sul-Americano de Direito do Trabalho.

en el plano de las relaciones inmediatas; y es necesario abordarlas desde el análisis de los procesos y de las condiciones de producción[1].

Como apunta Samir Amir: "es preciso ir a la esencia, por lo tanto, del proceso de producción, A LA VENTA DE LA FUERZA DE TRABAJO"[2]. Y desde ahí, a las superestructuras jurídicas que las reflejan; a la vez que regulan y determinan el carácter de las instituciones y de las normas jurídicas[3].

Es que el desarrollo desigual y la ley del valor mundializado generan remuneraciones del trabajo desiguales por productividad igual y eso hace a las diferencias entre los contratos de trabajo de los países centrales y las perisferias, y también de los países de las perisferias entre sí.

De ahí resulta entonces, que se plantea cómo resolver las incógnitas del derecho laboral aplicable a las relaciones internacionales y en particular a las relaciones entre los países de la integración regional. Y en ese aspecto, las respuestas de una parte de la doctrina fueron inapropiadas.

Así, por ejemplo, en el Capítulo I *in fine* del Tratado para la Constitución de un Mercado Común entre la República Argentina; La República Federativa del Brasil; la República del Paraguay y la República Oriental del Uruguay (Tratado de Asunción); los redactores (Aclaremos que entre los redactores del Tratado de Asunción, no se incluyeron juslaboralistas, circunstancia esta que llama poderosamente la atención), establecieron: "El compromiso de los Estados Partes de armonizar sus legislaciones en las áreas pertinentes para lograr el fortalecimiento del proceso de integración".

Porque en rigor, el concepto de "armonización" de normativas desiguales en el ámbito internacional, reclama respuestas científicamente adecuadas para dar a los desafíos de cada rama del derecho.

Como sostiene Barbagelata: "Parece razonable convenir en que la homogeneidad de la normativa laboral, como las de otras materias igualmente sensibles — y desde luego ciertos aspectos del derecho constitucional; del internacional privado y público; del financiero y del comercial — puede ser un factor de considerable importancia para facilitar un proceso de integración — incluso — agrega el maestro uruguayo — "es válida la aseveración de que diferencias de gran significación de los regímenes jurídicos, incluso del laboral, podrían constituirse sino en obstáculos para la integración, por lo menos en factores de perturbación de los intercambios en un mercado común"[4].

Las asimetrías entre países no son obstáculos

Sin embargo, afirma Barbagelata "no está justificado reclamar la eliminación de las diferencias entre las normas laborales de los distintos países como una condición 'sine

---

(1) Sobre procesos y condiciones de producción, ver LIPOVETZKY, Jaime C. *De cómo aprendieron a amar la deuda*. Buenos Aires: Distal, 1987. p. 149; en particular "Condiciones de producción como categoría".
(2) AMIR, Samir. *El intercambio desigual y la ley del valor*. México: Siglo XXI, 1987. p. 30.
(3) LIPOVETZKY, Jaime C., *op. cit.*, p. 187.
(4) BARBAGELATA, Héctor-Hugo. *El derecho laboral del MERCOSUR ampliado*. Montevideo: Fundación de Cultura Universitaria y OIT, 2000. p. 629.

qua non' de la integración; ni suponer que una regulación de las relaciones laborales menos protectora del trabajo, representa siempre una ventaja para los empresarios en la competencia internacional"[5].

Y avanzando en el tema, insiste: "En cuanto a las diferencias — incluso importantes — entre los sistemas normativos, basta considerar la experiencia europea para comprender que no se trata de un obstáculo insalvable".

Respecto de la supuesta ventaja comparativa de costos laborales más bajos — continúa — hay que recordar que los mismos no representan el único factor, ni el más importante, ni tiene la misma incidencia en el precio final de los diferentes bienes y servicios; así como, que las situaciones de injusticia y penuria no fomentan altos niveles de calidad y productividad.

En la doctrina Argentina, hay quienes se apartan del criterio del profesor uruguayo — que compartimos — afirmando equívocamente que "frente al fenómeno de la evolución del derecho del trabajo que se ha visto limitada por las leyes del mercado, se presenta, lo que Mosset Iturraspe denomina "la paradoja de un derecho civil que dispensa al trabajador una protección superior (?) a la del derecho laboral"[6].

La referencia puramente casuística al respetadísimo civilista[7], está ocultando que en el pensamiento del santafesino se evidencia una suerte de parentesco de raigambre entre el orden público laboral y el orden público civil, que se pone de relieve cuando desdeña la génesis puramente volitiva del "principio de autonomía de la voluntad".

Así las cosas, las definiciones habituales del derecho del trabajo son, en general, incompletas y restrictivas, ya sea por sus dificultades para abarcar, en una síntesis, las características mas destacadas de la disciplina, sea porque con la evolución de la misma, las características enunciadas siempre terminan superadas por las renovadas ampliaciones de su esfera de aplicación o por las nuevas formulas que consagra.

Desde el punto de vista doctrinario, nosotros coincidiendo con Süssekind, partimos de la siguiente definición: derecho de trabajo es el conjunto de categorías y normas, legales y de conducta (costumbre) que rigen las relaciones jurídicas individuales y colectivas; originadas en el contrato de trabajo subordinado y — bajo ciertos aspectos — en la relación de trabajo profesional autónomo; así como también diversas cuestiones conexas de índole social, relativas al bienestar del trabajador.

Como bien señala el maestro y se puede apreciar, esta conceptuación tiene el defecto de ser demasiado larga; pero también la virtud de abarcar las nuevas figuras y situaciones generadas en la esfera ampliada de las relaciones de trabajo propias de los

---

(5) BARBAGELATA, Héctor-Hugo, *op. cit.*, p. 630.

(6) LIVELLARA, Carlos Alberto. Incidencia del Derecho Civil en el Derecho del Trabajo. En: *Revista Derecho del Trabajo*, Buenos Aires, Ed. La Ley, 5B, p. 1.171-1.200, 2000.

(7) MOSSET, Iturraspe Jorge. Daño moral en la extinción del contrato de trabajo. En: *Revista de Derecho Laboral*, Ed. Rubinzal-Culzoni, p. 182, año 2000, T. 2.

mercados globalizados y de los bloques de integración con los que coexisten dialécticamente. En una época histórica en que los bloques regionales de integración constituyen plataformas de inserción privilegiada en los mercados globalizados, el derecho laboral ampliado permite regular relaciones individuales y colectivas de trabajo que de otra manera terminarían conspirando contra la seguridad jurídica del sistema[8].

Ahora bien, desde el punto de vista conceptual, toda energía física o intelectual empleada por el hombre con un fin productivo, se puede definir como "trabajo".

Pero no toda actividad productiva constituye el objeto del derecho del trabajo. Por eso es importante revelar el objeto de esta ciencia y de su tendencia a ampliar la esfera de aplicación decurrentemente con las transformaciones en la esfera laboral que generan los cambios en las modalidades de empleo y la evolución tecnológica[9].

De ahí que, como bien lo puntualizó en sus resoluciones el "I Congreso Trasandino de Derecho Laboral y de la Seguridad Social" (Mendoza, Argentina, año 2002) se hace necesario remarcar las labores que bajo el prisma jurídico, configuran su objeto.

No obstante, la legislación de protección del trabajo nacida en la primera posguerra, en el Congreso de Versalles (1919), como una de las normas autónomas del derecho, nació para regular el trabajo subordinado; esto es, aquél en el cual el trabajador está jurídicamente subordinado a quien como empleador, responde por el riesgo de la actividad emprendida y, por lo mismo, asume el poder de dirección de la prestación personal del servicio.

Destaquemos sin embargo, que dicho contenido aún preponderante, es hoy más que nunca el contrato de trabajo subordinado que se distingue del trabajo autónomo cuando el propio trabajador asume el riesgo del negocio.

En este último respecto, conviene también subrayar que en la actualidad, en todos los países latinoamericanos, algunas formas de trabajo individual (que no se confunden con el trabajo autónomo, porque el trabajador no asume el riesgo empresario), pasaron últimamente a integrar con reglas especiales el objeto del derecho del trabajo, a pesar de no corresponder a relaciones de empleo continuada (un ejemplo de ello son las "maquilas"; el trabajo a domicilio de operadores informáticos para las editoras e imprentas; el trabajo a "façon"; los servicios de carácter transitorio o temporario contratado con empresas intermediarias; etc.).

---

(8) El derecho del trabajo no es "derecho obrero" ni "legislación obrera" como lo escribió Alejandro M. Unsain en su *Ordenamiento de las Leyes Obreras Argentinas*. Ed. Losada, 1948, p. 13. Tampoco es "el nuevo derecho" que quiso Alfredo Palacios. Como no podría ser de otro modo en la sociedad capitalista, el derecho laboral es esencialmente de naturaleza jurídica privada como lo acredita su origen en los Códigos Civiles y en el contrato de trabajo, cuya naturaleza jurídica es indudablemente de derecho privado (SÜSSEKIND, Arnaldo Lopes. *Curso de Derecho del Trabajo*. Rio de Janeiro: Renovar, 2000. p. 79 y 100).

(9) Mario de La Cueva, y con él, el eminente uruguayo Héctor Hugo Barbagelata señalan con razón que "si el derecho público establece las garantías de la coexistencia humana, y el derecho privado tiene como tema los intereses privados de cada persona; el perfeccionamiento y la protección de la economía; así como la garantía de una existencia digna del hombre que se consagra al trabajo, deben ser asegurados por una categoría diferente de derecho (BARBAGELATA, Héctor Hugo. *El Derecho del Trabajo en América Latina* – en portugués. Rio de Janeiro: Forense, 1985. p. 7).

En países como la Argentina, las prestaciones de servicios denominados "eventuales" contratados con empresas de trabajo temporario están reguladas en leyes especiales y en la Ley de Contrato de Trabajo (arts. 99 y 100), con el objeto preestablecido de limitar su utilización a situaciones especiales y nítidamente transitorias, asegurando en los trabajadores un mínimo de derechos derivados de la relación jurídica; y evitando así el fraude laboral.

También el derecho sindical — que es una de las instituciones más peculiares del derecho laboral — comprende tanto los trabajadores con relación de empleo, como los autónomos y los despedidos, además de los empresarios. Como corolario, el amplio derecho de sindicalización asegurado por las Convenciones de la OIT (n. 84 año 1947; n. 87 año 1948; n. 98 año 1949; n. 141 año 1975 y n. 151 año 1978), con notoria influencia en el derecho latinoamericano; no se restringe al binomio clásico de la relación de empleo: empleadores y empleados.

Por consiguiente, debe entenderse que en el derecho del trabajo, se incluyen: principios y normas sobre relaciones individuales y colectivas de trabajo; sobre derecho colectivo de trabajo, abarcando este último la organización sindical, la negociación colectiva y el derecho de huelga.

Por otra parte, la seguridad social — que engloba a la previsión social, ya conquistó su autonomía científica con principios propios, divorciándose así completamente del derecho del trabajo (conforme Arnaldo Lopes Süssekind)[10].

---

(10) SÜSSEKIND, Arnaldo Lopes y otros. *Instituições de Direito do Trabalho*. São Paulo: LTr, 1999. v. I, p. 198 (en portugués).

Función Política de los Sindicalistas

Jorge Darío Cristaldo M.[*]

I. Cuestiones metodológicas

1. Es imposible enfocar el tema en forma abstracta, sin relación con el tiempo y el espacio.

2. Nada es inmutable y duradero en este tema; siempre hay una tensión dialéctica entre la realidad socio-política concreta y las normas jurídicas que regulan la materia.

3. La praxis casi siempre prevalece sobre el ordenamiento formal; o, lo que es lo mismo, se interpreta y aplica ese ordenamiento formal en función a los intereses en juego y a la correlación de fuerzas que se dan en cada momento histórico.

4. Se trata de analizar el sentido y alcance de la autonomía colectiva sindical en cuestiones netamente políticas, partiendo del hecho de que casi siempre los objetivos políticos se disfrazan o disimulan bajo pretensiones que aparecen como de interés gremial o profesional.

5. Está fuera del análisis las funciones realmente de naturaleza y alcance socio--laboral que ejercen los sindicatos: salarios, descansos, condiciones y medio ambiente de trabajo, etc., las que se ejercen mediante la negociación colectiva entre empresas y sindicatos, y pueden manifestarse en conflictos que culminan con huelga u otras medidas de acción directa.

6. Distinguir y separar el derecho fundamental de participación política y electoral del que gozan individualmente los dirigentes sindicales en su *status* de *ciudadanos*; es decir, de titulares de derechos y obligaciones de carácter político, regulados en la constitución y en la ley electoral de cada país.

II. Terminología

Función: tarea que corresponde realizar a una institución o entidad, o a sus órganos o agentes.

---

[*] Abogado y Doctor en Derecho y Ciencias Sociales. Profesor titular de las materias "Derecho del Trabajo" y "Derecho Procesal del Trabajo" en la Facultad de Derecho y en la Facultad de Economía de la Universidad Nacional de Asunción. Fue Profesor Permanente y es Profesor Emérito de la Universidad Católica. Autor del proyecto de Constitución presentado por el Partido Demócrata Cristiano a la Convención Nacional Constituyente de 1992. Fue Juez y Presidente del Tribunal Administrativo del Banco Interamericano de Desarrollo (BID), periodo 2001-2006. Fue Presidente de la Asociación de Abogados Laboralistas y es Director del Instituto Paraguayo de Derecho del Trabajo, órgano científico de la Asociación de Abogados Laboralistas del Paraguay (AAL). Fue Presidente de la Asociación Latinoamérica de Abogados Laboralistas (ALAL). Autor de obras sobre Derecho Laboral, Seguridad Social, Derecho Constitucional, Integración Regional y Política. Ponente oficial en seminarios y congresos nacionales e internacionales sobre temas jurídicos y políticos.

Acción política: La acción política siempre es *libre*, no sujeta a normas jurídicas; no es acción regulada por la ley positiva; es polémica porque es una acción creadora, fuente de cambio de lo nuevo y de lo imprevisto.

Se proyecta como *poder normativo* sobre el orden vinculante de la convivencia social.

Función política: perteneciente o relacionado con la actividad política. Actividad relacionada con el gobierno o con el estado. Actividad de quienes detenten o deseen detentar cargos públicos, o intervenir o influenciar en los negocios públicos con su opinión, con su voto o de cualquier otro modo.

Política sindical: directrices o líneas de acción que adoptan las asociaciones sindicales para el logro de sus fines estatutarios.

III. Antecedentes históricos

1. Se parte del supuesto de que el sindicato, desde sus orígenes en Europa primero y en America Latina después, surgió históricamente como una realidad sociológica ilícita (coaliciones obreras sancionadas como delitos graves, incluso con la pena de muerte); en esa época la lucha sindical se direccionaba contra el gobierno, y tenía como objetivo obtener (del gobierno) que se dicten normas jurídicas reguladoras de las condiciones laborales: limitación de la jornada, descansos, salario mínimo, etc.

El movimiento sindical tuvo en sus inicios una evidente connotación política, si se considera que la acción política es la conducta humana colectiva, libre y polémica, que se proyecta como poder sobre el orden vinculante existente en una sociedad política, para construirlo, desenvolverlo, modificarlo o destruirlo[1].

2. Cuando el sindicato —en una segunda etapa— ya fue tolerado de hecho, derogándose las leyes antisindicales, siguió desarrollando libremente una acción política más diluida, pues a fines del siglo XIX e inicios del XX el movimiento sindical

---

[1] *Apoliticismo o no.* Problema que agita poderosamente a ciertos sectores de opinión, aun careciendo en gran parte de sentido, es el del *sindicalismo político o apolítico.* Se afirma que si el sindicato no se encuentra dentro del Estado, estará necesariamente frente al mismo. Tal tesis parece inexacta. El sindicato apolítico debe estar ineludiblemente fuera de la órbita estatal, pero no frente al Estado. En cambio, el sindicato político se encuentra, forzosamente, dentro o enfrente del Estado. (CABANELLAS, Guillermo. *Diccionario de derecho usual,* tomo VII, p. 433)

El *sindicalismo de Estado* (v.) convierte, de manera obligatoria, a las asociaciones profesionales en organismos políticos; pues no en vano los gobiernos, cualquiera sea su matiz característico, representan una política determinada; y aunque se sostenga que todo gobierno es nacional, los hombres que lo integran actúan como productos de coaliciones políticas, que imprimen a su obra el sello que las mismas poseen. De ahí que el *sindicalismo nacional* represente un sindicalismo *político,* aunque sea dentro del Estado y colaborando con sus fines.

El *sindicalismo político,* hasta siendo nacional, puede encontrarse frente al Estado; puesto que pretende, con el empleo de la fuerza que los organismos dan a sus miembros, la conquista del Poder, para el logro de sus fines. Es ése el *sindicalismo revolucionario,* contra el cual no se ha luchado más que utilizando su misma fuerza; pero dentro de la organización política, para convertir un *sindicalismo frente al Estado* en un *sindicalismo de Estado,* en que remedio y enfermedad obligan a elección difícil.

fue sustituido gradualmente por movimientos y partidos políticos que asumieron preferente, o exclusivamente, la defensa y promoción de los intereses de la clase trabajadora en los parlamentos y gobiernos de cada país[2]. En esta etapa el sindicato ya comenzó a dirigir su acción gremial contra el empleador, con el propósito de hacerle cumplir las normas jurídicas positivas protectoras de los trabajadores que comenzaron a dictarse, o para lograr mediante la acción sindical directa, mejores condiciones de trabajo.

3. En el estadio actual del proceso histórico, el derecho sindical y la libertad sindical han adquirido pleno reconocimiento como derecho colectivo fundamental de los trabajadores organizados; sin embargo, desde los órganos de decisión estatal las funciones del sindicato han sido normativamente *delimitadas* y *limitadas*, con el propósito evidente de disminuir al máximo o de prohibir al sindicato el ejercicio de funciones políticas. En Paraguay las normas del CT son claras con ese propósito.

4. El sindicato en un estado totalitario.

La función política del sindicato está regulada en las estructuras institucionales de los estados totalitarios y autoritarios, sean de signo corporativo fascista o nazi-fascista, o de signo colectivista marxista o comunista.

En este régimen político el sindicato es un órgano político del estado definido en sus funciones y atribuciones por normas jurídicas. Aquí el sindicato responde directamente a las órdenes e instrucciones emanadas de los jerarcas o de los comités políticos (soviets) del más alto nivel; el incumplimiento de tales órdenes es considerado un grave atentado contra el estado, y sus autores sometidos a las penas más severas. El sindicato es una simple correa de trasmisión del partido único que detenta el poder total.

Desde mi óptica antropológica, ideológica y política, en ese esquema político--institucional el sindicato formalmente posee un gran poder político, pero realmente es un cascarón vacío, y los dirigentes sindicales son funcionarios públicos obligados a obedecer las órdenes impartidas por sus superiores. Allí no existe un ápice de libertad sindical[3].

---

(2) Todos esos elementos, condiciones y factores han facilitado el desarrollo de un derecho de sindicación, de accidentado desenvolvimiento. Subsisten las medidas de represión en algunos países, quizás debido a los problemas que en su evolución efectiva plantean los sindicatos profesionales y por ser, además, premisa obligada del derecho de asociación el de huelga, no bien visto por quienes pretenden estructurar la realidad social en la armonía de una colaboración dentro del Estado y al servicio de éste.
Al ceder los Poderes públicos frente a la fuerza avasalladora del *sindicalismo obrero*, una primera actitud consistió en remover el carácter penal que pesaba sobre los sindicatos obreros de hecho o clandestinos. El primer país que suprimió el delito de coalición fue Gran Bretaña en 1824. El ejemplo fue seguido por Dinamarca en 1857, por Bélgica en 1866, por Alemania en 1869, por Austria en 1870, por Holanda en 1872, por Francia en 1884 y, por Italia en 1890. En los últimos años del siglo XIX: y en los primeros del XX esa decisión fue imitada, prácticamente, por los restantes países de Europa. (CABANELLAS, G., *op. cit.*, p. 434)

(3) Durante la época de la dictadura stronista, en Paraguay había una sola entidad sindical reconocida por el gobierno: la Confederación Paraguaya de Trabajadores (CPT) y sus sindicatos adheridos, cuyos dirigentes ocupaban cargos en el Congreso y en los Consejos de Administración de las empresas públicas; y la mayoría eran secuaces e informantes de la policía de investigaciones, que controlaban las cámaras de torturas donde se hacinaban los opositores al régimen.

IV. Regulación normativa en el Paraguay

La autonomía sindical está reconocida en algunas constituciones y en los códigos del trabajo, como ocurre en Paraguay. El artículo 96 CP preceptúa: "Todos los trabajadores públicos y privados tienen derecho a organizarse en sindicatos sin necesidad de autorización previa". Esa autonomía implica el derecho del sindicato a realizar actividades licitas, con la prohibición a las autoridades públicas de toda intervención que tienda a limitar ese derecho o entorpecer su ejercicio.

El artículo 96 CP prescribe que "en el funcionamiento de los sindicatos se observarán las prácticas democráticas establecidas en la ley".

El artículo 288 CT define el sindicato como "la asociación de personas que trabajan en una empresa, institución o industria, ejercen un mismo oficio o profesión similares o conexas, constituida exclusivamente para los fines previstos en este Código". Entre esos fines están "el estudio, la defensa, el fomento y la protección de los intereses profesionales, así como el mejoramiento social, económico, cultural y moral de los asociados" (Art. 284 CT); el artículo 290 CT enumera las finalidades que la ley atribuye al sindicato; entre sus incisos no se halla ninguno que permita inferir la atribución de una función política al sindicato; todos se refieren a funciones representativas para proteger derechos de los trabajadores frente al empleador; celebrar contratos colectivos; patrocinar a sus miembros en los conflictos laborales; ofrecer servicios a los asociados; cumplir obligaciones ante la autoridad administrativa, y, en general, "Bregar por la consecución de los objetivos jurídicos, económicos, sociales y éticos, previstos en este Código y en los respectivos estatutos".

Entre los derechos del sindicato que enumera el artículo 303 CT tampoco se observa ninguno relacionado con una función política propiamente tal.

En el artículo 305 CT, se prohíbe a los sindicatos: "a) Terciar en asuntos políticos de partidos o movimientos electorales y en asuntos religiosos". El verbo *terciar,* en las acepciones aplicables al texto, significa "interponerse y mediar para componer algún ajuste, disputa o discordia. Tomar parte legal en la acción de otros, especialmente en una conversación".

El inciso c) prohíbe: "Promover o apoyar campañas o movimientos tendientes a desconocer de hecho, en forma colectiva o particularmente por los afiliados, los preceptos legales o los actos de autoridad competente".

Casi el mismo texto y con el mismo alcance que el inciso c), el inciso d) prohíbe: "Promover o patrocinar el desconocimiento de hecho, sin alegar razones o fundamentos de ninguna naturaleza, de normas legales o contractuales que obligan a los afiliados".

Durante mis primeros años de ejercicio de la profesión, me desempeñé como asesor jurídico – a tiempo completo – de la única organización sindical libre y democrática, fundada en 1962, denominada Confederación Cristiana de Trabajadores: CCT; esa entidad nunca obtuvo la personería gremial hasta la caída del dictador en 1989, y sus dirigentes y afiliados eran continuamente perseguidos, apresados, torturados, muertos y algunos desaparecidos, porque se los consideraba subversivos, ilegales, conspiradores, terroristas, etc.

En el inciso e) se prohíbe "ordenar, recomendar o patrocinar cualesquiera actos de violencia frente a las autoridades...".

Es clara y evidente la prohibición legal a los sindicatos de cualquier actividad política; es decir, dirigida contra las autoridades del estado o los funcionarios del gobierno.

> **Jurisp. Ilegalidad:** "Aún cuando la Asamblea hubiere reunido todos los requisitos formales previstos por la ley, las causas motivadoras de la medida de fuerza no tuvieron por motivo o fin la promoción y defensa de los intereses de los trabajadores y en el caso de la primera huelga estas fueron: 1) El cese de la intervención dispuesta por el Gobierno Nacional, lo cual viola la disposición prevista por el art. 376 inc. b) del C.T. ya que tiene como finalidad directa ejercer coacción sobre uno de los poderes del Estado; 2) Provisión de leche en lugares insalubres y de uniformes, ello tampoco constituye defensa y promoción de intereses de trabajadores; y 3), la obtención de la reducción del horario por insalubridad. Nuestro Código Laboral tiene previstos los mecanismos pertinentes para ello de conformidad con lo dispuesto por el art. 198 de ese cuerpo legal". Ac. n. 84; 05-IX-01.

Ley n. 1.626/2000 – De la Función Pública

> Artículo 122 "Las disposiciones del Código del Trabajo que establecen las finalidades, derechos, obligaciones y prohibiciones de los sindicatos, serán aplicables a los sindicatos de los funcionarios públicos en forma supletoria a la presente ley".

V. Los límites teóricos de la función política del sindicato

1. la voluntad de sus miembros

2. la neutralidad frente a los partidos políticos

3. tolerancia ideológica

4. carácter excepcional de la función política

5. respeto permanente y preferente a su función propiamente representativa de los intereses económicos, sociales y culturales de sus miembros y de los trabajadores en general.

6. Actos de violación o delitos penales

7. Subversión del orden constitucional u obstaculizar el libre ejercicio de los poderes públicos, que son hechos ilícitos tipificados en la ley penal.

VI. Huelga política

Es la protesta sindical contra la orientación política o económico-política de los poderes públicos, para obtener reivindicaciones no susceptibles de negociación colectiva. También son las huelgas revolucionarias, las huelgas políticas puras, y las huelgas de imposición económico-políticas (mezcla de motivos profesionales con los políticos)[4].

---

(4) ÁLVAREZ, Ricardo Mantero. *Limites al derecho de huelga*. Montevideo, 1992. p. 95 y sgts.

Características

1. no se dirigen contra el empleador, sino contra el estado o contra el gobierno.

2. aparecen como una expresión de protesta contra determinada política gubernamental; tienen un sesgo opositor y denunciativo. La huelga profesional tiene un sentido positivo, para lograr mejoras en las condiciones y medio ambiente de trabajo.

3. no se realizan por el trabajador en cuanto tal, sino por su *status* de ciudadano.

4. tiene una finalidad política en sentido amplio.

Argumentos en contra

1. La incongruencia de hacer soportar al empresario consecuencias de una huelga cuando las pretensiones no entran en su esfera de disponibilidad. La ilicitud radica en la presión indebida sobre la voluntad de decisión de órganos estatales soberanos.

2. Resulta contrario a la neutralidad política del sindicato.

3. Constituye una desviación de poder, pues el sindicato debe perseguir fines exclusivamente profesionales según la legislación vigente.

Argumentos a favor

1. En la realidad, los empleadores y sus organizaciones influyen notoriamente sobre los detentadores del poder político, por lo que el reconocimiento de la huelga política solo compensa el peso político del sector empresarial en la sociedad política, haciéndola más democrática.

2. La neutralidad política exige independencia respeto a los partidos y movimientos políticos, pero no que deban abstenerse de la función política en el sentido amplio del vocablo.

La OIT expresa: "la prohibición general de toda actividad política de los sindicatos no solo sería incompatible con los principios de la libertad sindical, sino que carecería de realismo en cuanto a su aplicación práctica".

3. Son una manifestación de los derechos fundamentales de: libertad de expresión, de la personalidad, de la libertad de reunión y de manifestación, y de peticionar a las autoridades.

Derecho comparado

1. En Francia se considera que si el interés predominante en el conflicto es mixto (parte profesional y parte político), la huelga se refuta licita cuando predomina el interés profesional sobre le político; en caso contrario se refuta ilícita.

Las huelgas políticas de apoyo al gobierno se consideran lícitas.

2. En Italia el art. 503 Cod. Penal tipifica como delito la huelga con fines políticos; el art. 504 penaliza la huelga declarada con la finalidad de constreñir a la autoridad a que haga, dé u omita alguna medida, así como la huelga que tiene la finalidad de influir sobre las deliberaciones de la Autoridad.

Sin embargo la jurisprudencia de la Corte Suprema morigeró mucho su interpretación y aplicación, admitiendo la licitud siempre que no esté dirigida a subvertir el orden constitucional o impedir u obstaculizar el libre ejercicio de los poderes públicos.

3. En España el artículo 282 constitucional ha sido interpretado en forma ambigua, porque se entiende que no sería inconstitucional el art. 11 del R.D.L.R.T. que prescribe la ilegalidad de la huelga política, por cuanto una prohibición por ley de las huelgas políticas no afecta el contenido esencial del derecho de huelga que surge de la constitución.

4. En Alemania las huelgas son consideradas ilícitas por resultar "socialmente inadecuadas".

En la misma línea prohibitiva de la función política a los sindicatos, se inscribe el artículo 376 CT, sobre huelga, que expresa: "La huelga es ilegal: b) cuando es declarada o sostenida por motivos estrictamente políticos, o tenga por finalidad directa ejercer coacción sobre los poderes del Estado".

> Art. 127 "Los trabajadores del sector público organizados en sindicatos, por decisión de sus respectivas asambleas, tienen el derecho de recurrir a la huelga momo medida extrema en caso de conflicto de intereses, conforme con las limitaciones establecidas en la Constitución Nacional y en esta ley".

VII. Conclusiones prácticas

1. Hay que distinguir el *sindicato* del movimiento sindical. Actualmente los sindicatos han perdido la fuerza e impulso que tuvieron en la primera parte del siglo XX. Pero el sindicato sigue siendo una fuerza social muy importante, que los partidos políticos y las autoridades políticas procuran penetrar, dominar, seducir o destruir.

2. El sindicato representa intereses profesionales de sus asociados, pero también intereses sectoriales más extensos, e incluso intereses difusos o intereses nacionales y regionales.

3. El sindicato libre debe representar los intereses de todos sus miembros; como la política es siempre polémica, puede ser que una parte importante de asociados no esté de acuerdo con cierta orientación o posición política asumida por la directiva sindical.

4. La función político-electoral a veces repercute negativamente en la cohesión del sindicato, y llevar incluso a la fragmentación o división de la organización; por tanto, puede disminuir su eficacia gremial.

5. El sistema de sindicato único obligatorio, de hecho o de derecho, ha sido superado, aunque políticamente o aparente ser el más fuerte.

6. La existencia de varios sindicatos en una misma empresa o en una rama de actividad puede afectar negativamente el impacto sindical, pues a veces asumen entre sí posiciones políticas contrarias respecto al gobierno o a candidatos o partidos en época de elecciones.

7. El sindicato ideológico puede ser políticamente más eficaz por la cohesión existente entre sus miembros, aunque hipotéticamente puede ser más débil frente a la empresa por la competencia con otros sindicatos con ideología diferente.

8. El sindicato ejerce naturalmente un influjo sobre los poderes políticos y la opinión pública, aun cuando en muchos países de la región representa una pequeña aristocracia-sindical.

9. El sindicato tiene responsabilidades respecto al bien común de la sociedad política; pero antes su responsabilidad es con el conjunto de los trabajadores y con sus propios miembros.

10. El sindicato tiene amplia libertad para emitir declaraciones públicas, denunciar hechos o peticionar la intervención de las autoridades en relación a cualquier materia que interese al bien común de la sociedad política.

11. El estado tiene responsabilidades en relación a la situación y a la protección de los trabajadores; por tanto, el sindicato tiene derecho a realizar actividades políticas (favorables c contrarias al gobierno de turno).

12. La política sindical no cumple con su deber de justicia social cuando en sus peticiones y reclamaciones atenta directamente contra el bien común o contra derechos fundamentales de la población.

13. La huelga política es una manifestación de libertad constitucionalmente reconocida a los ciudadanos, pero no integra el contenido esencial del derecho de huelga reconocido en la constitución.

14. Es lícita la huelga para protestar contra decisiones de los poderes públicos que afectan directamente el interés profesional de los trabajadores, salvo que en su manifestación se lesionen otros intereses vitales en una sociedad democrática.

15. El derecho de huelga en la constitución de Paraguay está *delimitado* a los conflictos de intereses y no para los conflictos jurídicos. Al entrar en relación y colisión con otros derechos y deberes fundamentales lesionados, corresponde al Poder Legislativo, y en su caso, al Poder Judicial, la facultad de *limitación*, atendiendo a los cánones de la *adecuación, oportunidad y proporcionalidad.*

16. Según el Comité de Libertad Sindical de la OIT las huelgas de carácter puramente político no caen dentro de la libertad sindical, pero reconoce que es difícil en la realidad efectuar una clara distinción entre lo político y lo sindical, pues ambas nociones tienen puntos comunes.

17. No existen limitaciones al ejercicio del derecho de huelga con fines económico--políticos.

VIII. Opiniones de dirigentes sindicales de Paraguay

"Indudablemente que al ser los sindicatos una organización social con fines de mejorar la situación de sus asociados y con ello a contribuir para una sociedad más igualitaria, su participación en las acciones políticas que reivindiquen los derechos de sus asociados están más que justificadas. El Estado en su carácter de regulador tiene la potestad de limitar las acciones de los sindicatos pero también es obligación del mismo defender los intereses del pueblo, los sindicatos en ese orden deben ser críticos, constructivos, analíticos y porqué no, también inclusivos. Evidentemente que toda organización debe de tener límites en sus acciones para no perjudicar a otras organizaciones y mantener un equilibrio en la sociedad.

Los trabajadores en el modelo económico liberal-capitalista es el sector más desprotegido, por lo que la función política de los sindicatos es fundamental.

Los sindicatos tienen el derecho a participar en alianzas con partidos políticos o con otras organizaciones políticas que les permita involucrarse dentro de los estadios de poder y toma de decisiones". (**Fernando Arrua, Sindicato ABN AMRO –Asunción**)

¿Qué entiende Ud. por "Función Política del Sindicato"?

Las acciones que puede realizar el gremio dentro de la comunidad donde se desenvuelve, como la presentación de proyectos de ley para el ámbito laboral o no, por sí o formando parte de un colegiado y su correspondiente defensa en las instancias que corresponda. Impulsar ante el gobierno la defensa de otros gremios por atropellos al ejercicio de sus derechos, o integrar entes gubernamentales.

¿Cuáles serían los argumentos favorables a la función política de los sindicatos?

Los sindicatos se erigen como una fuerza importante dentro de la comunidad pues su propósito es la defensa de los trabajadores y sus derechos. Al ser representante de los mismos, el sindicato representa a un sector mayoritario de la sociedad, por lo cual es hartamente valedero el hecho de que los ciudadanos puedan ver en la función política de los sindicatos una opción más para el logro de sus objetivos a nivel nacional.

A su parecer ¿Podrían los sindicatos integrar alianzas electorales con partidos políticos?

Totalmente. Los dirigentes sindicales tienen ese *plus* que significa estar de cerca con los asociados, en la generalidad eso desarrolla en ellos una interactividad que tal vez en algunos políticos de partido no se revela. Esta condición, sumada a la aptitud y vocación de servicio hacia sus semejantes que mayormente se despliegan en los sindicatos, los situaría en una posición de privilegio dentro de cualquier contienda electoral. (**Fernando Arrua – Sindicato el ABN AMRO BANK — Asunción**)

Función Política del Sindicato; la participación sindical debe ser exclusivamente en cuestiones especificas del gremio, sin embargo, muchas veces somos obligados a intervenir en cuestiones políticas por imperio del momento o circunstancia.

Los **Sindicatos pueden y deben realizar denuncias** contra autoridades y órganos públicos, porque son los que acceden y/o reciben todo tipo de informaciones, incluso confidenciales de actos no éticos e inmorales de los administradores de turno. Caemos en el mismo círculo vicioso, los principales directivos en una empresa pública (ejemplo, ITAIPU Binacional), provienen de acuerdos políticos, algunos incluso sin la más mínima preparación profesional, ello ocasiona una gestión ineficiente, causando mucho daño a la institución; los Sindicatos "éticos" y la prensa "no amordazada con favores" son los únicos contralores que podrían intentar equilibrar los efectos nocivos de las prácticas políticas corruptas. En cuanto a **la limitación**, debe existir un marco de respeto hacia la investidura de las autoridades, lamentablemente, la línea de la limitación es extremamente subjetiva para separar el libertinaje de los Sindicatos de la coacción de las autoridades. Observo que las **únicas limitaciones serían**, los actos de extrema violencia y agitación de masas impulsados por los Gremios con objetivos claramente políticos (ejemplo, para derrocar al Gobierno).

Los argumentos favorables a la función política son: a) la función de contralor de la gestión gubernamental mediante conexiones con sectores políticos para que la misma tenga efecto real; el contacto con agentes ligados al poder político es fundamental, b) es el medio, combinado con medidas de fuerzas para lograr "conmover" al poder político coyuntural para que los "objetivos sindicales sanos" puedan tener efecto (ejemplo, hemos conseguido remover a un Director de Itaipú con un currículo académico falso en la Empresa, mediante la combinación prensa-política-sindicato), c) es el terreno donde los Sindicatos pueden sugerir y/o alertar a las autoridades políticas sobre los perfiles adecuados de los candidatos para ciertos cargos públicos.

En cuanto a **alianzas políticas,** es una práctica que se da en la actualidad de manera disimulada, hacerlo de manera formal, tengo dudas, tampoco lo puedo descartar (con arreglo a la Ley). (**Ernesto Ayala B. – SICHAP – Ciudad del Este**)

La Seguridad Social de Ayer y Hoy

Martha Elisa Monsalve Cuellar

Introducción (de Bismarck a Beveridge)

Un vistazo a la cronología de las seguridad social y antes de que hace 120 años Otto von Bismarck diseñara para alemania un programa de seguridad social para la vejez, los ingleses en 1598 establecieron una de las primeras formas de asistencia social "leyes de pobres" patrocinadas por el gobierno.

En 1797 Thomas Peine redacta la "justicia agraria" propone un programa de seguridad social para la naciente republica norteamericana.

En 1889 Alemania adopta un programa de seguro social para la vejez convirtiéndose en la primera nación en el mundo en adoptar este programa. Ya en 1884 había adoptado un programa de indemnización para los trabajadores y el seguro de enfermedad adoptado en 1883 convierte a Alemania en un país líder en un sistema de seguridad social se reúne en Paris en 1889 el primer Congreso creando el Comité Internacional de la Asociación Internacional de la Seguridad Social aiss que hoy tiene su sede en Ginebra en el BIT.

En junio de 1941 se anuncio en la cámara de los comunes del Reino Unido que se procederia a efectuar un profundo estudio de las normas existentes en Inglaterra de seguro social y similares, se le encomendo la tarea a Sir William Beveridge quien acepto la presidencia de la comisión internacional que realizaria el estudio.

"Ningún documento oficial ha despertado en el mundo tanta expectación y levantado tantas esperanzas como el que en este volumen se ofrece al lector de lengua española", dice el traductor del texto ingles Vicente Peris Plan Beveridge CIESSS1992.

En 1942 en plena guerra mundial el Reino Unido publicó el Plan Beveridge.

Resultados del estudio de la comisión

Con excepción de la Ley de pobres que data de los tiempos de la Reina Isabel los sistemas estudiados corresponden a los últimos 45 años a saber dijo la comision:

Indemnizaciones a los Obreros 1897 limitada a determinados oficios, en 1906 se extiende de manera general *seguro obligatorio* contra enfermedad data de 1912.

El seguro de paro empezó a funcional en *1912* en algunas industrias y se extendió en *1929 a todas*.

(*) Trabalho apresentado no Primer Congreso Suramericano de Derecho del Trabajo y de la Seguridad Social. Homenaje al Profesor Cassio Mesquita Barros. Aracaju, Sep. 2010.

La primera ley de pensiones que establece el retiro del no asegurado sujeto a estado de necesidad fue aprobada en 1908.

En 1925 se aprobó la ley que concedía pensiones de asegurado a ancianos, viudas y huérfanos.

El seguro de paro después de muchas agitadas controversias se convierte en la ley de paro *de 1934* que dio origen al nuevo sistema de Asistencia a los obreros parados.

La importancia del Plan Beveridge radica en la creación del primer *sistema unificado de seguridad social*.

En Francia Pierre Laroque lideró los esfuerzos del gobierno para la extensión de la protección social a toda la población y en 1946 se constituyo "un sistema nacional de seguridad social".

Como estas convocatorias conllevan el propósito de compartir experiencias nacionales permítaseme hacer referencia a la nuestra en cuanto al pasado de la seguridad social.

Un paréntesis: (En Colombia mediante la Ley 90 de 1946 el Maestro Adán Arriaga Andrade, considerado el padre del derecho laboral y de la seguridad social en nuestro país, fundador del Colegio de Abogados Especializados en derecho del trabajo, mediante la dicha ley se crea el Instituto Colombiano de Seguros Sociales de concepción tripartida y que ha atravesado por profundas transformaciones como lo veremos mas adelante cuando volvamos al caso de mi país).

Ya en el año de 1944 y con base en el giro que la guerra había experimentado tenemos la histórica Declaración de Filadelfia de la OIT cuyo postulado *no puede haber paz sin justicia social* resulta cada vez mas vigente *haciendo un llamamiento a que se amplien las medidas de seguridad social a escala mundial*.

En 1945 la Asamblea General de Naciones Unidas adoptó la Declaración Universal de los Derechos Humanos cuyo artículo 22 reconoce "Toda persona como miembro de la sociedad, tiene derecho a la seguridad social".

Este principio ha sido recogido por todas las constituciones del mundo.

Convenio n. 102 de la OIT sobre la Seguridad Social

En 1952 la Organización Internacional del Trabajo adoptó el Convenio n. 102 sobre normas mínimas de seguridad social y en el 2011 se puso en marcha una Campaña Mundial en materia de Seguridad Social y "Cobertura para todos".

A partir de este momento los países empiezan a desarrollar la puesta en vigencia de este convenio llevando a su legislación nacional el desarrollo de normas protectoras de vejez, muerte. Invalidez, enfermedades profesionales accidentes de trabajo y protección a la maternidad que si bien en las legislaciones como la mia, a partir de 1914 ya se consagraba la protección, resultaba muy precaria.

Dice el seguro logo mexicano Angel Guillermo Ruiz Moreno investigador de la universidad de Guadalajara: "Tanto el Derecho del Trabajo como el de la Seguridad Social actual, lo que mas les hace falta ahora, es *identidad*". Una identidad estructurada en el mundo de hoy y del mañana que vea más que al presente, hacia el futuro. Todos sus ingentes problemas derivan de eso, de su anquilosamiento, de su notoria obsolescencia, de la falta de sintonía y sincronía entre el marco jurídico legal vigente con la estrujante realidad de la era de la hiper-tecnologia".

Es el mismo Profesor Ruiz Moreno quien ha insistido mucho en la claridad conceptual que debe servir para diferenciar la seguridad social de la asistencia social, la previsión social y la protección social que han dificultado tanto esa falta de identidad que preconiza *autonomia*.

En un derecho con normas propias, necesita jurisdicción propia y jueces especializados.

Crisis de la seguridad social

Sus Causas: Muy lejos estuvieron los ideólogos de la seguridad social de los grandes cambios que en pocos, muy pocos años, sufriría la humanidad con los fenómenos de los increíbles avances de la tecnología, la globalización, internacionalización de las economías de las grandes migraciones laborales que ahora por la crisis que vive el mundo, ese fenómeno se ha convertido en inverso y no voluntario, las nuevas normas de trabajo que incentivan el trabajo autónomo e independiente pero que afectan igualmente a la financiación de la seguridad social.

Estos fenómenos que no son nuevos sino cíclicos y si no que lo digan quienes sufrieron la crisis de 1929, la de los Tigres Asiáticos de Japón y China y ahora la que se estalló en julio de 2008 generada básicamente en el sector financiero.

¿Y sirvieron estas crisis para examinar sus causas, prevención de otras futuras y sobretodo establecer responsables y aplicar las sanciones ejemplarizantes?

No, sin duda alguna, porque ellas se han repetido.

Además de estas crisis que obviamente afectan a la seguridad social por la incidencia económica que tienen, porque no puede haber un buen sistema de seguridad social sin un sistema económico fuerte.

Es allí donde radica la crisis y el que hoy en día haya colapsado por las siguientes razones.

a) Las bases de su funcionamiento fueron preconcebidas con carácter tripartito contribuciones del estado, los empleadores y trabajadores. El estado muchas veces no cumplió y me refiero precisamente en ello a mi país, en donde ese incumplimiento fue la iniciación de un gran desbalance en el sistema de pensiones.

b) Los cálculos actuariales previstos en muchas legislaciones de manera quinquenal no se aplicaron y no lo fueron por ser temas políticos que no comportan corrientes electorales.

c) No se previó lo que se denomina en la *Revista Trabajo* n. 67 de la OIT de 2009 como "sociedades en envejecimiento".

d) La falta de cultura de la seguridad social. Ningún joven piensa en ser anciano y menos enfermo o invalido o dejar una familia desamparada. Muchas legislaciones entre ellas la mía incentiva la no cotización al régimen de pensiones a los salarios mas bajos.

e) El planteamiento de la ampliación de cobertura frente a retos demográficos pero sin cálculos serios de sostenibilidad han llevado al traste esos buenos deseos.

f) En países en vía de desarrollo, donde es más sensible la urgente necesidad de ampliación de cobertura, no se cuenta con el respaldo financiero que una seguridad social solida requiere.

g) La evasión y la elusión de contribuciones han dejado exhausto los fondos de pensiones.

h) La corrupción puesta de presenta en los grandes negociados en medicamentos días de incapacidad a los cuales no se sustrajeron los médicos que las otorgan.

i) El incumplimiento por parte del estado de sus obligaciones contributivas donde se fundamento como base del tripartismo.

j) El aumento del desempleo, el trabajo no regularizado las nuevas forma de trabajo que no establecen prioritariamente la contribución a la seguridad social como parte de distribución de ingresos.

k) El temor mediante el aumento de la carga impositiva, fortalecer y dar cumplimiento principio de "UNA SEGURIDAD SOCIAL PARA TODOS" como lo viene repitiendo la OIT desde hace muchos años, falta de autonomía del D. Seguridad Social.

Son demasiadas las causas que en forma desesperada tratan de neutralizar con propuestas como aumento de la edad y de las cotizaciones, recortes al monto de la pensión, que no han sido de buen recibo entre quienes lograron esas prestaciones económicas.

Dice el Profesor Ruiz Moreno de manera jocosa que hay que ser muy buen abuelo para lograr que esos nietos cuiden de nosotros ante la ausencia dolorosa de una pensión de vejez.

Es una verdad cargada de realidad porque estamos viendo soluciones a la vista y si una serie de bandazos legislativos, que no sabemos a donde conducen porque no encontramos los fundamentos económicos que le den solidez a esas reformas.

Que tenemos hoy y en esta parte nos referiremos básicamente a Colombia

Mencionamos en otra parte de esta exposición como fue uno de los países pioneros en la creación del seguro social y como el país miembro fundador de la OIT como integrante de Naciones Unidas ha desarrollado el convenio 102 y los demás en materia de Seguridad Social adoptados por este organismo con la puesta en marcha en el 2001 de la Campaña Mundial en materia de seguridad social buscando cobertura para todos.

La Revista "*Actualidad Laboral,* n. 160 de Julio y Agosto de 2010, en un titular "El legado pensional de la Era Uribe" en referencia al magnifico Presidente que gobernó nuestro país por 8 años y que nos hace tener en cuenta la referencia que allí se hace a la ley 100 de 1990 que creó el sistema de seguridad social integral que ha mantenido el tema de las pensiones de jubilación de los trabajadores colombianos en permanente debate.

Con la Ley n. 797 de 2003 que introduce reformas al sistema general de pensiones y disposiciones sobre regímenes pensionales especiales verdaderamente vergonzosos.

La Ley n. 860 de 2003 introduce nuevos ajustes al sistema general de pensiones.

El Acto Legislativo n. 1 del 2005 eliminó los alcances pensionales en convenciones colectivas pues gracias a ellas en empresas del estado como Ecopetrol se encontraban pensiones verdaderamente afrentosas que premiaban el ocio.

La Ley n. 1.151 de 2007 creación de colpensiones que reemplaza al Seguro Social en Pensiones en el régimen de prima media con prestación definida que junto con el Perú son los únicos países que los conservan.

Carmelo Mesa Lago en referencia a esta situación considera que en Perú la situación es peor porque allí el régimen público entro en déficit muy rápidamente. En Colombia se demoro un poco mas porque tenía mas reserva e hizo una reforma paramétrica pero al agotarse las reservas en el sistema público se convierte en carga par el fisco.

La Ley n. 1.250 de 2008 elimina la obligación a los trabajadores independientes de bajos ingresos a cotizar para pensiones (Esta podría analizarse como causa del desfinanciamiento y contribución al estado de crisis en el Fondo pensional).

La Ley n. 1.398 de 2009 (ampliación de los sistemas de inversión con capitales del régimen de ahorro individual bastante peligroso frente a la crisis del sistema financiero) y a la excesiva movilidad del mercado accionario cuyas consecuencias difícilmente lograremos superar.

Fabián Hernandez experto Colombiano en pensiones afirma que la Ley n. 797 que intentó culminar los propósitos de la Ley n. 100 no alcanzó a concretar en materia de pensiones piensa y en ello estamos plenamente de acuerdo con sus apreciaciones que la naturaleza de aquella norma es financiera y precisa que la modificación estructural del sistema de pensiones que se erigió en 1993 se basó en un criterio económico.

Recuerda igualmente que en 1993 el sistema pensional del sector público había caído en insolvencia como lo afirmó Carmelo Mesa Lago. Con esto se cuestiona intensamente ese sistema y toma mas fuerza el de capitalización.

La Ley n. 797, considera el experto, tuvo que reconocer que los parámetros de la Ley n. 100 no permitieron acumular los recursos financieros necesarios para atender las pensiones por lo cual tuvo que aumentar las edades de jubilación a 57 años las mujeres y 62 los hombres que dados cálculos de vida probable se consideran bajas y ya se escuchan voces sobre la necesidad de aumentarlas.

Esos aumentos de edades se dieron sin acudir a cálculos actuariales y por ello quedaron cortos y además a muy largo plazo pues empiezan a regir en el 2014.

Las cotizaciones de los jóvenes están sirviendo para soportar la de los mayores que no fueron suficientemente bien provisionadas y hoy la gran incertidumbre par quienes ingresan en el mundo laboral es si en el futuro tendrán su pensión de vejez.

Afirma Fabián Hernandez que uno de los efectos de la Ley n. 797 para los afiliados a las AFP fue la de reducir a cuatro meses los trámites para la solicitud de la pensión que era de años.

Rebeca Herrera, Directora de Fasecolda en Colombia dice que la Ley n. 797 endureció los requisitos para acceder a las pensiones lo que ha sido contrarrestado por las sentencias de inexequibilidad de la corte constitucional que van en contra del espíritu de la Ley en comento que Luchó por mantener la sostenibilidad financiera del fondo de pensiones, pero que la Corte en fallos bastante alejados de la realidad se empeña en desconocer.

Juan Fernando Granados, otro experto en materia de pensiones se refiere a otro problema relacionado con el traslado de régimen toda vez que en el régimen de prima media, el valor de la aportación es del 10.5% y en el de ahorro individual con Capitalización es del 10% generándose un requisito de cumplimiento imposible al establecer que para el traslado al fondo de capitalización se debe llevar la totalidad de lo que hubiera aportado si hubiera permanecido todo el tiempo en el sistema.

Tendría que ser materia de estudio separado la transición por su complejidad y las innumerables reformas mediante leyes y pronunciamientos de la Corte Constitucional en diferentes sentencias que han llevado al retorno a la norma de la Ley n. 100 de 1993 artículo 36 después de un tortuoso camino pero que estamos seguros que no quedará allí y será objeto de pronunciamientos adicionales a lo ocurrido en 27 años de la reforma.

Financiamiento de la seguridad social

Se requiere básicamente aumentar la carga impositiva pero para nuestro país sin haber terminado el largo conflicto con las organizaciones terroristas que nos aquejan en donde se debe destinar una gran parte de los impuestos al sostenimiento de la guerra dejando márgenes escasos para la inversión social que vendría a constituir una forma importante de terminar con la confrontación.

Seguridad social en salud

Como parte de la Seguridad Social de hoy tenemos que mencionar lo acontecido mediante la Sentencia n. 760 de Julio 28 de 2008 en la cual la Corte Constitucional mediante sentencia de unificación reunió 22 casos de Tutela en 20 años para ordenar a las entidades de seguridad social en salud y al Ministerio de Protección Social al cumplimiento de órdenes muy expresas para poner orden al desmedro en Salud y que llevó al Presidente Uribe y a su Ministro del ramo a dictar la emergencia económica y en 13 decretos declarados inexequibles por la misma Corte Constitucional manteniendo el caos existente y dando pie para la presentación de un proyecto de reforma al régimen en salud que de no vigilarse en su trayectoria será otra colcha de retazos que ahonde la crisis existente.

El panorama por tanto no es muy halagüeño

Cuando compartimos estas experiencias en escenarios como estos con muy pocas diferencias encontramos que los problemas son similares.

En que fallamos si el legado de Bismarck y Beveridge fueron bien concebidos y la OIT en su Convenio n. 102 envió un mensaje claro *seguridad social para todos* pero esto se hace con dinero y dejarlo en manos del sistema contributivo no funciona El Estado mediante el aumento de los impuestos deberá financiarla y la verdadera redistribución de la riqueza, quienes tienen mas que paguen mas. Es la verdadera solidaridad uno de los pilares fundamentales de la seguridad social y que no hemos debido tratar de cambiar dejando a las contribuciones de empleadores y trabajadores que afrontan hoy una verdadera transformación en las formas de trabajo, los que asuman su protección, que el Estado por mandato constitucional debe cumplir.

Conclusiones

1. fortalecer a través del seguro de desempleo completamente reglamentado y vigilado con obligaciones como las que establece la *flexsecurity* de que el Estado invierta en políticas de empleo, los trabajadores prueben que están consiguiendo empleo y se están capacitando y actualizando permanentemente.

2. Que no se convierta el seguro de desempleo la forma de buscar dos ingresos pues mientras se recibe el subsidio se trabaja en negro, pues si hay empleadores que buscando una mano de obra mas barata y no tener que aportar a la seguridad social les dan empleo así el sistema se corrompe.

3. El seguro de desempleo no puede ser indefinido debe ser suficiente para mantener un poder adquisitivo que permita mover la economía procurando que se consuma para que se produzca y se genere empleo.

Revista Trabajo n. 67 de Diciembre de 2009, p. 29 "El seguro de desempleo en tiempos de crisis" Janine Berg experta de la OIT manifiesta que ahora se ha demostrado la importancia del seguro de desempleo en estos momentos de crisis, volver los ojos a el.

4. "Los fondos de solidaridad patrocinados por trabajadores generan trabajo" *Trabajo,* n. 50 de 2004 afirma, Julio Roberto Gomez, secretario general de la CGT para Latinoamerica, miembro del Consejo de Administraciòn y del Comité de Libertad Sindical de la OIT.

5. Es la OIT con sus 91 años de creación que cumple el 16 de octubre en donde personas de la talla del Profesor Cassio Mesquita Barros, han entregado toda su capacidad y experiencia buscando un mundo mejor que tenemos que entregar a estas generaciones nuevas tan valiosas y a nuestros hijos y nietos para indicarles que hemos cumplido la tarea.

6. Mandela decía: Justicia social, dar a cada quien lo que le corresponde; es la mejor forma de obtener la paz y un mundo definitivamente mejor.

El mundo es inmensamente rico y capaz de solucionar las necesidades de todos pero no para satisfacer la codicia de unos pocos.

Pasado, Presente y Futuro del Sindicalismo[*]

Teodosio A. Palomino[**]

Presentación

Identificado a plenitud con los integrantes de este excelente y respetable auditorio me complazco en rendirle un justiciero y merecido homenaje a un dilecto amigo, noble compañero y connotado colega de todos nosotros, Dr. Cassio Mesquita Barros, a quien reconocemos como un hombre justo y honesto que posee el imprescindible don de disfrutar de la simpatía y el respeto de cuantos lo conocen y saben de su señorío y sabiduría jurídica en el ámbito del iuslaboralismo iberoamericano.

En consecuencia me complazco en exponerle junto con todos Uds., mi reconocimiento por el papel estelar que ha desplegado en estos últimos años en el que hacer universitario en su país y en las conquistas y triunfos obtenidos por nuestra querida entidad la Asociación Iberoamericana de Derecho del Trabajo y de la Seguridad Social "Guillermo Cabanellas" (AIDTSS) en el escenario laboral del mundo contemporáneo.

No puedo soslayar un significativo agradecimiento al dilecto colega y carísimo amigo Dr. Domingos Savio Zainaghi, y a su Comisión Organizadora de estas justas Luciana Aboim y Lucas Concalves, por haber sido el gestor principal de este justiciero y oportuno homenaje que ha congregado a la crema y nata del iuslaboralismo iberoamericano.

En verdad de verdades, me siento empequeñecido al verme rodeado en este magno escenario por personajes cuya sapiencia y virtudes son indiscutibles. Veo a mí alrededor a consagrados jurisconsultos de relieve internacional, académicos y magistrados de notable prestigio y a múltiples amigos a quienes reconozco por su generosidad y virtudes cívicas.

Por último, solo debe expresarles que este es, sin duda, uno de los instantes más gravitantes de mi vida que estoy seguro nunca olvidaré ni tampoco olvidarán Uds., por su trascendencia y significación.

I. El pasado del sindicalismo

Con la aparición de la lucha de clases, quedó patentada la lucha social y económica, protagonizada entre capitalistas y proletarios. Merced a esa lid, el capital y el trabajo se

---

(*) Trabalho apresentado no 1º Congresso Sul-Americano de Direito do Trabalho e da Seguridad Social, em Aracaju, Brasil. Homenagem ao Professor Dr. Cassio Mesquita Barros.
(**) Presidente de la Asociación Iberoamericana de Derecho del Trabajo y de la Seguridad Social "Guillermo Cabanellas", Filial Perú. Profesor Universitario y publicista.

convirtieron en enemigos irreconciliables, puesto que llegado un momento decisivo, cada uno de ellos trató de apoderarse de los mayores beneficios generados por la producción. No tardó, después de violentas escaramuzadas que duraron lustros, de producirse la reacción de los trabajadores que unidos se sindicalizaron, para obtener reivindicaciones y alcanzar en lo posible la hasta hoy, desconocida justicia social.

Fue en tales momentos en que arribó a la palestra de la lucha social la Iglesia Católica Apostólica y Romana, a través de sus Encíclicas papales.

La primera Encíclica en emerger fue la *Rerum Novarum* (salida a la luz el 15 de mayo de 1891), puesta en vigor por el Sumo Pontífice León XIII (llamado "El Papa Obrero"). Esta Encíclica refuta al socialismo y plantea los remedios que a juicio del Vaticano podrían suavizar o equilibrar los intereses de las fuerzas productoras.

Hasta entonces, patronos y obreros se encontraban frente a frente, divididos en dos grupos de muy desigual fortaleza. Ambos eran enconados enemigos.

La *Rerum Novarum* refutó la tradicionalista solución liberal de dejar al libre juego de la voluntad la fijación de las condiciones de trabajo.

Esta Encíclica rompió con el principio liberal, afirmando con toda razón que entre el débil y el fuerte la libertad oprime y la ley liberta y que, en consecuencia, no es posible dejar a la voluntad de las partes la fijación de las condiciones de trabajo, pues el obrero, por su natural debilidad, se vería obligado a aceptar, por necesidad, cualquier condición que se le ofreciese, aunque fuese inhumana y desatinada, para evitar morirse de hambre.

La Doctrina Social de la Iglesia precisó que era necesario retribuir con un salario justo al trabajador: hombres, mujeres y niños. Asimismo, se fomentó el derecho de asociación, medidas de prevención y otras reivindicaciones laborales.

La Rerum Novarum es piedra angular de la Doctrina Social de la Iglesia, que procuró la aplicación de la justicia en el campo obrero-patronal y sirvió para estructurar y confirmar los derechos naturales irrenunciables de la persona humana.

Asimismo, influyó notablemente en el Tratado de Versalles. En él se decretó que el trabajo del obrero no era una mercancía y que los trabajadores tenían derecho a la jornada máxima de 8 horas y el descanso semanal obligatorio.

El rebrote reivindicativo, emanado de los trabajadores y el sacrificio de los mártires de Chicago, conmovió al mundo y brindó derechos a los trabajadores, pero sin satisfacer plenamente sus ansias de redención laboral.

Años más tarde, nació y floreció en la Organización de las Naciones Unidas (ONU), la OIT. Este organismo estableció un novedoso y nuevo régimen laboral que aceptó los puntos más razonables de las doctrinas sociolaborales existentes en tales épocas.

La OIT trató en lo posible de conciliar pareceres, situándose en una posesión ecléctica, paritaria y participativa capaz de dejar tanto a los empleadores como a los trabajadores flameando los pabellones de una paz que no llegó a consolidarse de modo definitivo, puesto que ambos grupos no dejaron en reposo sus lanzas de combate.

Al sindicalizarse los trabajadores, después de una férrea lucha, se conquistó la jornada de las 8 horas, las vacaciones, previsión social y otras mejoras y condiciones laborales.

Todas estas conquistas fueron producto de una infatigable, incesante y ardua tarea de las primeras organizaciones gremiales.

En esta corta etapa se vivió una fugaz primavera que no tardó en convertirse, años después en crudo invierno.

Décadas más tarde se produjo lo que hoy conocemos con el nombre de la globalización de la economía y ojalá que no se convierta en la globalización de la miseria y la precariedad.

II. El presente del sindicalismo

Puesta en marcha primero la privatización de las empresas, la flexibilización laboral, y después la globalización mundial de la economía, empezaron a fenecer las conquistas sindicales antes disfrutadas por corto lapso.

Este fenómeno se concretó casi en silencio, a través de las llamadas *Cartas de Intención* que influyen en los gobiernos para el cumplimiento de medidas que lesionan, el interés no sólo de los trabajadores, sino de la población en general.

En función de las disposiciones prescritas por las Cartas de Intenciones derivadas del FMI se debilitaron las conquistas obtenidas por el sector laboral.

Concretadas tales medidas, se están produciendo ya mermas de acuerdo a los conceptos que cito a continuación:

1. Se están violando los principios fundamentales de los trabajadores.

2. Se están derogando arbitraria y gradualmente las normas protectoras, los derechos adquiridos y los beneficios sociales.

3. Se está debilitando el sistema de Seguridad Social.

4. No se pagan las horas extras.

5. Se están deslaboralizando, flexibilizando y desregulando las relaciones laborales.

6. Se está eliminando la jornada de las 8 horas, desapareciendo el sindicalismo, desconociendo la negociación colectiva y el derecho a la huelga.

Y asimismo, se están adoptando otras disposiciones gradualmente perniciosas. A este conjunto de medidas negativas se han sumado los TLC.

Con todos estos severos cambios, los trabajadores están sufriendo un auténtico y agudo retroceso laboral, a causa de la pérdida de su más preciado derecho que con tanta lucha, dolor y sacrificio cosecharon en el pasado.

Muchas de las conquistas obtenidas, a través de las Constituciones nacionales, el Tratado de Versalles, la OIT, la Doctrina Social de la Iglesia, la Declaración Universal de los Derechos Humanos, están perdiéndose de modo drástico y contundente. No obstante, algunos de los derechos adquiridos se mantienen en pie casi por efecto de la providencia.

La paz y armonía laborales que debe prevalecer entre empresarios y trabajadores sólo puede conseguirse a través de un permanente diálogo clarificador y justiciero, poniendo al margen los condenables intereses y plasmando una bienhechora atmósfera laboral.

Obtenido este objetivo, será posible que flamee la bandera de la concordia y la paz entre empresarios y trabajadores para que se pueda disponer de beneficios que permitan desplazarse con mayor facilidad en el área laboral.

El día que estos dos imprescindibles actores de la economía se orienten de modo adecuado, en el seno de una paz permanente, le será posible a la ciudadanía disfrutar de una situación ampliamente favorable que le abrirá las puertas de un éxito seguro, en el plano del bienestar económico y social. Solo así podrá gestarse una nueva realidad que redundará en beneficio y respeto mutuo y coadyuvará a que los Estados obtengan sus mejores frutos dentro del marco de la prosperidad y el desarrollo social.

Para cosechar el éxito final, es menester que las partes en conflicto, limen sus asperezas con el fin de ingresar en un campo donde imperen la tranquilidad y armonía laborales.

No olvidemos que el capital necesita del trabajo y el trabajo del capital. Sin embargo, es preciso enfatizar que el capital deriva del trabajo.

Sólo humanizando el trabajo, se transitará por el mejor sendero para cruzar la meta del bienestar general.

III. ¿Cuál es el futuro del sindicalismo?

Quienes enfocan sus miradas, inquisitivamente, sobre el probable panorama que nos mostrará el sindicalismo en el futuro, están envueltos por una nefasta neblina, la neblina del pesimismo y la incredulidad.

Estamos convencidos de que el sindicalismo está debilitándose y es posible que llegará a su segura defunción que concluirá con un entierro desprovisto de boato y solemnidad que no dejará huella en los recuerdos de la Historia.

Para nadie es un secreto: el sindicalismo está hoy gravemente herido, puesto que los contratos de trabajo son cortoplacistas e impide, por su brevedad, que los trabajadores puedan sindicalizarse, en virtud de la legislación laboral vigente, que ha convertido a los trabajadores en ceros ubicados a la mano izquierda.

Están contribuyendo notablemente a la desaparición definitiva del sindicalismo los elementos que a continuación enumero:

1. La legislación laboral es cada vez más neoliberal.

2. Las disposiciones establecidas por la OIT carecen de respetabilidad.

3. El incumplimiento de la Declaración Universal de los Derechos Humanos.

4. El contenido negativo de algunas Constituciones nacionales.

5. El desconocimiento de los principios fundamentales de las Encíclicas papales.

6. La presencia agresiva de la alta tecnología y la cibernética.

7. El establecimiento del teletrabajo.

8. La implantación de la robotización y automatización en las organizaciones.

9. El aumento de la población, que avanza en progresión geométrica.

10. Los continuos y masivos despidos de los trabajadores por la perniciosa crisis que envuelve a la economía mundial.

En función de todos estos graves fenómenos irreversibles, existen hoy actividades laborales ya primitivas y finiquitadas por las severas exigencias propias del mundo contemporáneo, y que deberían estar depositadas en un museo de antigüedades.

Y aunque parezca increíble, no obstante su funesta influencia, existen universidades que preparan profesionales para realizar labores ya envejecidas, inaplicables y superadas. Suman decenas las universidades que aún pisan los predios del Siglo XX sin advertir que ya estamos en la 1ra. década del Siglo XXI.

No es atrevido pensar que en virtud de las conquistas obtenidas a nivel científico y tecnológico, sobre todo por efecto de la robotización, el hombre torna a disminuir su tiempo de trabajo por horas de ocio obligado cada vez mayores.

¿Qué hará el hombre en el futuro con el aumento paulatino del ocio que hoy padece o quizá goza, sin saber cómo suplirlo por trabajo encuadrado por la tensión o el entretenimiento infecundo?

¿Será acaso el hombre del futuro herido de muerte por obra de una creciente, nefasta y mortal inactividad?

Estas inquietudes son difíciles de contestar y le exige al hombre pensante una respuesta que sólo el factor tiempo está llamado a solucionar con ecuanimidad y precisión.

Cabe ahora plantear una preocupación final:

¿De qué nuevas conquistas sindicales estamos hablando ahora, precisamente cuando el sindicato está gravemente herido y casi a punto de recibir los santos óleos?

4. Epílogo

Frente a este dramático panorama, sólo me cabe plantear un selecto conjunto de inquietudes, que intuyo, pueden ser una herramienta capaz de conjurar el grave peligro en que estamos inmersos.

Después de algunas reflexiones, he llegado a la conclusión de que deben adoptarse, desde ahora, sin pérdida de tiempo, enérgicas y agresivas medidas, basadas en la mejora de la educación, porque sin ella es imposible el crecimiento y la difusión masiva del trabajo que tan indispensable y urgente le es a la sociedad contemporánea.

En consecuencia, sólo debo pronunciar las siguientes palabras a modo de optimista epílogo:

1. No existe país progresista con hambre de pan y cultura. La educación es garantía del progreso, de la democracia y la libertad. Es piedra angular del desarrollo de la sociedad y enemigo mortal de la ignorancia.

2. No se puede construir un país de primera categoría con ciudadanos de segunda.

3. No hay hombres ni pueblos desposeídos, sino pueblos y hombres mal preparados para poder enfrentarse con éxito al complejo hoy y al inquietante mañana.

4. La educación, formación profesional y la reactualización permanente garantizan a los trabajadores participar en la vida política, cultural y social, y a convertirse en soportes de la comunidad.

5. El trabajo es clave del crecimiento integral, realización plena, distintivo del progreso y emblema del desarrollo de la persona humana y de la sociedad.

6. La ausencia de trabajo origina múltiples conflictos en los que abundan la miseria, la depresión, el pesimismo, la delincuencia, la prostitución, la desunión familiar, emerge la plaga de la drogadicción. Asimismo, la energía humana paralizada es peso muerto en el equilibrio social, un peligro puesto a la tranquilidad y la paz.

7. La desocupación es un mal social y el pleno empleo un bien público. El Estado y cuantos administran la economía del país deben asumir el deber y la obligación de evitar la desocupación y fomentar el pleno empleo.

8. El desempleo germina pobreza, la pobreza produce descontento y el descontento gesta inestabilidad social y todo en su conjunto origina el atraso y la postergación de los pueblos y contribuye a la inexistencia de la anhelada paz social.

9. La pobreza, en cualquier lugar, conspira contra el progreso económico y el desarrollo integral de una nación y mutila al espíritu de sus habitantes.

10. No es posible derrotar a la incompetencia y a la pobreza con filantrópicos subsidios, ni con caridad, ni con dispendiosas dádivas y menos con oraciones.

11. La presencia del desempleo es propia de un mal social que el Estado debe evitar, creando fuentes de producción, dictando leyes tuitivas y estimulando, con incentivos tributarios, la industrialización y el fomento de nuevas empresas.

12. Uno de los problemas más graves de cualquier país del mundo será cómo generar nuevos puestos de trabajo sin acudir al seguro del desempleo, porque la robotización por un lado desplaza a millones de trabajadores, pero por otro lado, crea nuevas ocupaciones para trabajadores mejores y mayormente preparados.

Tal como se puede apreciar:

a) Cada día hay mayor pobreza y la desigualdad social y económica aumenta.

b) Hay más desempleo, subempleo y el empleo informal crece.

c) Cada día el trabajador produce más pero sus salarios han menguado.

d) Las ganancias de las empresas han aumentado en exceso, pero no los ingresos de los trabajadores.

e) El modelo económico actual atrae inversiones pero los salarios son injustos.

¿Cuál es la solución frente a este desigual panorama?

¿Qué es necesario hacer para arribar a la anhelada equidad?

Se debe distribuir equitativa y justicieramente la riqueza brindándole mayor importancia al interés social. Además deben contemplarse los siguientes aspectos:

Educativo, sanitario, laboral y el de la seguridad social. Asimismo, debe brindarse eficaz apoyo a la agricultura, a la pequeña y mediana empresa para que el desarrollo obtenga una base ampliamente consolidada.

Ahora bien, si el modelo económico se mantiene inalterado y es imposible mermar la pobreza y la ignorancia, la problemática económica y social se orientará y complicará cada vez más.

Frente al patético escenario que ahora es dable observar en el historial humano, es necesario adoptar severísimas y urgentes medidas con el fin de evitar una catástrofe sin parangón, capaz de precipitar en el caos a la humanidad.

Por todas estas circunstancias la estropeada paz se ha convertido ya en una peligrosísima bomba de tiempo social, que puede estallar en un inesperado momento.

Frente a la grave situación que nos acecha, el Estado debe salir de su letargo tal como lo exige la realidad. En el mejor de los casos, es necesario y urgente:

i. Convocar a los elementos más lúcidos de la intelectualidad y calidad moral, con el propósito de que después de una exhaustiva investigación y análisis, asuman las medidas que tanto precisa la sociedad, hoy más que nunca.

ii. Necesario es, según el testimonio de las mentalidades más brillantes del globo, actualizar y poner al día a las más fundamentales instituciones del mundo, comenzando por la Organización de las Naciones Unidas, que engloba a múltiples subsidiarias, entre las que figura la OIT, que muestran estar afectadas por la indiferencia y el letargo.

iii. Mejorar el proceso educativo a nivel planetario, con el fin de que la persona humana sea cada vez más instruida y en consecuencia más idónea, creativa y competente.

iv. Es necesario, recomendable y urgente, que las empresas y los sindicatos aún existentes desplieguen un esfuerzo mancomunado e instituyan una nueva cultura laboral que al impulsar la creatividad y fortificar la imaginación permitirá generar nuevos empleos. Todo ello no solo beneficiará a la propia empresa y a los trabajadores, sino a la sociedad en general y se constituirá en supremo bienhechor de nuestras naciones.

v. Crear una nueva cultura laboral que exija, a través de los factores productivos, a convertir a todo país en ejemplo de unidad, solidaridad y energías compartidas que favorezcan la capacidad y confianza en nosotros mismos. Significa, asimismo, un compromiso no solo entre trabajadores y empresarios, sino también, con la sociedad y con el futuro de nuestras patrias.

vi. Los modernos sindicatos, frente a las irreversibles mutaciones, deberán ser promotores de orientación laboral y asesores de sus agremiados, olvidando los egoísmos que los apartan de los nobles propósitos y de su cooperación con la empresa. Es menester mantener una estrecha relación para que existan óptimas condiciones laborales que redunden en mayores prestaciones y el desarrollo del nivel de vida de la población.

vii. De esta manera, el sindicato ya no será lobo de la empresa ni la empresa lobo del sindicato, sino el sindicato será hermano de la empresa y la empresa hermana del sindicato.

Mediante estas acciones, ambos unidos mancomunadamente contribuirán a la construcción de una nueva sociedad más humana y solidaria donde reine una verdadera justicia social y un mundo más pacífico y vivible.

Antes de terminar esta exposición, permítaseme parafrasear al Lib. Dn. Simón Bolívar quien dijo: "el sistema de gobierno más perfecto... es aquel que produce mayor suma de felicidad posible, mayor suma de seguridad social y mayor suma de estabilidad".

Abrigo la remota esperanza de que la ponencia que acabo de exponerles permanecerá impresa no solamente en vuestras mentes, sino, también en vuestros corazones.